成长型资源城市
产业转型发展

Industrial Transformation and
Development in Growing
Resources-based City

文琦 著

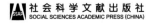
社会科学文献出版社
SOCIAL SCIENCES ACADEMIC PRESS (CHINA)

国家自然科学基金项目：陕甘宁蒙能源富集区产业同构及
跨区域协同发展研究（编号：41661042）

国家自然科学基金项目：农户－企业－政府多方博弈下的
矿产资源开发区生态补偿机制研究（编号：41261040）

前　言

　　成长型资源城市是我国能源安全的重要保障区域，资源带动的经济呈现高增长、高积累态势。然而，资源开发造成的生态环境污染、城乡差距拉大等外部不经济性严重影响着区域协调可持续发展。榆林市属于典型的成长型资源城市，三次产业呈现"二三一"的特征，产业结构有待优化。如何将资源优势转变为产业优势，加强资源就地转化能力建设，实现经济跨越式发展，提高资源深加工水平，加快完善上下游产业配套，积极谋划布局战略性新兴产业，加速新型工业化，推进区域社会经济协调发展，成为学术界和政府共同面临的难题。

　　本书分为基础理论篇、基础研究篇和新时代产业发展篇三部分。其中，基础理论篇主要介绍了资源城市产业转型的研究背景、研究意义、相关基础理论，梳理了资源型城市的产业转型发展研究现状，并对研究区的地理位置、自然及社会经济发展概况做了简要介绍。基础研究篇主要对榆林市的人口数量与经济水平在空间上的耦合特征、榆林市经济发展时空格局与演进特征、榆林市农村转型发展轨迹及效应、榆林市农业现代化水平与效率、榆林市能源利用效率等方面做了深入分析。新时代产业发展篇主要对榆林市的产业同构问题进行了分析，并对新常态下榆林市的产业转型能力进行了评价，探索了成长型资源城市的核心——主导产业选择以及产业转型路径，最后提出了成长型资源城市的产业转型优化战略。

　　本研究受国家自然科学基金项目"陕甘宁蒙能源富集区产业同构及

跨区域协同发展研究"（编号：41661042）的资助。本书由文琦全面负责统稿，夏四友同学参与了基础研究篇的部分工作，杨瑞兰参与了新时代产业发展篇的部分工作，马彩虹教授对本书的撰写提出了宝贵的意见，在此一并感谢。

限于作者水平，书中难免有不妥之处，敬请读者不吝指教。

文 琦

2018 年 9 月

目 录

第一篇

基础理论篇

中华人民共和国成立以来，资源型城市为我国经济建设做出了巨大贡献，但受资源的不可再生特性的影响，特别是资源产业进入开发的后期阶段，以资源型产业为主导的单一结构容易导致区域经济下滑，甚至出现"矿竭城衰"的现象，因此，适时对资源型城市产业进行转型升级显得尤为重要。本书通过总结前人的研究经验，探究经济新常态背景下，榆林市主导产业的选择、转型路径及优化策略，以期进一步完善资源型城市产业结构转型理论。

研究资源型城市产业结构转型主要是为了充分发挥资源的相对优势，规避"资源诅咒"，进而促进经济的平稳发展。因此，本篇对资源型城市产业转型的基础理论诸如资源开发理论、产业与经济发展理论、区域发展理论进行简要介绍，并对相关概念进行界定与辨析。

作为本书研究的基础，本篇主要介绍资源型城市产业转型的研究背景、研究意义、相关基础理论，梳理了资源型城市的产业转型发展研究现状，并对研究区的地理位置、自然及社会经济发展概况做了简要介绍。

第1章
绪　论

1.1　研究背景

　　资源型城市是利用自然资源发展起来的，以资源型产业为主导的一类特殊性城市（李惠娟、龙如银，2013），其中资源开采和加工业所占比例较大。资源型城市产业转型是指城市通过培育和发展具有较强市场竞争力的新兴产业，逐渐摆脱对传统资源型产业的依赖，从而形成多元产业体系的过程（李烨、曹梅，2015；钱勇，2012）。中华人民共和国成立以来，资源型城市为我国经济建设做出了巨大贡献，但受资源不可再生特性的影响，特别是资源产业进入开发的后期阶段，以资源型产业为主导的单一结构容易导致区域经济下滑，甚至出现"矿竭城衰"的现象，因此，适时对资源型城市产业进行转型升级显得尤为重要。随着中国经济进入增长速度换挡期、结构调整阵痛期和前期刺激政策消化期的"三期"叠加的新常态时期，促进经济发展的"三驾马车"（出口、投资、消费）增长出现了下降趋势，人口、资源环境红利逐渐消退，使国内宏观经济增速放缓、煤炭需求增速下降、产能过剩问题凸显、环境污染进一步加剧（涂蕾，2016）。在此背景下，资源型城市不仅受粗放型发展模式的影响，环境承载力严重超标，导致区域内能源资源消耗剧增，生态环境问题恶化；还受国际经济发展趋势和国内煤炭市场不景气的影响，导致煤炭市场持续疲软，产能过剩问题突出，资源型城市产业转型迫在眉睫。2015年，全国两会政府工作报告进一步提出要加快产业结构的调整，鼓励发展服务业，支持战略性新兴产业发展，积极化解部分行业产能过剩矛盾，推进节能减排和污染防治；2015年，中央经济工作会议中也提到要大力优化产业结构，加快推进现代农业建设；2015年，中央财经领导小组第十一次会议提出通过推进以"去产能、去库存、去杠杆、降成本、补短板"为主要内容的供给侧结构性改革，化解产能过剩问题，促进产业结构优化升级；国家"十三五"规划将资源型城市产业结构转型列为国民经济战略性调整的重要任务；2015年7月，国家发展改革委振兴司把新常态下资源型城市可持续发展研究作为一个科学问题进行公开课题征集，得到了学者的积极响应和大力支持，资源型城市产业的转型升级已成为社会各界关注的热点课题，并得到了国家的高度关注。

当前国际能源局势日益紧张，我国能源战略重心不断西移，榆林市作为能源金三角的核心城市，已成为国家能源战略储备基地和承接区。城市化、工业化的迅速发展，导致资源需求量持续增长，榆林市经济呈现跨越式的增长，并迅速崛起成为资源型城市。2015年，榆林市GDP达2621.29亿元，是能源开采初期（1987年）的374.5倍。能源产业的高回报产生的排挤效应，导致能源深加工产业发展不足。目前，榆林市采掘业对工业总产值贡献率超过57%，以初加工产品为主，产业结构单一、产品附加值低、生态环境破坏等问题严重影响了区域可持续发展。加之受国内经济新常态的影响，榆林市经济增长速度有所下降，城市发展面临的产业结构单一、生态环境恶化、失业率不断上升等方面的困境进一步加剧，城市可持续发展面临更大的挑战。因此，在新常态背景下，如何运用科学的产业发展策略，促进榆林市产业结构的转型升级，是实现其可持续发展的关键。

1.2　研究意义

1.2.1　理论意义

资源型城市产业结构的转型是在培育和发展接续产业的同时,积极改造提升原有资源产业。以往的转型研究主要是针对资源枯竭型城市展开的,而对于资源较丰富的城市主动转型的研究仍需进一步强化。本书通过总结前人的研究经验,探究在经济新常态背景下,榆林市主导产业的选择、转型路径及优化策略,以期进一步完善资源型城市产业结构转型理论。

1.2.2　实践意义

1. 有助于促进产业的低碳化发展

随着工业化和城市化的发展,人类社会在利用自然资源积极发展经济的同时,向自然界排放了大量的温室气体,如 CO_2、CH_4 等,进而引发了全球气候变化。在这样的背景下,以低能耗、低排放、低污染为主的低碳经济模式,逐渐成为世界经济发展的主要趋势(刘文玲、王灿,2010)。而矿产资源的大规模开发,伴随产生的高能耗、高排放、高污染等问题,严重阻碍了低碳经济的发展,因而资源型城市产业转型通过摒弃传统粗放型的发展模式,可实现经济发展方式的转变,促进产业结构调整,提高能源的综合利用率,培育和发展低碳产业,从而降低碳排放强度,减少污染物的排放(赵欣,2015),有助于促进产业的低碳化发展。

2. 有助于推动资源型城市产业转型发展

随着国民经济发展战略的大幅调整以及经济体制改革的持续推进,特别是 1978 年以来市场经济体制的建立,传统的发展模式不能适应新时期资源型城市的发展要求，导致"四矿问题"（矿山、矿业、矿产、矿工）和"三危现象"（经济危机、资源危机、环境危机）日益显露。随着中国经济进入新常态，国内经济发展速度放缓、技术创新不足、国际市场不景气，进一步加剧了资源型城市发展困境，尤以产能过剩、环境污染等问题最为突出。因此，寻找新常态下资源型城市产业转型路径，既可以实现产业间的协调发展，又可以实现经济增长与环境保护的协调发展，进而增强城市的可持续发展能力，为资源型城市摆脱新困境提供经验借鉴。

3. 有助于实现榆林市的可持续发展

作为典型的成长型资源城市，榆林市虽未面临资源枯竭的问题，但受国内经济新常态的影响，存在产能过剩、环境污染、经济发展低迷的困境，进一步影响其城市的可持续发展。因而，深入分析榆林市产业结构转型及优化路径，对榆林市做出合理的转型方案，促进经济发展方式转变，实现城市的可持续发展，具有重要的现实意义。

1.3 研究区概况

榆林市是集生态脆弱、经济贫困、能源富集为一体的耦合区域，其发展关系到国家能源安全、区域生态稳定以及当地人民脱贫致富等诸多问题。榆林市作为我国的一个独特区域，具有明显的地带过渡性：在地貌上，属于风沙地貌向黄土地貌过渡的区域，以风沙地貌为主；在气候类型上，是半干旱气候向半湿润气候的过渡区；地带性植被呈现荒漠、荒漠性草原向森林草原过渡的特征；在经济活动上，是典型的农牧交错区与工矿业过渡的区域。正是多种过渡特性的叠加，决定了该区域农村发展的特殊性，也使该区域成为历来农业与农村研究的焦点区域。21世纪以来，有关农村地区经济发展的研究，主要集中于粮食主产区（王云才、郭焕成，2001；余之祥，2001）和生态脆弱区（徐勇等，2002；

马彦琳，2000）等典型地区。刘彦随和冯德显（2001）通过研究陕西绥德县农业与农村经济发展，认为贫困地区发展主要受生态脆弱、环境闭塞、产业低级、经济基础差以及人口数量多且素质低下等因素的制约。乔家君和杨家伟（2013）通过对河南省16个村的调查分析，提出了农村经济发展的主要影响因素为劳动力结构、规模、文化素质、基础设施、建设用地面积等。1985年，神府煤田开采以来，给当地带来了可观的经济收入，局部地区农村也得到了快速发展，特别是1998年，陕北国家能源重化工基地的建设，极大地刺激了当地经济社会发展，农村发展进入由缓慢推进到飞跃发展的转折期。2004年，国家提出推进社会主义新农村建设，又一次为榆林市农村地区发展带来了新的活力。近年来，陕北地区能源开发拉动了靖边等县快速步入西部"百强县"行列，然而，由于农民从中获益甚少，出现了"百强县"依然带着"贫困帽"的"富区不富民"现象。研究榆林市农村发展有助于揭示当地经济发展及其时空演变规律，分析能源开发的经济贡献，经济发展的影响因素，生态环境的响应程度，及其相互作用机理，为该地区缩小贫富差距，确定经济发展方向与模式提供决策参考。

1.3.1 地理位置

榆林市地处陕西省最北部，东经107°28′~111°15′，北纬36°57′~39°35′，与山西、宁夏、甘肃、内蒙古四省（自治区）接壤。全市东西长385千米，南北宽263千米，土地面积43578平方千米，占陕西省总土地面积的21.17%。地势西高东低，海拔在560~1907米，地貌以风沙草滩区、黄土丘陵沟壑区、梁状低山丘陵区为主，气候属于暖温带和温带半干旱大陆性气候。市域内管辖2区1市9县、156个乡镇、16个街道办事处、2974个行政村。依据区位，可以分为北六县（区）和南六县（区）（见图1-1）。其中，府谷县、神木市、榆阳区、横山区、靖边县和定边县为北六县（区），佳县、米脂县、子洲县、绥德县、吴堡县和清涧县为南六县（区）。2015年底，全市总人口达340.11万人，其中城镇人口 187.06 万人，占 55.0%；乡村人口 153.05 万人，占 45.0%。

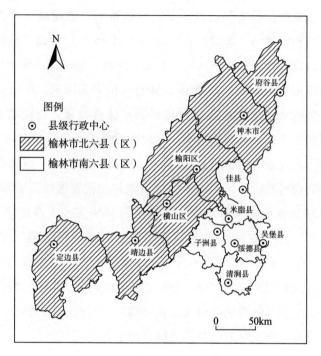

图 1-1　榆林市行政区划

1.3.2　自然资源概况

榆林市矿产资源丰富，现已发现 8 大类 48 种矿产资源，是中国能源矿产富集地之一，被形象地称为"中国的科威特"。在诸多矿产资源中，以煤炭、石油、天然气、岩盐为代表的能源矿产资源最为丰富，分别占全省总量的 86.2%、43.4%、99.9% 和 100%。煤炭已探明储量 1460 亿吨，约占全国煤炭储量的 1/5；是侏罗纪煤田和石炭—二叠纪煤田，且主要分布在北六县（区）；单层厚度在 12.5 ~ 15.47 米；煤种类繁多，以长烟煤、不粘煤、弱粘煤及稀缺的焦煤、肥气煤为主。天然气已探明储量 1.18 万亿立方米，气田储量丰度 0.66 亿米³/千米，是目前我国陆上探明的最大整装气田，气源储区的中心位于靖边县和横山区。

石油已探明储量 3.6 亿吨，油源储区主要集中在定边县、靖边县、横山区、子洲县。岩盐已探明储量 8857 亿吨，主要分布在榆阳、米脂、绥德、佳县、清涧、吴堡六个区县。此外，湖盐、高岭土、铝土矿、石灰岩、石英砂等资源储量也较为丰富。

1.3.3 社会经济概况

1. 综合经济状况

经济发展保持平稳增长。2017 年榆林市地区生产总值为 3318.39 亿元，比上年增长 8.0%。其中，第一产业增加值为 167.68 亿元，增长 5.0%；第二产业增加值为 2086.08 亿元，增长 6.0%；第三产业增加值为 1064.63 亿元，增长 11.8%。第一、第二、第三产业增加值占生产总值的比例分别为 5.1%、62.8% 和 32.1%。按常住人口计算，人均生产总值为 97811 元，约合 15033 美元。推进传统能化产业清洁化改造，工业技改投资增长 141.2%。开展矿业权清理整顿，筹建煤炭转化引导基金。延长靖边一期项目填平补齐工程、神华煤炭综合利用一阶段工程、陕西精益化工 50 万吨/年煤焦油深加工等一批深度转化项目开工建设，佳县天瑞多晶硅、绥德臻梦镁合金、神木泓海荣通制药等一批调结构项目建成投产，战略性新兴产业增加值增长 11%。深入实施创新驱动战略，煤基高纯碳研究中心挂牌，粉煤热解工业化取得重大突破。

民营经济进一步发展。全年非公经济实现增加值 1406.68 亿元，占生产总值的比例为 42.4%，比上年提高 0.4 个百分点。

市场物价稍有回升。全年居民消费价格上涨 1.1%，其中，食品烟酒价格下降 0.9%，商品零售价格上涨 1.0%。

2. 三次产业发展状况

农业经济稳步发展，2017 年榆林市农林牧渔业总产值为 292.21 亿元，比上年增长 5.2%。其中，种植业产值为 161.54 亿元，增长 6.9%；畜牧业产值为 105.11 亿元，增长 1.1%；林业产值为 12.08 亿元，增长 17.4%；渔业产值为 2.10 亿元，增长 11.6%；农林牧渔服务业产值为 11.39 亿元，增长 9.4%。全年粮食播种面积为 48.819 万公顷，比上年增长 0.2%，总产量为 165.89 万吨，增长 3.6%（增产 5.81 万吨）。其中，夏粮产量为 5.09 万吨，增长 4.7%；秋粮产量为 160.80 万吨，增长 3.6%。蔬菜产量为 93.12 万吨，比上年增长 6.6%。山地苹果、大漠蔬菜、中药材等特色产业蓬勃发展，榆林优质农产品标识正式启用，粮食总产量达到 165.89 万吨，创历史新高。

工业经济发展有所上升。2017 年全市 802 户规模以上工业企业完成总产值 4234.64 亿元，比上年增长 27.6%。其中，重工业总产值为 4123.53 亿元，增长 27.8%，占规模以上工业总产值的 97.4%；轻工业总产值为 111.11 亿元，增长 20.4%，占 2.6%。规模以上工业增加值增长 5.7%，规模以下工业增加值增长 6.5%。全市规模以上企业能源工业产值为 3349.40 亿元，比上年增长 30.7%，非能源工业产值为 885.24 亿元，增长 17.2%，能源工业与非能源工业产值占全市规模以上工业产值的比例分别为 79.1%、20.9%。能源工业中：煤炭开采和洗选业完成产值 2059.30 亿元，比上年增长 38.0%；石油天然气开采业完成产值 451.73 亿元，增长 15.1%；石油加工炼焦业完成产值 504.41 亿元，增长 37.5%；电力热力生产供应业完成产值 333.96 亿元，增长 7.2%。非能源工业中：化学原料制品制造业完成产值 442.65 亿元，增长 19.3%；有色金属冶炼业完成产值 140.73 亿元，增长 13.7%。

服务业加速提升。第三产业增加值增长 11.8%，增速为全省第一。城乡消费市场活跃，商品种类繁多，服务业种类不断增多，金融、保险、物流、信息等新兴服务业有了长足的进步。

第 2 章
资源型城市产业转型的理论基础

2.1 资源开发相关理论基础

2.1.1 资源禀赋理论

瑞典经济学家赫克歇尔（Heckscher）和其学生俄林（Ohlin）所提出的资源禀赋理论（Factor Endowments Theory），又叫 H-O 理论、H-O 模型。他们认为在技术水平相当的情况下，各国生产要素在区域间的相对丰裕程度决定其在国际贸易和分工中所处的地位。从供给角度来看，资源禀赋的不同促进区域比较优势出现，进而产生集聚效应，形成专业化生产。因而，资源禀赋理论主要强调资源的相对禀赋差异对生产贸易的影响。按照该理论的要求，一个地区进行产业布局时应该注重生产要素的比较优势，经济发展初期，自然资源禀赋对地区经济发展起重要作用，但随着科技水平的提升，社会资源禀赋的质量不断提高，使产品生产成本有所下降，在一定程度上降低了自然资源禀赋带来的差异，削弱地区原有的相对优势，促进区域经济的发展从资源驱动向资本驱动、技术驱动、创新驱动转变，产业结构从单一的资源产业向多元产业发展。就资源型城市而言，自然资源的大规模开发促进了资源型产业的快速发展，导致生产要素不断向资源行业聚集，造成产业结构单一、产业链条短、产品品种单一、抵御市场风险的能力较低等问题。随着经济进入新常态，国内产能过剩不断加剧，能源市场持续低迷，资源型城市经济在经历了高速增长后逐渐开始回落，丰裕的资源并未显示其自身优势，而是陷入了"资源诅咒"。研究资源型城市产业结构转型主要是为了充分发挥资源的相对优势，规避"资源诅咒"，进而促进经济的平稳发展。

2.1.2　矿产资源耗竭性理论

耗竭性资源理论研究始于美国经济学家霍特林（Hotelling，1931）在美国《政治经济学杂志》上发表的《耗竭性资源经济学》一文。在文中，他阐述了达到资源最佳利用状态具备的两个条件：一是随时间的推移，资源的稀缺性租金须以社会贴现率相同的速度增长，此为最佳存量条件；二是资源品价格等于边际生产成本与资源影子价格的和，此为资源最佳流量或最佳开采条件。

矿产资源耗竭性理论认为，矿产资源的耗竭是一个矿产连续不断消耗的动态过程。从内涵上来看，矿产资源耗竭既具有数量上的相对性，又具有质量上的绝对性。数量上的相对性，是指随着矿产资源开采量的不断增加，某些矿产资源基础会逐渐耗竭。但对新的替代资源的开发利用的研究，能够确保在某种矿产资源耗竭之前，可以寻找到新的具有经济价值的可替代资源。因此，当前矿产资源的数量只是相对性的减少。而矿产资源耗竭质量上的绝对性，是指随着人类对矿产资源过度、过速的开采和消耗，矿产资源的质量逐渐恶化。长期以来，由于受生产能力的限制和眼前利益的驱使，许多矿山企业粗放式的开采方式造成了矿产资源总体质量的下降以及生态环境的破坏、污染。矿产资源耗竭的这些特征，使得它在服务社会时必然带来可利用价值的损失。

矿产资源耗竭性理论认为，当代人在享用矿产资源所提供的服务时，有义务和责任因超额消耗矿产资源而向后代人的价值损失付费。随着人类对矿产资源的巨大需求和盲目超强度的开采消耗，矿产资源将会逐渐耗竭，也就意味着可供给后代人开发利用的资源储量越来越少。当代人不能因为自己的发展需要而大量使用和消耗矿产资源，把本应该留存给后代人使用的矿产资源提前支用，这将严重影响后代人的发展和福利水平，带来无法挽回的损失（王承武，2010）。因此，实行矿产资源耗竭补偿费的实质是因当代人的不合理开采而对后代人造成损失的价值补偿。

2.1.3　资源产权理论

产权是人们在资源稀缺性条件下使用资源的规则，这种规则是依靠社会法律、习俗和道德来维护的，产权具有强制性、排他性。同时，产权是一组权利，是对某种经济物品的多种用途进行选择的权利，而不是一种单项的权利。产权包括财产的所有权和由此派生的占有权、支配权、使用权、收益权，广义的产权还包括为实现上述权利所必须具备的各种权能体系和规则。另外，产权是行为权利，产权反映的不是人与物的关系，而是人们之间一组被相互认可的行为性关系。它规定了人们使用资源时的行为规范，它规定了人们可以做什么，不可以做什么，不遵守这些规范将承担什么成本，因此反映了人们在使用资源时的责、权、利关系。它决定着人们使用财产的态度和行为方式，这样必然产生不同的财产使用绩效，因此，不同的产权制度安排会形成财产使用中不同的激励机制（曲福田，2001）。

科斯定理是现代产权经济学关于产权安排与资源配置之间关系的思想的集中体现，也是现代产权经济学的核心内容。科斯定理是由三个定理组成的定理组。科斯第一定理：如果市场交易费用为零，不管权利初始安排如何，当事人之间的谈判都会导致那些财富最大化的安排，即市场机制会自动地驱使人们谈判，使资源配置实现帕累托最优。科斯第二定理：在交易费用大于零的世界里，不同的权利界定会带来不同效率的资源配置。也就是说，由于交易是有成本的，在不同的产权制度下，交易成本不同，从而对资源配置的效率有不同影响。所以，为了优化资源配置，法律制度对产权的初始安排和重新安排的选择是很重要的。科斯第三定理：由于制度本身的生产不是无代价的，因此，关于生产什么制度、怎样生产制度的选择，将导致不同的经济效率。如果没有产权的界定、保护、监督等规则，即如果没有产权制度，产权的交易就难以进行。产权制度的供给是人们进行交易、优化资源配置的前提。不同产权制度下人们从事交易活动的成本不一样。合理、清晰的产权界定有助于降低交易成本，因而激发了人们对界定产权、建立详细的产权规则的热情（黄少安，2005）。但是，产权制度的生产本身也是有成本的，需要耗费资源，因此，科斯第三定理给人们的启示是：要从产权制度的成本收益比较的角度，选择合适的产权制度。

2.2　产业与经济发展理论

2.2.1　产业结构演变理论

产业结构是指产业与产业之间形成的经济技术关系和数量的比例关系，是指在社会再生产过程中，一个国家或地区的产业组成，即资源在产业间的配置状态。产业结构演进是指区域产业结构系统依据经济发展的历史和逻辑序列，遵循产业结构演进的规律，不断从低级向高级转换及推进的过程。当科学技术发展和社会需求发生变化时，引起产业之间的不平衡增长，这种不平衡增长会导致产业间数量比例发生改变，从而使产业间的相对地位以及相互关联方式随之发生变化，数量比例的变化达到一定程度，产业结构就会发生质的转变。可以说，产业结构演进是不断地从量变到质变，而后在新质的基础上发生新的量变。产业结构的质变，表现为新的主导产业取代了旧的主导产业，新的产业关联方式和数量比例形成，从而使产业结构进入了一个新的更高的层次水平。从量变到质变的不断螺旋式上升的过程，就是产业结构的演进过程（董晶丽，2008）。

早在17世纪，英国古典经济学家威廉·配第就发现商业、工业利润都高于农业。他认为，随着社会经济的发展，第一产业所占比例不断下降，第二产业、第三产业所占比例不断增加，劳动力逐渐从第一产业向第二、第三产业转移。1940 年，克拉克在《经济进步的条件》一书中，进一步论证了这个趋势。世界各国的发展也证明了这一趋势。美国经济学家西蒙·库兹涅茨在继承克拉克的研究成果的基础上，对产业结构变动与经济发展关系进行了比较彻底的考察，揭示出随着人均收入的提高而产生的产业重心转移过程，以及三次产业产值变动与就业构成的相关变化（Kuznets，1985）。与此同时，刘易斯（Lewis，1954）提出二元经济理论，结论与库兹涅茨结构变动理论相似。二者区别在于：刘易斯重在理论，库兹涅茨重在实用。刘易斯的二元经济模型强调：经济发展一定要有资源从低效率部门向高效率部门转移，从而实现产业结构转换（升级），带动经济增长。钱纳里运用库兹涅茨的统计归纳法，得到标准产业结构及其改进以后的模型，对产业结构变动过程中的大量相互关联情形做了进一步揭示，并描述了不同类型的国家产业结构变动过程中的特征及差异性，大大深化了人们对产业结构变动及一般趋势的认识。

2.2.2　产业经济学理论

产业经济学以研究"产业"为主，重点研究产业自身的发展变化、各产业间的相互联系、产业内部各企业间相互作用的经济规律，涉及产业布局、产业组织、产业政策、产业发展、产业结构等方面的内容。其中产业结构理论主要用于研究产业结构演变及其对经济发展的影响，是从经济视角分析资源在产业间的配置状况、产业结构的演进程度，为产业结构的优化提供理论依据。随着经济社会的发展，产业经历了由低到高的变化，逐渐形成了主导产业、支柱产业、夕阳产业三种类型。主导产业是指在经济发展过程中对区域其他产业和经济发展具有明显带动作用的产业，一般表现为增速快、具有较强的带动性和扩散性。支柱产业指的是对地区经济发展起支配作用的产业，具有规模大、市场扩张能力强、产业关联度高等特点。夕阳产业指在经济发展过程中处于衰退阶段的产业，特征表现为需求增长减速、产业利润低于平均水平且不断下降。资源型城市产业结构转型的实质是实现产业结构的优化调整，改变对资源型产业过度依赖的局面。在选择和确定主导产业时要选择关联系数大、带动作用强的产业，充分考虑研究区域的资源、技术等优势，选择适宜向高级化和合理化方向发展的产业，选择具有广泛市场前景的产业。只有综合考虑产业的各方面因素，以产业经济学理论为指导，合理调整产业结构，才能实现产业结构的成功转型。

2.2.3 产业生命周期理论

产业生命周期理论是对产品生命周期理论的延伸。它是指一个产业从出现到消失的演化过程，即产业从形成到退出经济活动这一过程所经历的时间。资源不可再生的特性，决定了资源型城市的资源开发也经历这样的过程，一般将其划分为形成期、成长期、成熟期和衰退期四个发展阶段，用产业生命周期曲线表示（见图2-1）。

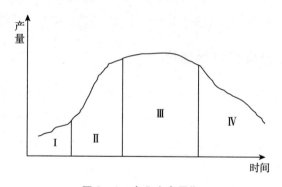

图2-1 产业生命周期

第Ⅰ阶段即形成期，企业数量少，产品类型单一，技术不成熟，市场规模小但增长率较高，企业进入壁垒低；第Ⅱ阶段即成长期，企业大量进入，逐渐呈现规模化效益，技术趋于成熟，产业比例不断增加，城市建设有所提升，资源型产业迅速成为城市的主导产业；第Ⅲ阶段即成熟期，产业增速趋于平缓，技术更加成熟，产品种类增多且质量较高，市场需求相对稳定，企业进入壁垒变高；第Ⅳ阶段即衰退期，市场需求下降，产业比例降低，新产品和替代品逐渐出现，产业原有竞争力下降。依托资源型产业发展起来的资源型城市，受产业生命周期规律的影响而经历"建设—繁荣—衰退—转型振兴或消亡"的过程，资源型城市能否持续发展，受制于产业结构中主导产业的变化，只有产业在经历生命周期时及时调整，即在资源型产业进入衰退期或成熟期时，开始进行产业深化或重塑，调整产业结构，才可能再度进入新的繁荣期，否则将会消亡。

2.2.4　生态经济理论

自 18 世纪人类开始走向工业化以来，人与自然的冲突日益加剧，严峻的生态环境问题激起人们对传统经济发展观的深刻反思。在传统经济学里，资源和环境只是"自然要素"，是经济的外在变量，甚至是与经济无多大关联的外部因素。直至 19 世纪 50 ~ 60 年代，人们还坚定不移地认为经济的增长是无限的。1968 年，美国经济学家保尔丁首先提出了把生态学与经济学相结合的经济思想，但真正引起人们普遍关注的是 1972 年麦多斯发表的研究报告《增长的极限》。其预测人类经济增长在 2100 年以前将达到极限，认为世界体系的基本行为方式是人口和资本的指数增长和随后的崩溃。麦多斯的研究引起了人们重新审视和更改传统经济发展模式的思考和研究。

生态经济理论是研究生态、经济和社会复合系统运动规律的科学。生态经济学是将生态学和经济学密切结合的科学，在生态经济系统中，经济活动的目标包括对生态环境的保护以遏制人类生态环境的恶化；通过开发新能源和新材料等方式，防止因过度开发导致资源枯竭，保证整个社会的可持续发展；通过采用各种生态手段，既消除生态危机又满足人类消费需求的增长。生态经济学认为：生态与经济矛盾是对立统一的，生态系统是经济的基础，它决定并制约经济活动；人类经济活动只是自然生态系统中的一段过程，它依赖于自然生态系统，同时又反作用于自然生态系统（胡宝清，2005）。人类活动必须遵循生态经济规律，保护与建设好生态系统，才能使经济发展有保障基础。

2.2.5　循环经济理论

循环经济理论思想萌芽于 20 世纪 60 年代。美国经济学家波尔丁对传统工业经济"资源—产品—排放"的模式提出了批评，要求以新的"循环式经济"替代旧的"单程式经济"。2002 年可持续发展世界首脑会议决定在世界范围内推行清洁生产，并制定了行动计划（减旭恒，2002）。循环经济是与传统经济活动的"资源消费→产品→废物排放"开放型物质流动模式相对应的"资源消费→产品→再生资源"闭环型物质流动模式。其技术特征表现为资源消耗的减量化、再利用和资源再生化。其核心是提高生态环境的利用效率。循环经济是基于技术范式革命基础上的一种新的经济发展模式。循环经济以实现可持续发展为目标，以协调人与自然之间的关系为准则，模拟自然生态系统运行规律，通过自然资源的低投入、高利用和废弃物的低排放，使经济活动按照自然生态系统的规律，重构组成一个"资源—产品—再生资源—再生资源产品"的物质反复循环流动过程，从根本上消解长期以来环境保护与经济发展的尖锐冲突，以最小成本获取最大的经济效益和环境效益，实现资源的可持续利用，使社会生产从数量型的物质增长转变为质量型的服务增长，实现人与自然的协调发展。

2.3　区域发展理论

2.3.1　区域经济增长理论

区域经济增长理论是经济地理学的研究内容之一，主要包括对区域经济增长因素和作用机制的分析、内在机理的探析、历史演进规律的归纳等方面。其典型代表是在佩鲁的增长极理论基础上发展起来的区域增长极理论。该理论认为区域经济增长极主要出现在主导产业、新兴产业及其关联产业集聚形成的经济中心地带，并且通过支配效应、乘数效应、极化和扩散效应组织区域经济活动，建立区域产业结构，同时改变了原有空间的平衡状态，使区域空间出现不平衡现象，导致区域内部经济发展差距出现。因此，为实现区域内部经济的均衡发展，依据不同区域面临的具体问题，找出各区域产业结构存在的主要问题，制定不同的产业结构转型策略成为重点。在研究某一资源型城市产业转型时，不能只是简单地照搬其他类似城市产业转型的成功经验，而是要结合本区域的具体情况，制定符合自身特点的转型策略。同时在选择未来主导产业时应该考虑区域内各因素的相互影响。资源型城市产业转型的主导产业选择应该从宏观经济出发，立足于区域内外各种资源、面向国际国内两个市场，同时加强与周边地区和城市的经济联系，不断调整产业结构，使区域内各类资源达到高效配置。

2.3.2　城乡统筹发展理论

工业化社会以来，城市得到了前所未有的发展。同期，农村社会、经济、生态等问题逐渐被淡化，出现了城乡景观、生活水平等二元结构现象。近年来，随着工业化和城市化水平的迅速提升，乡村成为制约区域发展的主要因素，有关城乡统筹发展的研究也越来越多。国外有代表性的论述主要有：以英国城市学家、社会学家霍华德为代表的"田园城市"理论、以美国著名城市学家刘易斯为代表的城乡二元经济结构理论和麦基的亚洲城乡关系理论。霍华德于 1898 年出版的《明日：一条通向真正改革的和平道路》一书中倡导"用城乡一体化的新社会结构形态来取代城乡对立的旧社会结构形态"。他认为应该建设一种兼有城市和乡村优点的理想城市，即"田园城市"。田园城市实质上是城和乡的结合体，它包括城市和乡村两个部分，城市四周为农业用地所围绕，城乡在各要素流动的基础上整体协调发展。刘易斯对霍华德的城乡一体化思想大加赞扬，并于 1954 年发表《劳动无限供给下的经济发展》，首次提出了完整的城乡二元经济发展理论及模式。他指出城乡二元经济是发展中国家在发展过程中最基本的经济特征。他针对城乡二元经济存在的突出问题，提出了区域整合思想，认为"区域是一个整体，城市只是其中的一部分"，即"城乡一体"。2003 年，我国提出的"统筹城乡发展、统筹区域发展、统筹经济社会发展、统筹人与自然和谐发展、统筹国内发展和对外开放"的新要求，试图通过城乡统筹来解决乡村发展缓慢的问题。

2.3.3　人地和谐发展理论

现代人地观涉及人类对地球表层各种有机生物系统以及生命体的无机环境与人类全部行为活动的错综复杂的关系的认识，因此，人地和谐发展理论是建立在对人地复杂巨系统的科学认识基础之上的。地理学着重研究地球表层人类和地理环境的相互影响与反馈作用，地理学的基础理论研究始终离不开人地相互关系这一宗旨。人类活动和地理环境的关系并非一成不变，而是随着人类社会的进化、文化科技和生产力水平的不断提高而不断变化的，并因向广度和深度发展而变得日益密切。而且这个关系在不同地域类型上所表现的结构和矛盾又不尽相同，因此还具有明显的地域差异性。所以在宏观上人地关系就具有不同的时间结构和空间结构。我国的人地关系研究具有巨大的紧迫性和现实意义。在地球科学中，正如《中国 21 世纪议程》中所指出的，如何协调人口增长、资源供求、环境保护之间的关系，以谋求人地和谐发展，已成为十分迫切的问题。为解决这些问题，我们需要将人类社会和地理环境两大系统作为一个整体进行研究，即研究人地之间相互作用的机理、功能、结构和整体调控的途径和对策。

2.4　相关概念界定与辨析

2.4.1　转型发展、经济转型与农业经济转型

转型发展是指由传统的农业社会向现代工业社会的转型，是从封闭

社会向开放社会的转型，包括生产方式的转变、资源配置方式的转变、社会结构的转变。转型发展往往是社会利益的重新分配和重新组合的过程，中华人民共和国成立后的改革与转型发展就是通过实施农业"剪刀差"来保障工业迅速发展，有效地推进了我国的现代化程度。伴随着城市化水平逐渐提高，城乡差距不断扩大又成为新时期区域发展主要面临的问题，农村可能由现代化推动力量转变成现代化阻碍和牺牲品。

经济转型即指从计划经济向市场经济的体制转变过程，其内容包括经济管理体制、经济运行体制、所有制结构、经济组织结构、政府与经济组织的关系，以及收入分配和利益关系等方面的根本性转变。经济转型包括制度变迁和经济发展两层含义，制度变迁一般是由政治体制变革、社会制度改变引致的结果，而经济发展主要是指经济运作方式从粗放经营向集约经营、从封闭经济向开放经济、从低速单程运行向快速循环运行转变的结果。经济转型是一种深刻的制度变迁过程和经济增长方式转变的过程，不可能一蹴而就，在转型过程中会产生许多矛盾和问题，会对国民经济产生诸多影响，当然对农业和农村经济及资源环境系统也不例外。

农业经济转型是经济转型在农业经济发展中的体现。学术界普遍理解为传统农业向现代农业的转变，包括农业经济运行体制从计划向市场的转型；农业经济增长方式从粗放型增长向集约型增长转变；农业增长从依靠土地、劳动等传统的物质生产要素投入转向主要依靠资本、技术、信息等现代生产要素的投入；农业经济结构从单一的粮食生产向农林牧渔多样化综合结构转型；农村产品供给目标从数量目标向质量、效益目标转型，提高农产品质量和农民收入是农业经济发展的主要目标；农业经济发展从依靠国内资源、国内市场向依靠国内外两个资源与市场转型，农业经济发展面临国际资源与市场的激烈竞争。

2.4.2　农村、城市与乡村城市化

农村是以从事农业生产为主的农业人口居住的地区，是同城市相对

应的区域，具有特定的自然景观和社会经济条件，普遍指农业生产区，有集镇、村落，经济发展以农业产业为主，包括各种农场、林场、园艺和蔬菜生产等。与人口集中的城镇比较，农村地区人口呈散落居住。在进入工业化社会之前，社会中大部分的人口居住在农村。农村是个动态性的概念，也是一个具有相对性意义的概念，在城市出现之前也就没有农村这一概念的存在。随着经济和社会的发展，尤其是工业革命的推动，农村和城市的差别日益显著，以致形成城乡对立的局面，城市和农村各有自己的发展轨迹，城市和农村的概念与指代范围也越来越明确。当然，农村是生产力发展到一定阶段的产物，在生产力高度发达的未来社会中，城市与农村的本质差别将消失。

城市是从事非农产业的非农人口的集聚地，包括住宅区、工业区和商业区并且具备行政管辖功能。城市是人类文明的主要组成部分，伴随人类文明与进步逐渐形成。农耕时代，人类开始定居，伴随工商业的发展，城市崛起并且城市文明开始传播。早在农耕时代，城市就出现了，但其作用是军事防御和举行祭祀仪式，并不具有生产功能，只是一个消费中心。那时城市的规模很小，因为周围的农村提供的余粮不多。每个城市和它控制的农村，构成一个小单位，相对封闭，自给自足。学者们普遍认为，真正意义上的城市是工商业发展的产物。这里所研究的城市是指区域经济、行政中心。

乡村城市化是指由于农村乡镇企业崛起带动第二、第三产业发展创造了大量就业机会，在农村当地实现农村剩余劳动力的非农转化，也即通常所讲的"离土不离乡"（孟晓晨，1992，1990）。实际上，乡村城市化是指农村人口向县域范围内的小城镇和集镇集中的过程（宋栋，1993；辜胜阻，1991；崔功豪，1989），因此有些学者称之为"乡村城镇化"或"农村城镇化"。也有学者认为，我国农村剩余劳动力的真正出路是进入小城镇（费孝通，1984；薛德升，1997）。总之，乡村城市化即农村人口的非农化过程，或者为农村景观格局向城镇景观格局的转变。

2.4.3　经济增长与经济发展

经济增长和经济发展虽然都追求个人所得和国民生产总值的提高，但经济增长关心的重点是物质方面的进步、生活水准的提高；而经济发展不仅关心国民生产总值的增长，更关心结构的改变，以及社会制度、经济制度、价值判断、意识形态的变革。经济发展着眼于长期而不是短期。在短期内一个区域的国民生产总值受自然因素影响很大，农业则更是如此。因此，短期内国民生产总值的上升或下降不能作为测定发展的标准。经济增长以国民生产总值来测定，但它忽视了国民生产总值所表明的价值是以什么方式在社会成员中进行分配的，也不能说明就业状况、职业保障、资源利用、生态环境、升迁机会以及保健、教育等情况。假如某个地区虽然经济总量呈现快速增加态势，但生产收入绝大部分归少数人享用，其结果是造成两极分化而不能愈合，富者愈富，贫者愈贫，基尼系数增长，收入愈加不平等，这样的增长就不是真正意义上的发展。

2.5　研究进展

资源型城市在城市整个发展过程中具有重要的历史地位，在很大程度上促进了城市的发展，但对资源的过度依赖，导致城市持续、健康的发展受到了阻碍，因而资源型城市产业转型逐渐成为学术界研究的焦点。20 世纪 30 年代，加拿大经济学家 Innis（1930）在系统研究加拿大经济史和文明史的基础上，指出单一产业城市发展具有"核心—边缘"结构，并用"飓风"形容城市随资源开发而发展，进而衰退的特征，从而开启了资源型城市研究的序幕。20 世纪 60 年代，鲁尔工业区的结构性危机促进了国外学者对资源型城市产业结构转型研究的发展。此后，国外关于资源型城镇产业结构转型的研究大量涌现，为该类城市的成功转型积累了丰富的理论和实践经验。

20 世纪 80 年代以前为理论初步发展与规范性的研究阶段，以典型的资源型城镇为研究区，主要研究资源型城镇的人口特征、社会问题、规划问题、社区建设等方面的内容。Robinson（1964）通过对加拿大不列颠哥伦比亚省四个资源型城镇进行研究，总结其城镇建设规划的经验，为类似城市的建设提供借鉴。Lucas（1971）通过系统研究资源型城镇，提出该类城镇发展要经历"建设—发展—转型—成熟"四个阶段。Bradbury 等（1979；2010）借助不均衡发展、资本积累等理论对资源型城镇存在的社会问题及其形成机制进行了充分的研究，同时扩展了 Lucas 的生命周期理论，增加了衰退阶段和关闭阶段，形成六阶段理论，为其生命周期理论的研究奠定了基础。Newton 等（1987）应用依附理论对资源型城镇进行了研究，发现资源型城镇与中心地区具有"核心—边缘"关系和剥削关系，而跨国公司充当着跨国经营和资源分配的角色。在资源开发的过程中，除跨国公司、地方政府外，还存在一个地方利益集团，三者在利益关系上形成了争夺和妥协的局面，资源型城镇与其他地区之间不存在剥削关系。Marsh（1987）通过研究美国宾夕法尼亚州东北部煤炭城镇居民的社区归属感问题，得出居住在该类城镇的人们对社区的归属感较强的观点。

20 世纪 90 年代以来进入资源型城市转型及可持续发展的研究阶段，研究内容涉及产业转型、资源型城镇经济多元化与可持续发展、资源型城镇可持续发展路径和理论模式等方面，主要采用产业发展理论、劳动力市场理论、可持续发展理论、国际贸易理论、制度经济学、环境经济学、发展社会学等。Houghton（1993）通过研究发现长距离通勤模式对矿业城市的发展及社会经济具有一定的影响。Randall 等（1996）研究了加拿大 220 个资源型城镇的劳动力市场和资源的依赖特性，突破了对资源型城镇劳动力与经济结构的单一认识。Britton（1996）从新大宗商品经济的角度研究了全球化背景下的资源型产业新特征和发展趋势。Ross 和 Usher（1986）指出资源型城镇通过调整资源型产业和非资源型产业比例，实施多样化产业的发展，从而实现可持续发展的目的。

澳大利亚住房与城市研究部门对资源型城镇住房问题进行了研究，发现技术创新和劳动力市场变化影响资源型城镇的住房市场。Altman（2003）运用经济增长模型研究了资源型经济增长与发展机制问题。Sorensen 和 Epps（2003）从竞争优势理论出发，对资源型城镇经济转型策略、产业发展思路、发展潜力及影响因素进行分析，认为实现转型发展的基本思路是把资源的比较优势转化为城市发展的竞争优势，并指出环境污染是影响资源型城镇转型发展的重要因素。Lockie 等（2009）从人口变化、社会公共服务设施、社区融合、交通模式、就业数量变化、地方政府机构规划与管治能力、给当地原住民带来的机会等方面对 Coppabella 煤矿进行了评价。Sharma 和 Rees（2007）发现由于远离家人和朋友，且缺乏交流机会和社会活动资源，资源型城镇的女性居民心理健康受到一定的影响，但随着社会的发展，这一情况有所改善。Matthew 等（2012）对澳大利亚矿业城镇的社会经济发展过程中的福利问题进行了研究。

目前关于资源型城市的研究地域已经由发达国家逐步转移到发展中国家，且多以亚洲和非洲的矿业城市为主。He 等（2017）学者通过对中国资源型城市的发展效率、影响因素、经济衰退的原因及转型发展的研究，为其他发展中国家资源型城市实现产业转型和经济可持续发展提供参考和借鉴。1978 年以来，我国开始了对资源型城市产业转型的研究，进入 20 世纪 90 年代，受开发历史和开采规模的影响，资源型城市出现的资源衰竭、经济增速下降、环境污染等共性问题引起了人们的关注，加之改革开放的深入、新发展理念的提出，资源型城市产业结构转型和可持续发展逐渐成为学者们研究的热点。目前，我国资源型城市产业转型的理论框架基本形成，主要涉及资源型城市发展过程中产业结构演进、产业转型模式的选择、产业转型能力和效果的评价、主导产业选择及产业转型的具体时机、方向及路径选择等方面的研究。

2.5.1　矿区开发与“资源诅咒”

矿产资源开发是否会对区域经济发展造成“诅咒”引发学术界争

议。经济地理学家 Auty（1993）首次正式发表文章提出"资源诅咒"的概念。传统经济学强调矿产资源对区域经济增长的推动作用（赵文等，2011）。而诸多研究表明，矿产资源富集区出现了整体经济下滑、产业结构单一化、城乡差距拉大、贫富差距拉大等"资源诅咒"问题（Davies，2006）。矿产资源开发的代价往往高于收益，未能缩小贫富差距，甚至导致贫困化加剧（Pegg，2006）。矿产资源开发区经济发展对自然资源高度依赖。20 世纪 90 年代以来，中国矿产资源开发带动当地经济出现了短暂的繁荣景象，但后期资源开发与经济增长之间存在的显著负相关性逐渐显现，"资源诅咒"效应显著（邵帅等，2008），主要因为矿产资源过度开发、相应技术薄弱、区域经济结构单一以及制度缺失等（李朝阳，2013）。另外，矿产资源开发还通过间接传导机制，对教育、科技支出产生"挤出"效应（郑猛等，2013）。国际实践研究表明，矿产资源开发有利于宏观经济发展，但在微观经济层面，尤其是当地农户获得利益较少，甚至还要承受资源开发带来的生态环境问题（Rolfe et al.，2007；Reeson et al.，2012）。Hajkowicz 等（2011）和 Taylor 等（2011）认为矿产资源开发成为区域分配不均的主要诱因。中国矿产资源开发区研究表明，密集而过度的资源开采引致的制造业衰退和制度弱化是制约矿产资源开发区发展的主要原因（徐康宁等，2006）。要实现矿产资源开发区经济发展、资源开发和生态环境的全面协调可持续发展，关键在于加快技术创新步伐、推进经济结构转型（沈小波，2010）。从经济转型、民生改善、稳定生态环境等多维尺度综合评估矿产资源开发区区域发展过程和状态，有助于较好地评价区域发展成效（余建辉等，2013）。因此，矿产资源开发区经济转型发展机理研究主要集中在破解矿产资源开发进程中的"资源诅咒"问题，如何通过经济结构转型，处理好宏观经济与微观经济的关系，并兼顾资源开发各利益主体的诉求，统筹城市与乡村协调发展，适时通过科技创新提升产业竞争力，实现经济转型升级，避免"矿竭城衰"问题重现，是矿产资源开发区经济、社会、生态全面协调发展的主要途径。

2.5.2　资源型城市产业结构

对资源型城市产业结构的研究集中在产业结构演进机理、产业结构存在的问题及其对经济的影响分析方面。钟赛香、王开盛等人通过研究，发现资源禀赋、产业政策、市场需求、城市化发展水平、科技水平、人力资本、环境等因素影响资源型城市产业结构的演进（杨显明等，2015；王秀平等，2013；王开盛等，2013；刘鹤等，2010；钟赛香等，2009），而推动资源型城市产业发展的根本原因是产业的畸形发展、企业的经济效益低和社会负担重、生态环境差、城市基础设施滞后、城镇布局分散、职工素质普遍较低（胡礼梅，2011）。甄江红（2012）、潘伟等（2012）通过分析资源型城市三次产业的演变过程，发现资源型城市三次产业发展不均衡，资源型产业居于主导地位，产业的重型化倾向严重，产业关联度低，产业的科技、组织、人才结构较为单一，就业结构和产业结构间的协调度低，经济发展效率下降。董雯等（2010，2011）、张复明等（2007）学者通过对资源型产业的时空演化及其空间效应的研究，发现三次产业之间结构的变动是推动城市化发展的主要动力，资源型产业的发展变化，不仅影响城市的扩展方向和空间重组，还促使城市用地规模和功能发生变化，产业结构在空间上的形态演化是生产要素通过空间效应实现的。姜玉砚和焦斌龙（2014）、唐成伟等（2012）、刘杰（2012）等利用 VAR 模型和方差分解法分析了资源型城市产业结构演进与地区经济波动的关系，指出在某种程度上，资源开发产生的挤出效应会抑制服务业的发展，形成以能源产业为主导的单一产业结构，这种产业结构波动与整个宏观经济的波动特点较为相似。王菲等（2014）、刘文新等（2007）学者通过分析资源型城市工业结构的环境污染特征及其影响因素，发现产业结构演进影响区域生态环境的变化，以能源重工业为主的产业结构导致区域污染物排放量较高，环境污染较严重。

当前，我国经济发展进入了新常态，国家推出了系列经济举措，创新宏观调控方式,为我国和世界经济发展带来了新的机遇,能源富集区也迎来了前所未有的契机。加快调整产业结构、转变经济发展方式、推进产业结构的优化升级成为促进能源富集区经济健康持续发展备受关注的新模式。然而,能源富集区产业结构转型升级过程中的趋同问题引起了政府与学界的关注。产业结构趋同也被称为产业同构,通常是指产业结构在经济发展过程中表现出来的某种相似或共同倾向(刘杰,2013)。从1984年世界银行中的中国经济考察团提出区域产业结构趋同化现象以来,该问题就成为备受国内众多学者及政府争议的问题。国内学者基于不同研究视角和方法,对我国是否存在产业同构这个问题进行了广泛研究。张卓颖等(2011)对我国省际产业内贸易与产业结构同构进行研究,得出了我国制造业存在一定的产业结构同构现象,但在空间上不均衡的结论。韦素琼和陈艳华(2013)基于相似系数对福建与台湾产业同构度进行测算,发现福建与台湾产业同构现象显著,如果在原有条件下继续发展,未来三次产业同构化程度将继续加大。罗若愚和赵洁(2013)对成渝地区产业结构趋同进行探析,指出该区域产业结构存在相当程度的趋同现象,虽然趋同程度存在递减趋势,但区域竞争格局下的相关政策仍为未来的产业过度竞争埋下了隐患。也有学者认为,在特殊条件作用下形成的产业同构现象具有一定的必然性,不应过分夸大其带来的负面效应(王志华等,2007;鲍华俊等,2004;朱同丹,2003;王书芳,1997)。然而部分学者的研究结论与前两种结论大相径庭,他们认为,我国区域间产业同构现象并不显著。陈耀(1998)对1980~1994年我国各省产业同构度进行实证研究,发现各省工业结构相似系数呈下降趋势,工业结构趋同现象不严重。Naughton(2003)对1987年和2002年省际产业投入与产出进行实证考察,得出我国区域专业化分工水平上升明显,产业同构现象并不显著的结论;靖学青(2004)对长三角15个城市制造业结构进行分析后认为长三角地区的产业结构同构度并不高;蒋金荷(2005)对我国高技术产业同构度进行测算,结果表明我国高技术产业的专业化水平上升明显,产业同构度呈下降态势。以上研究成果为深入推进产业同构问题研究提供了参考与借鉴，但已有研究大多立足于国家层面，研究区域主要集中在长三角、珠三角等经济发达地区；我国幅员辽阔，区域产业结构差异显著，有必要研究地级市产业同构问题，且目前对能源富集区产业同构问题的研究也相对缺乏。此外，已有研究多限于时间序列上产业同构纵向的比较，而对未来产业同构发展趋势进行预测还有待完善。

2.5.3　资源型城市产业转型

目前，关于资源型城市产业结构转型模式的研究以具体模式的选择为主。杨建国、刘玲玲等人从主导产业发展的角度出发，将资源型城市产业转型模式分为产业延伸模式、产业替代模式和复合模式三种，同时发现资源型产业生命周期及可持续发展能力、产业政策、区位条件、技术和人力资本等因素影响转型模式的选择（刘玲玲，2014；杨建国等，2013）。孔瑜和杨大光（2014）在分析中国资源型城市产业结构存在的问题的基础上，提出当前中国资源型城市应该选择产业替代的转型模式。陈孝劲等（2011）通过分析盘锦市产业结构的发展现状，发现该市只有借助油气资源产业发展优势，培育和壮大接续产业，实现产业的多元化，才能实现产业的成功转型。江海燕（2014）在吸取国内外资源型城市产业转型的成功经验的基础上，提出龙岩市转型应采用综合转型模式，通过发展多元化的经济结构，促进转型的顺利实施。

还有学者总结了国内外资源型城市产业转型的成功案例，如 Liang 和 Jin（2011）通过剖析白山产业转型的成功做法，为其他类似城市的转型提供参考；王素军等（2011）、曲建升等（2007）在总结各地区资源型城市产业结构转型的成功模式基础上，发现准确定位、优势再造、产业培育、政府关注是实现城市成功转型的关键因素。任勇（2008）基于对现有资源型城市产业转型的对比分析，概括出资源型城市产业结构转型的五种模式，即企业能力再造模式、产业区位转移模式、产业延伸模式、产业创新模式以及复合模式。

　　资源型城市产业转型评价的研究以转型效果的评价为主。余建辉等（2011，2013）、李荣华和惠树鹏（2014）、郑伟（2013）等从经济、社会、资源环境三方面构建了资源枯竭型城市转型成效评估指标体系，并运用综合测度法、主成分分析法、偏离 – 份额分析法对其转型效果进行测量，发现资源枯竭型城市整体的转型效果良好，但受区域发展水平的影响，不同城市的转型效果具有空间差异性，其中中部地区的资源枯竭型城市转型成效好于东北地区。李汝资等（2016）从非资源性特征、经济社会发展水平、基础设施建设、环境污染治理等方面构建了资源型城市转型评价体系，以吉林省为研究区，对转型效果进行实证研究，发现转型效果在不同类型的资源型城市差异显著，其中森工类、煤炭类城市转型效果差于石油类城市。Su 等（2010）从经济协调发展的角度，构建了矿产类城市可持续发展的评价体系，同时利用整合加速遗传法、层次分析法和模糊综合评价方法对中国矿业城市的可持续发展程度进行综合评估。Liu 和 Zhuang（2011）在对资源型城市经济转型评价模型的修正基础上，对萍乡市转型的经济效果进行了分析，并根据评价结果构建了系统的资源补偿机制，为该类城市的可持续发展提供了借鉴。Wu 等（2012）基于环境视角，评价了资源型城市的生态压力，得出资源型城市面临的生态压力与日俱增，主要原因是经济发展带来的环境污染不断增加的结论。

　　也有学者研究资源型城市产业转型能力评价，如杜吉明（2013）根据产业发展能力、技术创新能力、系统协调能力、环境保护能力、区域经济发展的基础能力等方面，构建了煤炭资源型城市产业转型能力系统的评价指标体系，并借助模糊综合评价模型对七台河市产业转型能力进行了评价，得出七台河市产业转型能力较优的结论。吴雅云等（2015）、陶晓燕（2013）从经济、社会、资源与环境方面建立了资源型城市产业转型能力的评价体系，并采用因子分析法对其进行实证分析，发现衰退阶段的资源型城市产业转型能力强于其他阶段。李惠娟和龙如银（2012）构建了产业转型能力与产业发展优势间耦合度及可持续发展度模型，并以徐州 35 个工业部门为例，对其进行验证，结果发现：4/5 的工业部门转型能力与产业发展的耦合度不协调，可持续发展程度不高。车晓翠和张平宇（2012）基于新旧产业发展能力及转型过程中支撑能力，建立了资源型城市产业可持续发展能力的评价体系，并以大庆市为例对其进行评价，结果显示大庆市产业可持续发展能力处于稳步上升的趋势。

　　资源型城市主导产业选择研究涉及指标体系的构建和计算方法的选择两方面。熊剑平等（2009）基于经济、社会、资源、环境四个方面的效益，构建了资源枯竭型城市产业的持续性评价体系，并引入区位熵和层次分析模型对湖北省大冶市的接续产业进行定量分析，指出未来接续产业为非金属矿业、制造业和旅游业。段彩芹等（2011）、叶蔓（2011）、孟宪磊（2015）等学者根据产业间的关联程度、经济效益的大小、比较优势的强弱、技术进步的程度、资源与环境的协调度等建立了资源型城市主导产业选择的指标体系，并采用因子分析法分别对迁西县、鸡西市、鹤岗市主导产业进行定量分析，为其寻找应该培育和发展的主导产业。刘春燕等（2014）在分析萍乡市产业发展现状的基础上，选用 PCDL 模型对其接续产业进行综合分析，认为萍乡市当前应该积极培育和发展的接续产业是中间产品和深加工产品制造业。Liu 和 Li（2010）从产业规模和经济效益、产业关联、产业发展前景、产业间协调性等方面构建主导产业选择的指标，并指出选择主导产业的具体方法和步骤，为资源型城市产业转型的顺利实施奠定基础。席广亮等（2009）基于情景分析法对临汾市未来产业发展情景进行分析，得出未来临汾市产业发展仍以资源型产业为主的结论。周丽娜等（2013）学者从资源承受能力、产业竞争优势、社会贡献力度、经济可持续发展力等方面，构建了评价淮北市接续产业的指标体系，通过采用线性加权函数，对淮北市各产业部门进行分析，明确了该市具有接续潜力的产业有农业、牧业、渔业、建材、煤化工、纺织、机械制造、煤电、食品加工、高科技产业、交通运输业（物流）、仓储和邮政业、批发和零售业、住宿和餐饮业及旅游业。李雪梅等（2011）根据主导产业选择原则，建立了适用于干旱区资源型城镇的 Weaver-Thomas 模型及其评价的指标体系，并以鄯善县为例，对其进行定量评价，结果表明鄯善县未来的主导产业是石油和天然气开采业、黑色金属冶炼及压延加工业。于良等（2013）借助区位熵法和偏离－份额分析法对枣庄市产业优势及竞争力进行了研究，发现石油加工业、炼焦及核燃料加工业、非金属矿物制品业三个产业部门具有较强竞争力和部门优势，可作为枣庄市的主导产业。王灿灿（2015）基于主导产业选择的不同基准，构建了邹城市工业主导产业选择的评价指标体系，综合主成分分析结果和邹城市实际情况，最终确定城市的主导产业为化学原料及制品业、通用设备制造业以及非金属矿物制品业。贾彤（2016）利用偏离－份额分析法对大同市三次产业和 12 个备选主导产业进行定量分析，并借鉴波士顿矩阵对大同市主导产业进行战略选择，提出大同市在转型过程中，应该在大力整合煤炭行业的同时，积极发展文化旅游产业和新兴产业，最终实现大同市的可持续发展。刘爱文和郑登攀（2010）基于产业存在和发展情况、产业之间的关联程度、可持续发展的能力等方面，构建了资源型城市主导产业选择的评价指标体系，并利用 BP 逻辑模糊神经网络对陕西省榆林市各产业数据进行了测评，得出榆林市的主导产业有煤炭洗选业、电力工业、有色金属冶炼及压延加工业、非金属矿物制品业、塑料制品业和农副产品加工业。乌日恒（2013）运用灰色关联度分析法对鄂尔多斯市的各个行业进行了评价，得出鄂尔多斯市的主导产业是化学原料及化学制品业、电力产业。

关于转型时机的研究主要集中在对时机的选择上。江海燕（2014）总结了资源型城市产业转型的四种时机，即提前转型、转型最佳时机、最迟转型以及合理转型时机，同时分析了龙岩市产业发展的现状，得出目前该城市所处阶段是启动转型的最优阶段的结论。赵慧姝等（2012）、张晨等（2009）从资源开发时间、产业结构与空间结构演进、生态环境演变等方面构建资源型城市产业转型时机的分析框架，进而提出在资源型产业的成长期、成熟期和衰退前期适合进行城市产业转型，主要是因为这几个阶段产业生产稳定，具有较强的盈利能力，有条件积累转型资金，同时也可进行产业的多元化发展，转型的主动性较强。Wang 等（2009）从可持续发展的角度探讨了资源型城市产业转型的过程，利用博弈模型对资源型产业转型时机进行了研究。于光等（2007）从支付成本的角度出发，研究矿业城市产业转型的时机问题，指出应该在资源开采初期准备转型、成长期开始转型、成熟期深入推进转型，从而顺利实现转型。

在资源型城市产业结构转型方向方面，胡春生和蒋永穆（2011）基于发展序的比较，提出应该利用发展序促进接续产业的演变来实现资源富集地区产业结构的转型，并从人力资源和政府行为方面进行优化。王亮等（2012）通过分析克拉玛依市产业转型的条件和机遇，指出通过多元化产业发展模式、构建"世界石油城市"和区域中心城市推进克拉玛依市产业转型。

在资源型城市产业结构转型路径研究方面，姚平等（2013）、刘丹和姚平（2011）从技术、制度创新的角度出发，提出通过实行差异化的协同发展，即技术创新主导型、制度创新主导型、共同创新主导型的协同演进，可以促进资源型城市的转型和发展。张兴等（2016）学者通过深入分析矿业城市资源开发与经济发展之间的关系，提出了新形势下矿业城市应遵循资源经济化、结构多元化、空间合理化、产业生态化的发展路径。李炳意等（2016）基于生态足迹研究方法，提出通过优化产业结构、提高土地利用效率、控制人口规模、保护生态环境的优化策略提高晋城的可持续发展能力。李哲和李熔臣（2015）在分析资源型城市产业转型面临的困境的基础上，提出产业延伸路径、产业更新路径、产业复合路径是实现资源型城市产业转型的三种路径。孙浩进（2014）通过分析资源型城市产业转型效果及存在的问题，提出资源型城市应该在发挥城市内在主要功能的同时，协调发挥城市的其他功能，走包容性和差异化并举的新路径，推动生态、经济、社会的全面转型。

郝顺利（2010）通过具体分析华蓥市替代产业的发展方向，认为通过强化项目支持、兴办产业园区、强化龙头企业建设、优化投资环境、制定配套政策等路径，能够实现其产业转型。

2.5.4 资源开发战略与管理

1973 年，Odum 提出矿产资源贸易管理，并首次将矿产资源作为直接或间接产品、服务来研究，这种观点认为社会经济系统发展进程以消耗自然资源为代价。因此，矿产资源开发战略管理研究得到了政府、学术界的关注，从生态价值、资源价值、经济发展、产业调整等方面开展的政策管理研究逐步增多（Davidson，2014）。随着全球信息化和网络知识化的到来，矿产资源开发区也逐步吸纳了相应的全球化管理模式，但矿产资源开发区相比其他区域顺应信息时代管理模式的改革步伐稍慢，错失了通过信息技术提升区域竞争力的机会，大部分资源枯竭型城市就是未能快速实现信息化改革创新而衰落的典型案例。

中国对于矿产资源的管理仍以政府调控为主体，且东部、中部、西部三大地带的资源禀赋差异显著。矿产资源开发如何在空间上合理布局，对于保障国家资源安全和促进区域经济发展都有重要意义。由于矿产资源存在区域禀赋差异，国家层面以西部地区矿产资源开发为主体，而在矿产资源开发区内政府往往希望通过选择合理的开发模式，进而实现矿产资源开发与区域经济协调可持续发展（佟宝全等，2012）。同时，协调资源开发地各利益主体间的关系，通过改革原有开发管理体制，转变财税政策，建立补偿机制等政策措施也成为矿产资源开发区可持续发展的关键（王雁等，2007），这就亟须提升矿产资源开发管理战略。通过发展生态农业、生态工业、循环经济、生态旅游、生态城镇和政府绿色管理等开展生态文明建设，这些措施有助于矿产资源开发区实现经济高效、社会稳定和生态健康可持续发展（沈镭，2011）。

2.5.5 研究展望

综上所述，关于矿产资源开发区经济转型研究在理论、方法上均取得了较多成果，主要从矿产资源开发对区域经济增长的贡献、矿产资源开发区产业发展与结构调整、矿产资源开发的生态环境响应，以及矿产资源开发区科学管理与政策等方面进行了深入的研究。随着国际资源供需矛盾日益突出，加之我国城市化与工业化快速发展，未来矿产资源开发区经济发展受资源开发的影响也会逐步强化。而该类地区区域经济贫困的根本问题尚未解决，针对典型区域资源开发与区域经济转型发展的研究仍有待加强。

1. 矿产资源开发与区域经济转型发展研究

矿产资源开发对区域 GDP 增长具有显著的推动作用，但以采掘业为主体的经济发展模式存在诸多不稳定性，加之近年来鄂尔多斯市、神木市、府谷县等矿产资源富集区均出现了"矿产资源开发—民间资本借贷—房地产开发"的产业链，在矿产资源价格下滑或者房地产市场受阻的情况下出现民间借贷崩盘事件，进而影响区域整体经济发展，说明了矿产资源开发区产业结构单一，投资收益回报率高，某种程度上带有投机痕迹（张新华等，2011），已经成为影响区域经济发展的重要因素。因此，矿产资源开发区经济转型发展研究将成为未来实践研究的重点。矿产资源开发区产业转型，以及与当地特色产业关联是该类区域经济发展的关键，结合区域自然资源特征和矿产资源开发不同发展阶段，适时选择相应的转型模式，推动产业转型带动区域经济转型发展。另外，微观角度的实证研究也将逐步增多，通过选择矿产资源开发区典型村域或乡镇，自下而上研究大规模资源开发对农户生产、生活的影响程度，以及在矿产资源开发干扰下农户如何调整生产、生活，进而实现微观经济转型，这种从微观层面评价矿产资源开发对区域经济发展的正负效应也将成为热点。

2. 矿产资源开发收益分配的调节机制

目前，中国矿产资源开发大部分为大型国有企业所掌控，或者由地方政府主导，导致矿产资源开发收益存在严重不均现象。各级政府之间、各级企业之间、区域之间、农户之间都存在利益之争，且矿产资源开发区内部收益分配差异逐步拉大已成为事实，如何妥善解决这些问题事关矿产资源开发区未来的可持续发展，亟须建立科学合理的利益分配机制。未来研究在探明矿产资源开发现状收益分配格局，揭示能源开发利益相关者的利益诉求的前提下，应该进一步明确各级政府在矿产资源开发中的职责，同时对各级政府、各类企业、农户之间的利益分配进行科学调节，旨在缩小区域发展差距、贫富差距，提升矿产资源开发区整体经济竞争力。主要从产业转型发展、就业转型保障、教育医疗养老保障、生态恢复建设、政策反馈等方面研究矿产资源开发收益分配格局的调节机制，促进区域经济快速平稳转型发展。

3. 矿产资源开发区区域经济转型发展的保障机制与对策措施

政策保障是矿产资源开发区经济转型的必要条件。矿产资源相关产业往往与农业特色产业、轻工业等其他产业争夺劳动力或其他自然资源，如果矿产资源储藏量逐渐减少甚至枯竭，而当地仍以采掘业为主，那将会给当地经济发展带来致命打击，因此，在推动区域经济转型发展的同时，配套制定相应的保障机制和对策措施显得至关重要。针对矿产资源开发对当地生态环境的影响，以及矿产资源生命周期，资源开采的利益分配，资源开采产业与当地产业关联等问题，从制度创新改革方面探索矿产资源开发区域经济转型发展的保障机制与对策措施。基于产业、技术、政策等方面综合调控的保障机制，为矿产资源富集、农村经济贫困、生态环境脆弱的复合区域发展提供了理论依据与决策参考。

第二篇
基础研究篇

区域人口分布与经济格局在空间上的一致程度与区域空间格局的演化发展密切相关。县域单元经济差异是各国经济发展过程中的共性难题，而分析县域单元经济空间格局演变有助于揭示区域内经济发展规律、协调区域经济发展。进入21世纪以来，以能源富集为主要特征的榆林市经济取得突破性进展，而工业是其发展的主导力量，受工业高收益的挤出效应，农业发展缓慢且区域不均衡现象突出，农业粗放式发展，整体效率偏低，工农业矛盾日益显现，个别地区甚至陷入了"拉美陷阱"，因此，农村转型发展有助于实现产业结构演进、就业方式与消费结构转变、生态环境良性发展，其旨在推进城乡关系根本转变，树立新的社会经济发展理念与农村发展模式。新阶段，榆林市能源资源经济发展中显现的矛盾日益突出，成为提升经济发展效率的主要制约因素，如以能源工业为主导的重工业发展致使产业结构单一，就业岗位有限，在经济新常态背景下形势日益严峻，局部地区甚至已陷入"资源诅咒"的经济陷阱。

　　本篇主要从榆林市的人口数量与经济水平在空间上的耦合特征、榆林市经济发展时空格局演进特征、榆林市农村转型发展轨迹及农业现代化、榆林市能源利用效率等四个方面做了基础性研究。

第3章
榆林市人口与经济时空耦合特征分析

伴随着科学发展观的提出和深入发展，实现区域空间经济、人口与资源环境协调发展的新模式备受关注（林凡元等，2010）。区域空间发展历来都是区域经济学、地理学关注的核心问题，空间如其他经济要素一般，具有经济效益性，有序的空间格局有助于促进区域的可持续发展，反之则对区域发展起阻滞作用；而区域人口分布与经济格局在空间上的一致程度与区域空间格局的演化发展密切相关（Jiang et al.，2012）。因此，在实现人口分布与经济格局一致的基础上推动区域的可持续发展成为政府与学界亟须解决的问题。

目前对人口分布与经济格局的关系已有不少研究。18世纪后期，亚当·斯密提出经济增长、人口与劳动力增长的关系研究，算是人口与经济关系研究的先行者（李烨、曹梅，2015）。随后，国外掀起了人口与经济关系研究的热潮，且将人口与经济关系研究上升到理论学科高度，如《人口经济学》《人口增长经济学》等（钱勇，2012）；国内也有一些学者对人口与经济的关系进行了系统的研究，胡焕庸先生提出的黑河—腾冲人口分布线是该领域研究的典型代表（涂蕾，2016；刘文玲、王灿，2010）。王桂新（1997）从静态与动态两个视角对我国人口分布与区域经济关系进行了研究，并对二者关系的一般理论进行了初探。现阶段对人口与经济之间关系的研究主要集中在人口与经济地域差异及其格局演变研究、人口与经济发展一致性研究、人口空间移动与产业地域集聚等方面。已有的研究为推动人口分布与经济格局关系的深入探讨奠定了基础，但是也应该看到：一方面，研究区域从县域、省域乃至全国几个层面展开，对西部地区尤其是干旱地区人口分布与经济发展之间的关系有待进一步深入研究，探究能源富集区人口分布与区域经济的关系研究亟待加强；另一方面，已有研究大多关注人口与经济在空间上的相互关系（薛莹莹、沈茂英，2009；徐艳艳，2007；郭文炯等，2004），着重突出整个区域人口和经济空间分布差异，忽略了区域内部各单元之间的人口分布与经济格局的空间效应及一致性情况。因而，在研究区域内部人口分布与经济格局的空间关系方面存在不足（刘艳华等，2011）。

在借鉴已有研究成果的基础上，本章首先采用不均衡指数对榆林市整个区域的人口与经济的集中与分散程度进行测度，然后通过人口与经济地理集中度指数分析榆林市各区县人口分布与经济布局的时空分布特征，使结果更加符合榆林市客观实际，最后根据人口经济一致性系数对榆林市人口经济一致性划分类型，将本书研究范围缩小到县级地域单元，使研究结果更具有针对性和具体性。

3.1 计量模型

3.1.1 不均衡指数

采用不均衡指数对榆林市人口与经济空间格局的均衡状况进行研究，即人口分布与经济格局在市域空间总体的集散程度（Marsh，1987）。计算公式为（Houghton，1993）：

$$U_P = \sqrt{\frac{\sum_{i=1}^{n}\left[\frac{\sqrt{2}}{2}(x_i - y_i)\right]^2}{n}} , U_G = \sqrt{\frac{\sum_{i=1}^{n}\left[\frac{\sqrt{2}}{2}(z_i - y_i)\right]^2}{n}} \qquad (3-1)$$

其中，U_P、U_G分别为人口分布、经济分布的不均衡指数；n为研究单元数量；x_i、y_i 和 z_i 分别代表 i 地区人口占总人口的比例、土地面积占总土地面积的比例及生产总值占总生产总值的比例。U 值越大，表明人口与经济在地理空间分布越集中；反之，则表明人口与经济在地理空间分布越分散。

3.1.2　地理集中度

不均衡指数只可以揭示研究区域人口与经济集中与均衡分布的总体规律，但无法衡量研究区域内部各个区县之间人口与经济分布规律。为进一步了解区域内部各区县人口与经济的变动特征，在不均衡指数的基础上，运用人口与经济地理集中度对榆林市内部各区县人口与经济集中和均衡规律进行剖析。

人口与经济地理集中度是在综合考虑区域人口、经济及土地面积因素的基础上对研究区域内部人口与经济分布状况进行衡量的有效指标，在区域人口分布与经济格局关系研究中具有重要意义（钟业喜、陆玉麒，2011；周艳、涂建军，2011；王磊等，2009）。本书运用地理集中度对榆林市各区县人口与经济在地域上的分布状况进行考察。计算公式为（郭文炯等，2004）：

$$R_{P_i} = \frac{P_i \sum\limits_{i=1}^{n} P_i}{S_i \sum\limits_{i=1}^{n} S_i} , \quad R_{G_i} = \frac{G_i \sum\limits_{i=1}^{n} G_i}{S_i \sum\limits_{i=1}^{n} S_i} \tag{3-2}$$

其中，R_{P_i} 与 R_{G_i} 分别表示 i 地区人口地理集中度和经济地理集中度；P_i 与 G_i 分别表示 i 地区的人口数与国内生产总值；S_i 为土地面积。集中度数值越大，人口或经济在地域上的分布就越集中，反之就越分散（冯丽媛、段汉明，2012）。

3.1.3　人口经济一致性系数

人口经济一致性系数（Consistency of Population and Economy，CPE），是反映某地域人口分布与经济发展的一致性程度的指标，具体是指某区域内人口占比与国内生产总值占比的比值。具体计算公式如下（封志明、刘晓娜，2013）：

$$CPE_i = \frac{\left(P_i \middle/ \sum_{i=1}^{n} P_i \right)}{\left(G_i \middle/ \sum_{i=1}^{n} G_i \right)} \qquad (3-3)$$

其中，n 为研究单元个数；P_i 与 G_i 分别表示 i 地区的人口数和国内生产总值；$CPE > 1$，表明该地区人口集聚水平高于经济集聚水平，反之则表明该地区人口集聚水平低于经济集聚水平；CPE 越接近 1，表明区域人口经济协调程度越高，反之则协调性越低。

3.1.4　指标体系及数据来源

基于已有研究成果（Altman，2003；Sorensen and Epps，2003），结合数据的可得性与真实性，选取 1995～2014 年榆林市各区县人口数、地区生产总值及土地面积作为指标。对 1995～2014 年榆林市各区县的人口与经济空间分布的不均衡指数、人口与经济地理集中度及人口经济一致性系数进行测算，并借助 Arcgis 10.0 软件技术平台对榆林市人口与经济分布关系及变化过程进行可视化表达，以此来反映榆林市人口分布与经济格局的一致性情况。相关数据来自《榆林市统计年鉴》（1996～2015 年），1996～2015 年各区县统计年鉴，基本图件为榆林市各区县行政区划图。需要说明的是，本章的时间段为 1995～2014 年，因篇幅所限，部分图表仅显示 1995 年、2005 年、2014 年，其他年份图表不再显示。

3.2　人口变化动态分析

3.2.1　人口总规模演变

农民是农村的主体，是新农村建设的生力军，也是农村发展的重要因素之一。榆林市地处毛乌素沙地与黄土高原过渡地带，是干旱、半干旱向半湿润的过渡区域，土地承载力低，但人口增长过快，人口严重超载。2013 年，榆林市总人口为 376.99 万人，其中农业人口为 295.83 万人，占总人口的 78.5%。人口密度为 86.51 人/千米²，是联合国给出的半干旱半湿润的黄土高原人口承载能力阈值（30 人/千米²）的 2.88 倍。由于人口的快速增长，加之历史时期北方游牧文化与中原农耕文化的交替统治，改革开放后的能源资源开发，以及全球气候变化等诸多因素影响，这一区域生态环境退化严重。改革开放以来，榆林市人口呈现持续增长态势。1978 ~ 2013 年，榆林市人口由 227.52 万人增加到 376.99 万人，增加了 149.47 万人。虽然榆林市人口自然增长率呈现下降态势，由 20 世纪 80 年代的 20‰ 左右下降至 21 世纪以来的 5‰ 左右，然而生活水平提高、医疗卫生手段改善等提高了人口平均寿命，人口死亡率大大降低，因此，榆林市总人口依然呈现逐年增长态势（见图 3 - 1）。

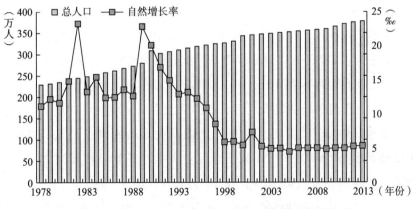

图 3 - 1 1978 ~ 2013 年榆林市总人口与自然增长率变化

人口再生产完成了由"高出生、低死亡、高自然增长"的传统模式向"低出生、低死亡、低自然增长"的现代模式转变。改革开放以来，随着计划生育政策的贯彻落实，榆林市人口生育水平不断下降。人口出生率由 1978 年的 17.33‰ 下降到 2013 年的 11.48‰，年均下降

1.17‰。随着出生率的下降，人口自然增长率由1978年的11.26‰下降到2013年的5.41‰，年均下降2.07‰。自1989年起，人口出生率和自然增长率基本保持稳步下降趋势，2001年人口出生率下降到10‰以下，2002年人口自然增长率下降到6‰以下，人口进入平稳增长时期。

3.2.2 就业结构变化

就业结构是反映区域就业水平和经济发展阶段的重要标尺。合理的就业结构是区域经济发展和就业增长的关键。改革开放以来，榆林市工业化进程不断加快，推进了经济结构加速转型，农村得到较大发展，农业结构战略性调整得到快速推进，使农民生活水平显著提高，逐渐形成了一些具有代表性的农村发展模式，如能源经济带动型、特色农业主导型、劳务经济拉动型、城郊高效农业带动型、产业集群联动型和农业产业化基地型等模式。伴随着农村经济社会的巨大变迁，农村就业结构也发生了深刻变化。

榆林市农村劳动力总量呈现增长势头，1978~2013年榆林市从业人员总数增长了117万人。同时，劳动力就业结构也发生较大变化。其中，第一产业就业比例不断降低，第二、第三产业就业比例逐渐上升。从各产业从业人员演变趋势来看，第一产业从业人员呈现先增加后减少的态势，35年间增加了7.8万人；第三产业从业人员的增长最快，1978~2013年增长60.66万人；第二产业从业人数增长难以与其经济增长相媲美，35年间从业人员增加了48.64万人（见图3-2）。

第二产业从业人数缓慢增长，第三产业就业增长最快。1978~1992年，榆林市第一产业从业人员规模呈现逐年上升的势头，以年均1.70万人的速率增加；1993~1998年，第一产业就业人数呈现波动态势，主要因为1992年市场经济实施以来，第二、第三产业的高薪金吸引了部分农业劳动力向非农产业转移，但这一时期经济发展的机遇与风险均较大，因此第一产业从业人员规模出现了起伏波动。1999~2013年，

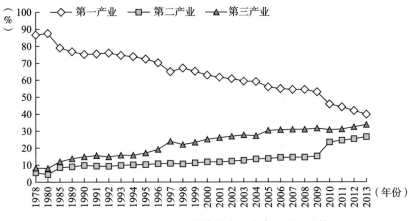

图 3 - 2　1978～2013 年榆林市三次产业就业结构

第一产业从业人数呈现下降态势，源于 1998 年榆林市国家能源重化工基地的建设，以及退耕还林还草、西部大开发等一系列政策措施的实施，这些都有效加快了当地农业人口非农化速度。第二产业从业人数规模及其在全行业中所占比例均持续增长，但速度较慢。主要因为榆林市以能源重化工企业为主，对劳动力的需求量有限。1978～2013 年，第二产业从业人数从 4.04 万人增加到 52.68 万人，年均增长 1.39 万人；同期，第三产业从业人数从 6.67 万人增加到 67.37 万人，年均增长 1.73 万人。第三产业从业人数的迅猛增长，说明在市场经济与能源开发双重作用下，榆林市第三产业得到快速发展。

3.3　经济发展态势

在经济发展的不同阶段，农业与农村发展状态、潜力及选择的路径均有所不同。经济发展状况分析是区域宏观背景条件分析的重要内容之一，为农业发展功能定位、战略选择以及农村发展模式优化提供了重要依据。榆林市在改革开放前仍然是以农业生产为主，1985 年，能源资源开发为当地工业化资本积累奠定了良好的基础，1998 年国家能源重化工基地的建设，进一步促进了当地工业的发展，2004 年，国家提出新农村建设目标，提出"工业反哺农业，城乡统筹发展"的战略性目标，为榆林市农村发展提出了新的发展目标。这里通过 GDP、三次产业产值变化及其结构演变特征等来分析榆林市经济发展态势，进而探讨当地农村发展的宏观背景。

3.3.1 经济总量变化分析

国内生产总值是指在一定时期内，一个国家或地区的经济中所生产出的全部最终产品和劳务的价值，常被公认为衡量国家或区域经济状况的最佳指标。它不仅反映区域的经济表现，而且能够反映区域的国力与财富。1978～2013 年，榆林市 GDP 总量由 3.58 亿元增长到 2846.75 亿元，平均每年增长 81.23 亿元。特别是 21 世纪以来，在我国加入 WTO，全国经济快速发展，西部大开发加速进行，国家对榆林能源重化工基地的进一步开发等背景下，榆林市依靠能源优势，区域经济总量显著增加，2000～2013 年，榆林市 GDP 从 105.05 亿元迅速增加到 2846.75 亿元，增长了 26.09 倍。

由于能源资源矿产资源的区域分布差异，1978～2013 年榆林市北部的府谷县、神木县、榆阳区、横山县、靖边县、定边县 6 县（区）依靠能源优势经济增长迅速，而南部绥德县、米脂县、佳县、吴堡县、清涧县、子洲县 6 县（区）经济增长相对缓慢（见图 3-3）。

1978～2013 年，北部 6 县（区）GDP 从 2.12 亿元攀升到 2606.26 亿元，增长了 1228.37 倍，年均增长幅度达到了 22.54%。南部 6 县（区）GDP 从 1978 年的 1.46 亿元增长到 2013 年的 240.49 亿元，增长了 163.72 倍，年均增长幅度达 15.70%。1978 年，北部 6 县（区）GDP 占全市的 56.26%，是南部 6 县的 1.45 倍；2013 年，北部 6 县（区）GDP 占全市的 91.55%，是南部 6 县的 10.84 倍。可见，榆林市目前经济发展仍然以能源经济为主导，由于能源矿产资源的丰度差异，榆林市南北经济实力差距逐渐拉大。

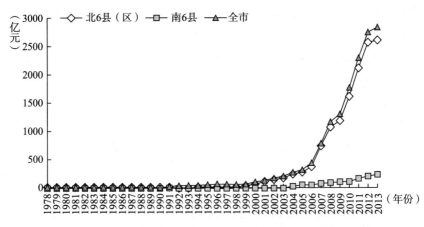

图 3 - 3　1978～2013 年榆林市及其南北部地区 GDP 增长趋势

从各县 GDP 增长来看，1978 年，榆阳 GDP 为 0.59 亿元，位居全市第一；绥德紧随其后，GDP 达 0.54 亿元。北部榆阳区以其行政、经济、文化中心优势而成为这一区域的增长极，而南部则以农业大县绥德为增长中心。随着 1985 年，神府煤田建设，神木经济总量呈现快速增长势头，于 1988 年超越绥德，跃居全市 GDP 总量第二位，1994 年跃居全市第一位。1988～1997 年，北部各县 GDP 逐年攀升，于 1997 年全部超过了绥德县经济总量。神木县更是连续八届进入 "西部县域经济百强县"（2001～2008 年），并于 2008 年进入 "全国县域经济百强县"。靖边县依靠天然气资源，经济总量增长迅速，于 2004 年达到 79.81 亿元，超越神木县 GDP 总量，跃居全市第一。靖边县也于 2002 年入选 "西部县域经济百强县"，且排名逐年上升，2008 年位居第十五位。

3.3.2　三次产业结构变化分析

1978～2013 年，榆林市第一、第二、第三产业产值分别从 2.10 亿元、0.72 亿元、0.76 亿元增长到 139.68 亿元、1985.56 亿元、721.51 亿元，分别增长了 65.52 倍、2756.72 倍、948.36 倍，年均增长幅度分别达到 12.74%、25.40%、21.64%。2007 年，三次产业产值比例为 4.9%：69.8%：25.3%。可以看出，目前榆林市区域经济发展基本由第二产业引领，由于能源重化工企业对劳动力的吸纳程度有限，第三产业发展受到规模效应限制。1978～2013年，榆林市三次产业结构由"一三二"演变为"二三一"，第一产业比例出现了明显的下降，第二产业比例上升显著，第三产业出现了"倒U形"的演变态势。

3.4 人口与经济耦合时空演变分析

3.4.1 人口与经济不均衡指数分析

利用公式（3-1）计算1995～2014年榆林市人口与经济不均衡指数，该指数反映的是榆林市人口与经济的集散分布状况。

通过分析榆林市1995～2014年人口与经济分布的不均衡指数，可以看出榆林市人口与经济分布的不均衡指数均为正数，各区县间空间正相关性显著且不均衡指数有趋同态势；1995～2014年榆林市人口分布的不均衡指数有所下降，人口集中分布状态越来越弱化，均匀分布趋势加强；经济分布的不均衡指数有所上升，经济分布的集中状态强化（见图3-4）。

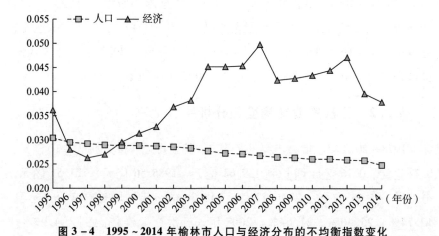

图3-4 1995～2014年榆林市人口与经济分布的不均衡指数变化

值得注意的是，1995～1997 年榆林市出现经济不均衡指数短暂下降的现象，经济呈现均匀分布态势，主要原因是陕北能源化工基地的建设及产业结构调整；1996～1998 年人口分布的不均衡指数高于经济分布不均衡指数；1998 年后经济分布的不均衡指数高于人口分布的不均衡指数且二者的差距越来越大。从总体上看，榆林市人口与经济分布还处于极化发展阶段，表现为人口与经济向局部地区集聚。

3.4.2　人口与经济的地理集中度分析

计算 1995～2014 年榆林市各区县人口与经济地理集中度，该指数反映的是榆林市各区县人口与经济的集中和均匀分布情况，基于 ArcGIS 10.0 软件平台自带的自然断裂点法对结果进行标准化处理，将各区县人口、经济地理集中指数分为五类，由低到高划分成低级集聚区、较低级集聚区、中级集聚区、较高集聚区、高级集聚区五个层次。

从时间尺度来看（见图 3 - 5），1995～2014 年榆林市各区县的人口与经济地理集中度都表现出上升态势，说明人口与经济在全市空间上集中分布趋势加强，即榆林市各区县单位面积上人口与经济相对密度越来越大；1995 年榆林市人口地理集中度远远高于经济地理集中度，到 2000 年二者的差距缩小，但绝大多数区县人口地理集中度依旧高于经济地理集中度。2014 年全市经济地理集中度远远高于人口地理集中度。从集聚区域上看，1995～2014 年榆林市人口地理集中度最高的地区主要集中在东部土地面积较为狭小的绥德县、米脂县、吴堡县和子洲县，表现出以该三县高人口地理集中指数为中心向外逐渐降低的分布态势，构成了以绥德—米脂—吴堡—子洲为中心的高人口地理集中分布区。1995 年经济地理集中度最高的区域为北部的榆阳区和南部的吴堡县，形成南、北双中心的高经济地理集中格局，到 2014 年经济地理集中度最高的区域转移到北部的府谷县和神木县，形成了神木—府谷高经济地理集中分布区。

1995～2014 年全市人口在地理空间的分布呈现集中态势，部分区

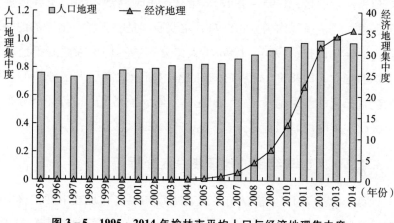

图 3－5　1995～2014 年榆林市平均人口与经济地理集中度

县人口地理集中度空间格局变化较为显著，集中指数大的地区主要分布在榆林市东部绥德县、米脂县和吴堡县，这些地区人口地理集中度高，属于高级集聚区，人口集中效应强；人口地理集中度最低的定边县，由 1995 年的 0.3047 增加到 2014 年的 0.4277；人口地理集中度最高吴堡县由 1995 年的 1.3614 增加到 2014 年的 1.6897，榆林市人口地理集中度最高值与最低值差异扩大化反映了人口集中分布态势明显（见图 3－6）。

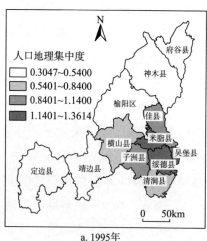

a. 1995年

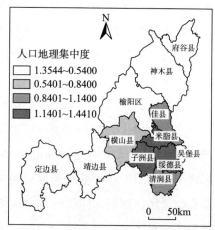

b. 2005年

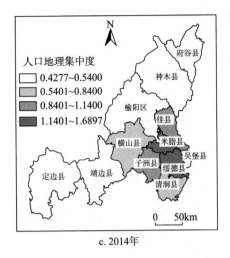

c. 2014年

图 3-6　1995 年、2005 年和 2014 年榆林市人口地理集中度分布

1995～2014 年全市经济在地理空间的分布越来越集中（经济地理的平均指数由 1995 年的 0.0142 变为 2014 年的 35.8296）且极化效应极为明显；全市经济地理集中度空间格局变化也非常明显，主要表现在经济地理集中指数高值区出现向北转移趋势，这主要是陕北能源化工基地建设促使榆林市北部区县经济发展导致的；高级集聚区由 1995 年的吴堡县、米脂县、绥德县、榆阳区和府谷县演变为 2014 年的榆阳区、神木县、府谷县和靖边县，中级集聚区由 1995 年的神木县、横山县、佳县、清涧县演变为 2014 年的定边县，低级集聚区由 1995 年的定边县、靖边县、子洲县发展为 2014 年的横山县、绥德县、米脂县、佳县、吴堡县、清涧县、子洲县。1995 年、2005 年、2014 年全市平均经济地理集中度指数分别为 0.0142、0.4536 和 35.8296；1995 年经济地理集中度最低的定边县，其经济地理集中度为 0.0049，到 2005 年转变为佳县，为 0.1495，到 2014 年依旧为佳县，为 10.7235；1995 年经济地理集中度最高的为吴堡县，其经济地理集中度为 0.0276，到 2005 年转变为靖边县，为 1.4581，到 2014 年演变为府谷县，为 96.0734；榆林市经济地理集中度最高值与最低值区域差异明显扩大，经济分布的不均衡程度越来越显著，极化效应越来越强。神木县、府谷县这些地区属于经济高级集聚区，具有很强的经济集中效应（见图3-7）。

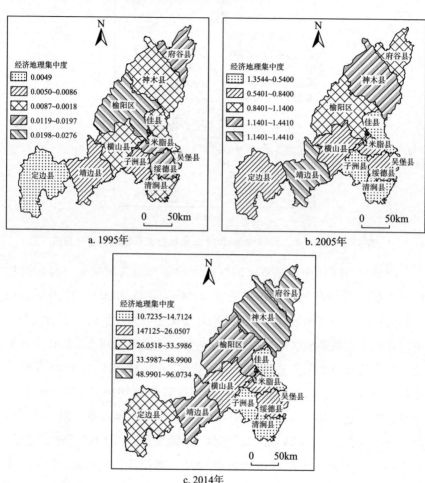

图3-7 1995年、2005年和2014年榆林市经济地理集中度分布

值得注意的是，榆林市人口地理集中度和经济地理集中度的分布具有一定的分离性，其分离性在于人口高值区有向绥德县、米脂县、吴堡县及周围地区集聚的趋势，而经济高值区却由东南部向北部的榆阳区、神木县和府谷县转移，形成以榆阳区—神木县—府谷县为中心的经济极化区，说明这些地区经济的快速发展，带动了周边地区的经济发展；1995年、2005年、2014年榆林市各区县的人口地理集中度最高值与最

低值之比分别为 4.47、4.08 和 3.95；经济地理集中度最高值与最低值之比分别为 5.63、9.75 和 8.96，表明 1995～2005 年榆林市人口与经济地理集中度在空间协调上的差异出现扩大趋势，这阻碍了榆林市经济的健康、持续发展，但 2005 年以后，榆林市人口地理集中度与经济地理集中度的空间协调性出现向好态势，这有利于促进榆林市经济发展。

3.4.3　人口与经济空间分布的一致性分析

1995 年榆林市人口分布与经济发展基本一致的区县有 2 个（横山县、吴堡县），占全市的 16.67%，与此相反，全市有 10 个区县表现为人口与经济分布不一致，占全市的 83.33%，共有 7 个区县呈现人口集聚高于经济集聚，占全市的 58.33%；其中，靖边、定边、绥德、米脂、佳县、清涧 6 个县的人口集聚略高于经济集聚，人口集聚远高于经济集聚的有子洲县。此外，人口集聚低于经济集聚的区县有 3 个，仅占全市的 25%，榆阳区的人口集聚远低于经济集聚，人口集聚略低于经济集聚有神木县和府谷县。由此可见，1995 年榆林市人口集聚与经济集聚表现出明显的不一致性，并以人口集聚高于经济集聚为主，表现出经济集聚主导人口集聚的特征（见表 3-1）。

表 3-1　1995～2014 年榆林市人口与经济空间一致性分类

类型	类别	区县 （1995 年）	区县 （2005 年）	区县 （2014 年）
人口集聚低于经济集聚	人口集聚远低于经济集聚	榆阳区	靖边县	神木县、府谷县
	人口集聚略低于经济集聚	神木县、府谷县	神木县	靖边县、定边县
人口经济基本一致	人口经济基本一致	横山县、吴堡县	榆阳区、府谷县、定边县	榆阳区
人口集聚高于经济集聚	人口集聚略高于经济集聚	靖边县、定边县、绥德县 米脂县、佳县、清涧县	横山县	无

类型	类别	区县 (1995 年)	区县 (2005 年)	区县 (2014 年)
人口集聚高 于经济集聚	人口集聚远高于 经济集聚	子洲县	绥德县、米脂县、 佳县 吴堡县、清涧县、 子洲县	横山县、绥德县、 米脂县、佳县、吴 堡县、清涧县、子 洲县

基于公式 (3-3)，计算榆林市各区县 1995~2014 年人口经济一致性系数，参考封志明和刘晓娜 (2013) 的中国人口经济一致性研究成果，将榆林市人口经济一致性程度划分为五个类别，如表 3-1 所示，并制作榆林市人口经济分布一致性类型图 (见图 3-8)。整体上，2005 年榆林市人口分布与经济发展空间的特征与 1995 年差异显著，2005 年榆林市人口分布与经济发展相对一致的区县有榆阳区、府谷县、定边县，较 1995 年有所增加，占全市的 25%，全市中有 9 个区县表现出人口经济分布不一致，其中，共有 7 个区县人口集聚高于经济集聚，占全市的 58.33%。此外，人口集聚低于经济集聚的区县有 2 个，占全市的 16.67%。人口集聚与经济集聚以弱一致性为主，并以人口集聚远高于经济集聚为主要特征，人口地理集中指数高值区与经济地理集中指数高值区出现分离。

到 2014 年榆林市人口分布与经济发展基本一致的县 (区) 只有榆阳区，全市有 11 个区县表现为人口与经济分布不一致，占全市的 91.67%，共有 7 个地区呈现人口集聚高于经济集聚，占全区的 58.33%；其中，无任何区县的人口集聚略高于经济集聚，人口集聚远高于经济集聚的有横山县、绥德县、米脂县、佳县、吴堡县、清涧县和子洲县。此外，人口集聚低于经济集聚的区县有 4 个，仅占全区的 33.33%，人口集聚略低于经济集聚的有靖边县和定边县，人口集聚远低于经济集聚的有神木县和府谷县。2014 年榆林市人口集聚与经济集聚不一致性较为显著，依旧表现出人口集聚高于经济集聚的特征。

值得注意的是，经济集聚高于人口集聚类型在地理空间中主要集中

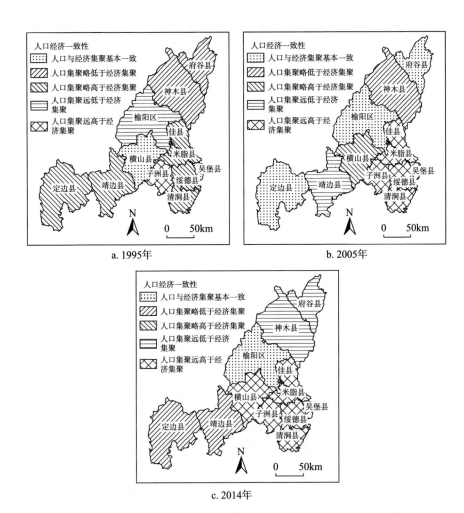

图 3 - 8　1995 年、2005 年和 2014 年榆林市人口经济一致性类型图

在榆林市北部区县，而南部区县则以经济集聚低于人口集聚类型为主。能源资源的开发，促进了北六县（区）经济的急剧增长，导致了以神木县、府谷县为经济增长核心的经济集聚远远大于人口集聚，促使府谷县与神木县由 1995 年的人口集聚略低于经济集聚向人口集聚远低于经济集聚转变，靖边县、定边县由人口集聚略高于经济集聚向人口集聚略低于经济集聚转变，2014 年与 1995 年相比，榆林市人口与经济不一致的区县个数有所增加，人口经济基本一致的区县有所减少，榆林市人口

与经济集聚表现出恶化趋势，人口分布与经济发展不一致性有所增强。经过 20 年的发展，榆林市人口与经济不一致的趋势越来越明显。

3.5　人口分布与经济格局优化建议

1. 适度人口规模的策略

榆林市应采取稳定人口、保持适度人口规模的策略。主要分布在榆林市东南部的绥德、米脂、佳县、吴堡、清涧、子洲等经济发展水平较低的地区应制定减少人口的发展战略，在大力发展经济的同时，适当控制人口增长。北六县（市、区）特别是经济极化效应强的榆林神府地区作为国家能源化工基地，属于陕北能源富集区的核心地带，经济发展速度较快，应发挥经济对人口集聚的吸纳和带动作用。

2. 人口集聚的经济导向性策略

大力发展经济，以经济集聚带动人口集聚，实现人口集聚的经济导向性策略。榆林市的人口与经济都还处于向局部地区极化的阶段，但人口集聚与经济集聚在空间上并不完全一致，二者出现了空间分离的现象。因此，榆林市经济发展要采取集聚发展态势，尽可能向榆林市经济发展水平高的北六县（市、区）集中，相应的，榆林市也要推进人口向经济极化效应强的北六县（市、区）集聚，促进人口集聚的经济导向性，通过这样可以进一步削弱榆林市人口与经济在地理空间上的分离现象，促进榆林市人口与经济协调均衡可持续发展。

3. 人口空间转移策略

到 2014 年，榆林市人口集聚高于经济集聚的区域主要分布在东南部的横山县、绥德县、米脂县、佳县、吴堡县、清涧县和子洲县，这些地区作为榆林市农业生产基地，在其经济发展过程中应限制工业化和城镇化的过度蔓延和开发，为生态产品和农产品供给提供充足保障，相应地实施合理的人口迁出战略，鼓励人口向北部经济集聚区转移。人口城市化是人口空间格局转化的重要趋势，破除榆林市的城乡二元结构，促进城市化和城乡一体化进程是榆林市未来优化人口与经济空间格局的重要趋向。

3.6　本章小结

（1）榆林市人口与经济的空间正相关性显著且不均衡指数有趋同态势。1995～2014 年榆林市人口分布的不均衡指数有所下降，人口集中分布状态越来越弱化，均匀分布趋势加强；经济分布的不均衡指数有所上升，表明经济集中分布状态强化。但 1995～1997 年由于陕北能源化工基地的建设及产业结构调整，榆林市出现经济不均衡指数短暂下降的现象，经济呈现均匀分布态势，1996～1998 年人口分布的不均衡指数高于经济分布的不均衡指数，1998 年后经济分布的不均衡指数高于人口分布的不均衡指数且二者的差距越来越大，榆林市人口与经济分布还处于向局部地区集聚的极化发展阶段。

（2）榆林市人口和经济地理集中度总体上由一致转向分离。1995 年榆林市人口与经济地理集中度均表现出围绕绥德县、米脂县和吴堡县高人口与经济地理集中度为中心，向外扩展集中度逐步降低的格局，而 2005 年和 2014 年经济地理集中度高的地区却向北部经济发达的榆林神府地区转移，1995～2005 年榆林市人口与经济地理集中度在空间协调上的差异出现扩大趋势，这阻碍了榆林市经济的健康发展，但 2005 年以后，榆林市人口地理集中度与经济地理集中度的空间协调性出现向好态势，这有利于促进榆林市经济的发展。

（3）经过 20 年的发展，榆林市人口与经济不一致现象加剧，大部分地区以人口集聚高于经济集聚为主要特征。人口经济基本一致的地区数量下降，不一致区县增加；在空间分布上，榆林市经济集聚高于人口集聚的类型在地理空间上主要集中在榆林市北部区县，而南部区县则以经济集聚低于人口集聚类型为主。

（4）优化榆林市人口分布与经济格局应采取稳定人口，保持适度人口规模的策略；大力发展经济，优化全市经济发展，以经济集聚带动人口集聚，实现人口集聚的经济导向性；破除榆林市的城乡二元结构，促进城市化和城乡一体化进程是榆林市未来优化人口与经济空间格局的重要趋向。

第4章
榆林市经济发展时空演进格局特征

　　县域单元经济差异是各国经济发展过程中的共性难题，而分析县域单元经济空间格局演变有助于揭示区域内经济发展规律、协调区域经济发展。因此，县域单元经济差异及空间格局演变长期以来都是地理学、区域经济学等学科关注的焦点。改革开放以来，由于区域间的自然条件、经济基础不同，加上国家实施非均衡发展战略，我国区域间经济发展出现了较大的差异（冯长春等，2015；伍世代等，2008）。21 世纪以来，由于西部大开发、振兴东北老工业基地、中部崛起等一系列政策的先后实施，区域经济差异增速放缓，区域经济均衡发展取得了一定成效，中西部经济增长速度有所提高，但区域经济发展水平仍然存在较大的差异（刘卫东等，2011；李小建、乔家君，2001），整体上经济发展仍以不平衡的态势为主（齐元静等，2013）。国内学者在进行区域经济差异研究时，选择了不同的研究单元：既有国家、长江三角洲等大尺度的研究（徐建华等，2005；靳诚、陆玉麒，2012），也有某省份县域经济差异的小尺度研究（王少剑等，2013；宋晓珍等，2016），但以市为对象的更小尺度的研究较少。在研究方法上，常用基尼系数（齐邦锋等，2010）、崔一王指数（孟德友等，2011）、泰尔指数（仇方道等，2009）等经典统计学方法，其中泰尔指数由于具有可分解性，可进行不同空间尺度的区域差异分析，因此在揭示区域经济空间差异规律时具有优越性（陈培阳、朱喜钢，2012；陈文娣等，2013）。经典统计方法的局限性促使 2000 年后越来越多的学者引入空间自相关等方法进行区域经济空间格局演化的分析（潘竟虎等，2016；李晓越等，2014；孟德友等，2014；刘世薇、张平宇，2012；马晓熠等，2010）。由于变差函数能够分析地域空间分异规律和结构，标准差椭圆能够显示经济重心移动轨迹和变化趋势，深入了解城市经济走向，因此文章引入这两种方法分析榆林空间差异演变（刘晓婷、陈闻君，2016；周扬等，2014；靳诚、陆玉麒，2011；方叶林等，2013）。目前，学者们对区域经济差异、资源型城市的经济转型与可持续发展研究比较成熟，但针对资源型城市研究其区域经济差异及格局演化的较少。国务院颁布的《全国资源型城市可持续发展规划（2013—2020年）》显示，我国资源型城市共有262座，占我国总城市数量的40%左右。资源型城市经济发展的特点之一为经济高速增长、区域差异显著，而区域经济差异过大，会加剧贫富差距，引发严重的经济、社会问题，阻碍资源型城市经济的发展。因此资源型城市经济的发展对我国经济的发展至关重要，研究资源型城市经济差异并分析其空间格局演变就具有重要意义（文琦等，2014；Castells and Royuela，2014；邓晓兰等，2013；黄悦等，2013）。本书以榆林市为例探究资源开发区区域经济差异并分析其演化格局。榆林市是我国西部乃至全国重要的能源化工基地之一，区域内煤炭资源储量占全国总储量的68%。区域内大规模能源开发带动了该地经济快速增长，1995～2014年20年间榆林市GDP总量由48.95亿元暴增至2923.60亿元，2014年人均GDP达到8.65万元。然而，能源开发带来的经济总量的高速增长并未换取区域经济的协调发展。本书通过对资源型城市榆林市北六县（区）、南六县（区）进行分组对比的方式，研究1995～2014年20年间榆林市的区域经济差异及其空间格局演变规律，并简要分析其动力机制，为该类地区协调发展提供参考。

4.1 研究方法

为了综合地反映地区经济差异的特征，文章引入泰尔指数、空间自相关分析、空间变差函数、标准差椭圆来研究榆林市区域经济差异及空间格局演变。选择 1995～2014 年 20 年作为研究的时间序列。本书所用社会经济数据资料均来自《榆林市统计年鉴》（1995～2014 年）。

4.1.1　泰尔指数及其分解

泰尔指数可进行不同空间尺度的区域差异分解和多空间尺度的融合（宋晓珍等，2016），因此本书用泰尔指数对榆林市区域经济差异进行分解分析。泰尔指数越大，表示榆林市经济差异越大；泰尔指数越小，表示差异越小。泰尔指数包括 T 指数和 L 指数两种算法，T 指数以 GDP 比重为加权，L 指数以人口比重为加权。本书采用以人口比重为加权的 L 指数对榆林市区域经济差异进行分解。榆林市的区域差异可以分解为北六县（区）、南六县（区）两大地带间的组内差异和组间差异。则总体差异 T_0 可表示为：

$$T_o = T_a + T_b = \sum_{i=1}^{2} P_i \times T_{oi} + \sum_{i=1}^{2} P_i \ln \frac{P_i}{Y_i} \tag{4-1}$$

$$T_{oi} = P_{in} \sum_{n=1}^{6} \ln \left(\frac{P_{in}}{Y_{in}} \right) \tag{4-2}$$

其中，T_a 表示组内差距，T_b 表示组间差距，T_{oi} 是未加权的泰尔指数。i 表示地区 [$i=1$，2，分别表示北六县（区）和南六县（区）]；n 表示区县，$n=1$，2，3，4，5，6，分别对应南北部各区县。Y_i 表示第 i 个地区的 GDP 占榆林市 GDP 的比例，P_i 表示第 i 地区人口占榆林市人口的比例，Y_{in} 表示第 n 县的人均 GDP 占第 i 地区人均 GDP 的比例，P_{in} 表示第 n 县在第 i 地区人口中所占比例。

4.1.2　探索性空间数据分析

全局空间自相关 Morans'I 主要分析区域内某一区县与相邻区县经济发展的空间相关性程度。在给定显著性水平下，Morans'I 的取值一般在（−1，1）。I 值越趋近于 1，表示研究单元正相关性越显著；I 值越趋近

于 −1，表示单元与周边区县负相关性越显著。当 Morans'I 接近 0 时，呈随机分布。公式为：

$$I = \frac{\sum_{i=1}^{n} \sum_{j=1}^{n} W_{ij}(Y_j - \bar{Y})}{S^2 \sum_{i=1}^{n} \sum_{j=1}^{n} W_{ij}} \qquad (4-3)$$

其中，I 为 Morans'I 指数，n 为研究区县个数，Y_i 和 Y_j 分别为 i 区县和 j 区县的观测值，W_{ij} 为空间权重矩阵，S^2 为观测值的方差，$\bar{Y}$ 为观测值的平均值。

局域空间关联性指标 Getis-OrdG_i^* 是用来判定不同空间位置上某一属性值的高值（热点区）和低值（冷点区）的聚集情况，进一步测度某区域局部空间自相关特征，有助于深入研究空间分异规律。如果 $Z(G_i^*)$ 显著为正，则表明 i 区县周围的值相对较高，为经济热点区；反之，如果 $Z(G_i^*)$ 显著为负，则表明 i 区县周围的值相对较低，为经济冷点区。公式为：

$$G_i^*(d) = \frac{\sum_{j=1}^{n} W_{ij}(d) X_j}{\sum_{j=1}^{n} X_j} \qquad (4-4)$$

$$Z(G_i^*) = \frac{(G_i^*) - E(G_i^*)}{\sqrt{Var(G_i^*)}} \qquad (4-5)$$

其中，W_{ij} 为空间权重矩阵，G_i^* 进行标准化处理后得到式（4−5）。

4.1.3　空间变差函数

空间变差函数亦称半变异函数，是分析空间变异规律和结构的有效工具。空间变差函数的结果可用曲线图来表示（周扬等，2014；靳诚、陆玉麒，2011），其中 $C_0/(C_0+C)$ 为块金系数，块金系数值越高，表明随机部分引起的空间异质性程度越高。块金系数 <0.25，说明空间相关性强；块金系数在 0.25～0.75，表明空间相关性中等；块金系数 >

0.75，说明空间相关性弱。公式为：

$$r(h) = \frac{1}{2N(h)} \sum_{i+1}^{N(h)} \left[Z(x_i) - Z(x_i + h)^2 \right] \qquad (4-6)$$

$$M_i(x_i, y_j) = \left[\frac{\sum_{i=1}^{n} u_i x_i}{\sum_{i=1}^{n} u_i}, \frac{\sum_{i=1}^{n} u_i y_i}{\sum_{i=1}^{n} u_i} \right] \qquad (4-7)$$

其中，$Z(x_i)$ 和 $Z(x_i + h)$ 分别是 $Z(x)$ 在空间单元 x_i 和空间单元 $x_i + h$ 上的人均 GDP 值；$N(h)$ 是分隔距离为 h 的样本量。

4.1.4 标准差椭圆

标准差椭圆是用来测量区域经济要素空间差异、分析经济要素空间分布特征的重要空间计量分析方法之一（刘晓婷、陈闻君，2016），本书用来研究榆林 1995～2014 年经济重心的位置变化和移动方向等趋势。主要由四部分构成：重心（中心点）、转角 θ、沿主轴的标准差、沿辅轴的标准差。椭圆的长轴为空间分布最多的方向，反映在主方向上的离散程度，短轴为空间分布最少的方向，反映在次要方向上的离散程度。轴越长表明离散度越大，越短表明离散程度越小。公式（4-7）中，$M_i(x_i, y_i)$ 为第 i 个区县的重心坐标，U_i 为某区县的人均 GDP 值，$M(x_j, y_j)$ 为榆林市第 j 年的重心坐标。

4.2 南北六县（区）经济空间格局演变

4.2.1 区域经济总差异分析

榆林市泰尔指数基数很大且呈波动下降趋势（见图 4-1）。1995 年榆林市人均 GDP 总差异的泰尔指数为 0.9377，2014 年急速降至 0.6806，表明榆林市经济差异仍较大但增速减缓。这是因为榆林市资源禀赋、产业结构和经济基础南北差异大，区域经济差异亦大，但由于产能过剩的影响，以及"十二五"以来多项协调区域发展政策的实施，榆林市经济差异过大局面得到缓解。

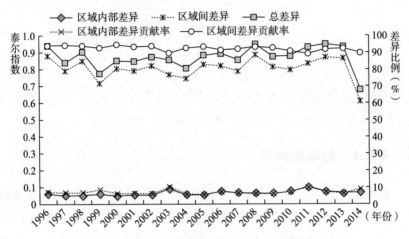

图4-1 1996~2014年榆林市区域经济差异演变

运用泰尔指数的分解，计算出南北六县（区）组内和组间差异及其贡献率（见图4-2）。可以看出，区域间差异的贡献率一直保持在90%左右，变化趋势基本和总泰尔指数的变化同步，呈波状下降，峰值数量和出现的时间保持高度一致，组内差异贡献率低且变化不大，呈波

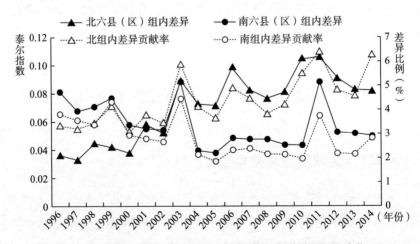

图4-2 1996~2014年榆林市组内县域经济差异分解及演化

动上升趋势但波动不显著。说明榆林市南北六县（区）的区域间差异是榆林市区域经济差异的主要影响因素，南北的不平衡发展是导致榆林市区域经济差异拉大的主要原因。1998 年区域间差距达到极值是由于1998 年榆林能源化工基地建设，能源产业迅速发展，北六县（区）资源丰富因此经济增长迅速，南六县（区）以农业为主经济发展相对较慢，所以南部经济逐渐落后于北部。

4.2.2 组内差异分析

1995 ~ 2014 年，北六县（区）组内差异增大、南六县（区）组内差异缩小（见图 4 – 2）。北六县（区）组内差异的泰尔指数 1995 年为0. 0362，2014 年升至 0. 0823，呈波动增长趋势，波动幅度较小；南六县（区）人均 GDP 组内差异泰尔指数由 0. 0811 降为 0. 0496，波动下降但幅度很小。2011 年后南北六县（区）组内差异均有缩小趋势。

1995 ~ 1998 年南六县（区）组内差异大于北六县（区），说明南六县（区）经济差异较大，1998 年后北六县（区）经济组内差异贡献率超过南六县（区），北六县（区）组内差距较大。这是因为 1998 年榆林能源化工基地的建设使北部能源富集区迅速发展，贫富差距拉大，此后北六县（区）组内经济差异大于南部（见图 4 – 2）。

4.3 空间格局演化分析

4.3.1 全局空间自相关分析

1995 ~ 2014 年全局 Moran's I 值从 0. 5819 增长到 0. 6836，Z 值从3. 3780 上升至 3. 9728，说明 1995 ~ 2014 年榆林市人均 GDP 呈正相关且空间集聚作用在不断增强。Moran's I 值阶段性特征比较明显，以 2000年、2005 年、2010 年为节点将其分为四个阶段进行分析。

1995～2000 年，榆林市 Moran's I 值介于 0.4081～0.6124，Z 值最低值仍高达 2.456，说明这一时期榆林市经济增长呈现明显的正相关，空间集聚作用明显。

2001～2005 年，榆林市 Moran's I 值从 0.3934 波动下降为 0.2443，Z 值在 1.7197～2.4076，表明该段时间经济增长呈现较弱的正相关，空间集聚作用有所减弱，这是由于陕北能源化工基地建设，北六县（区）因能源富集经济得以快速发展，但其各个县（区）间的差异也逐渐拉大，故整体经济集聚程度下降。

2006～2010 年，Moran's I 值从 0.3578 上升至 0.6306，说明除了 2007 年外榆林市经济增长呈现显著的正相关，空间集聚作用显著增强。

2011～2014 年，Moran's I 值从 0.6791 上升至 0.6836，Z 值高达 3.9105～4.0321，表明该时间段榆林市经济增长呈十分明显的正相关，空间集聚性强。这是由于"十一五""十二五"建设"能源化工业"城市的定位，榆林能源开发利用达到空前程度，北六县（区）能源开发经济迅速增长，空间集聚显著增强（见表 4－1）。

表 4－1　Moran's I 及 Z 值变化情况（1995～2014 年）

年份	Moran's I	Z 检验	P 值	年份	Moran's I	Z 检验	P 值
1995	0.5819***	3.378	0.0007	2005	0.2443*	1.7725	0.0763
1996	0.4117**	2.456	0.014	2006	0.3578***	3.3036	0.001
1997	0.5424**	3.1363	0.0017	2007	0.1922*	1.535	0.1248
1998	0.5192**	3.1333	0.0017	2008	0.4242**	2.652	0.008
1999	0.6124***	3.5607	0.0004	2009	0.4419***	3.9547	0.0001
2000	0.4081**	2.4769	0.0133	2010	0.6306***	3.7947	0.0001
2001	0.3934**	2.4076	0.0161	2011	0.6791***	4.0321	0.0001
2002	0.2922*	1.9314	0.0534	2012	0.6347***	3.9105	0.0001
2003	0.376**	2.3742	0.0176	2013	0.6879***	4.023	0.0001
2004	0.2027*	1.7197	0.0855	2014	0.6836***	3.9728	0.0001

注：***、**、*分别表示在 1%、5%、10% 的水平上显著。

4.3.2　热冷点的空间积聚特性分析

测算了主要年份的 Getis-Ord G_i^* 指数（局域关联性指标），采用最佳自然断裂法分类，将这五个年份的局域 Getis-Ord G_i^* 值按从高到低分为热点区域、次热点区域、次冷点区域与冷点区域四类，生成榆林市经济发展的热点演变图（见图 4 – 3）。

a. 1995年

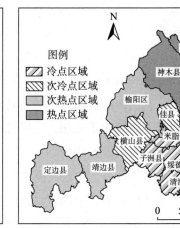

d. 2010年

b. 2000年

c. 2005年

e. 2014年

图 4-3 榆林市人均 GDP 热点演化

发现榆林市热点区、冷点区集中连片。1995～2014年，榆林市热点、次热点经济区县大都分布于北六县（区），冷点和次冷点区域大多位于南六县（区）。这说明北部是榆林市经济最具活力的地方，是榆林市经济发展的核心地区。北部六县（区）在能源经济的驱动下，区域发展活力显著上升，而榆林南部地区资源禀赋缺乏，仍以农业生产为主，加之大量青壮年劳动力向北部地区流动导致南六县（区）经济活力下降成为冷点集聚区。从热点区和冷点区的演化来看，1995～2014年榆林市经历了"升温"至"降温"的过程，其中1995～2005年是"升温"过程，2005～2014年是"降温"过程。最终冷点、次冷点区扩散，热点、次热点区范围缩小并向北部能源富集区县集中，说明榆林市经济热点进一步集中于北部，空间二元结构更加清晰。改革开放以来，榆林市各县城发展较为均衡，然而自1998年陕北能源重化工基地建立以来，北部矿产资源富集区，经济迅速发展，南部能源相对匮乏，发展缓慢，二元结构明显，后期国家颁布一系列均衡发展政策和能源产业遇冷使南北差距得到缓解，因此经济差异空间上呈现了"升温"至"降温"的过程。

本书利用空间变差函数对热点分析进行验证，二者结果高度吻合。

对样点数据采用抛物线模型、球体模型、指数模型、高斯模型、线性模型等进行拟合，模拟了榆林市 1995～2014 年经济差异空间格局演化过程，选择拟合效果最好的模型，然后对其进行 Kriging 插值模拟生成 3D 图，结果如表 4 - 2 所示。

1995 年以来，基台值与块金值显著增大，即榆林由经济发展带来的空间差异在增大，但是块金系数总体趋近于 0，起伏不大且较平稳，即由数据变异等随机因素引起的经济空间差异的概率较小，由空间自相关引起的结构化分异则十分显著（见表 4 - 2）。这说明：1995 年以后，榆林市区域经济差异在不断扩大当中。

表 4 - 2　变差函数拟合参数变化

年份	变差 A	块金值 C_0	基台值 $C_0 + C$	块金系数 $C_0 / C_0 + C$	拟合模型 Model	决定系数 R^2
1995	0.94	2.80E + 04	8.25E + 05	0.0339	Gaussian	0.799
2000	0.76	1.00E + 04	5.99E + 06	0.0017	Gaussian	0.796
2005	1.03	1.00E + 05	3.12E + 08	0.0003	Gaussian	0.905
2010	1.33	1.00E + 07	5.13E + 09	0.0019	Gaussian	0.939
2014	1.29	1.00E + 07	9.13E + 09	0.0011	Gaussian	0.932

榆林市五个年份的人均 GDP 的变差 A 较平稳，上升不大，这表明榆林市经济发展的空间关联效应的范围变动不明显，经济发展由经济热点区向外扩散的趋势较小。从变差函数拟合选用的模型来看，五个年份均是 Gaussian 模型模拟效果最优，且决定系数较大、拟合效果逐年增加。说明在 1995～2014 年，榆林市经济空间结构特征相似，经济发展的空间自组织性较强且逐年增大，1998 年以来，随着能源开发强度逐步增加，榆林市形成了"北强""南弱"的经济发展格局且相对稳定。

4.3.3　经济分布重心变化分析

1995～2014 年标准差椭圆呈现东北—西南格局并逐渐向东北移动。

以榆阳区为核心范围集中覆盖了榆林市能源最丰富的地区，南部六县中的米脂县、子洲县、佳县处于椭圆边缘地带，绥德县、吴堡县、清涧县1995年已退出椭圆范围内（见图4-4、表4-3）。从重心移动轨迹可以看出，1995～2014年该市的经济重心沿椭圆长轴，大致以榆阳区为核心向东北方向移动。转角 θ 值波动上升，1995年为53.3562°，2014年达56.8487°，说明总体上榆林市经济的空间分布呈现东北—西南格局，与空间变差函数分析结果相同，并有由东北—西南向正北—正南方向转变的趋势。其中1995～2001年转角 θ 从53.3562°扩大至57.5102°，东北—西南格局进一步强化，2001～2014年转角 θ 从57.5102°缩小到56.8487°，东北—西南的空间分布格局略有减弱（见表4-3）。从主轴方向上看，主半轴标准差保持上升趋势，2014年达到的1.6538千米，表明区域经济在主要方向上出现分散，从辅轴方向上看，辅半轴标准差由1995年的0.7070千米下降到2014年的0.5910千米，表明1995～2014年榆林市区域经济在此方向即西北—东南方向上出现极化，极化方向基本与南北六县（区）的相对地理位置吻合，也进一步说明了榆林市南北经济差异显著，验证了榆林的二元经济结构。

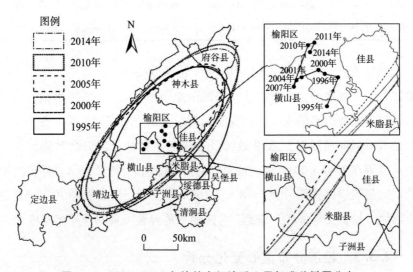

图4-4 1995～2014年榆林市经济重心及标准差椭圆分布

表4-3　主要年份标准差椭圆参数变化

年份	1995	2000	2005	2010	2014
转角 θ（°）	53.3562	57.5102	56.009	55.5688	56.8487
沿 y 轴的标准差（千米）	1.2384	1.4870	1.5540	1.6364	1.6538
沿 x 轴的标准差（千米）	0.7070	0.5769	0.5205	0.5552	0.5910

4.4　本章小结

榆林区域经济总差异呈现缩小态势。1995~2014 年，榆林市区域经济差异不断增大但增速减缓，泰尔指数仍较高，但是大幅降低，表明榆林市区域经济总差异呈现缩小态势，区域间协调发展的政策以及北部能源经济不景气是可能导致该种现象的原因。资源型城市应谨防经济快速增长的表象，重视其区域经济差异。

经济空间集聚作用增强，二元结构明显。南北区域间差异是总差异的主要贡献者，能源富集的北六县（区）内部经济差异大于南六县（区）。1995~2014 年，榆林市经济发展经历了"升温"至"降温"的过程，经济热点向北部能源富集区县集中的趋势更加明显，一方面能源产业经济辐射范围内和资源匮乏在辐射范围外的地区经济差异很大、贫富差距大、收入不均衡现象严重，另一方面资源富集区区域内部的农户人均纯收入的差异较大。这是资源型城市的通病，因此资源型城市在经济发展的过程中要重视协调能源产业辐射范围外地区经济的发展。

经济空间分布呈"东北—西南"格局，经济重心向东北移动。1995~2014 年榆林市区域经济在西北—东南方向上出现极化，即在该方向上离散程度减小，极化方向基本与南北六县（区）的相对地理位置吻合。

资源型城市榆林的区域经济差异及其空间格局演变是国家政策、农村人均纯收入、工业发展等多重因素作用的结果。

第5章
榆林市农村转型发展轨迹及效应

中华人民共和国成立后，农村转型发展大多源于国家政策与相关制度的变革，且在不同的转型阶段，其转型的速度、强度、广度、向度都有所不同。农村转型发展是实现产业结构演进、就业方式与消费结构转变、生态环境良性发展的重要举措，旨在推进城乡关系根本转变，树立新的社会经济发展理念与农村发展模式（刘彦随，2007）。改革开放后，中国农村历经制度、体制、发展理念等变革，农村经济社会得到快速发展（文琦，2009）。1978 年实施家庭联产承包责任制，主要通过调整农村经营制度推动农村社会经济快速发展；1985 年，以改革农产品购销体制、发展乡镇企业等为重点，全面推进农村改革。1992 年，按照建立社会主义市场经济体制的要求，深化农产品流通体制改革、调整农村产业结构，农村改革进一步深化。同时，针对农村环境问题而提出的可持续农业与农村发展也成为农村发展的战略目标。进入 21 世纪，特别是 2004 年以来，农村税费制度改革，实行"四减免、四补贴"，深化粮棉流通体制改革，改善农村劳动力就业环境，推进现代农业和新农村建设，使农村发展进入了城乡统筹发展的新阶段。中央连续 12 个"一号文件"涉农，体现了国家对农村、农业和农民问题的重视，农业和农村发展从被工业化"剥夺"阶段向被工业和城市"反哺"阶段转变，区域发展的城乡壁垒逐步冲破，促使城乡统筹成为区域发展的主旋律。

　　近年来，随着经济发展与能源政策的融合，能源开发区持续发展研究逐渐增多。能源开发有效改善了区域经济社会发展，但引发的生态环境问题也值得关注（Liu，2010）。保障能源开发区经济社会持续、健康、高速发展，转变现有能源开发模式成为区域首要任务（Ma et al.，2010）。研究认为在能源开发效益增长阶段就应调整产业结构，从而使区域经济趋于多元化（Malenbaum，1975）。通过发展精深加工制造业，推动产业联动，加大农村社会保障服务，促进区域经济、社会和生态全面发展（樊杰，1997；Malerba，2007）。能源开发区往往偏重于发展能源生产性行业，从而形成资源产业"一枝独秀"的畸形产业结构，导致制造业衰落，生态环境恶化，经济价值外溢（王闰平、陈凯，2006）。中国省域能源资源与经济增长关系研究表明能源资源对经济增长存在负效应（Stijns，2005；张馨等，2010），密集而过度的资源开采导致的制造业衰退和制度弱化是制约经济增长的主要原因（张雷、黄园淅，2009）。随着国际能源需求矛盾日益突出，加之中国城市化与工业化快速发展，未来能源开发区经济发展受资源开发的影响也会逐渐增加，而能源开发区农村经济贫困的根本问题尚未解决，针对典型区能源开发与农村经济协调发展的研究亟须强化。

　　1998 年，国务院批准陕北能源重化工基地建设，该地区能源资源开发强度逐年加大，能源开发为当地财政带来巨大收益，使榆林市农村发展出现了明显的转型，此后由于能源开发以及相关产业的发展为当地财政带来巨大的收益，但同时能源开采对当地生态环境的破坏，造成耕地、住房被毁等一系列问题逐渐显现。研究区横山县等也出现了全国或西部"百强县"却仍然戴着"贫困帽"的独特现象，这将榆林市农村转型发展置于生态脆弱、农村经济贫困、经济总量快速增长的背景下，与其他地区农村发展情况不同。1978 年榆林市 GDP 仅为 3.58×10^8 元，在能源资源带动下，2011 年 GDP 增加至 2292.26×10^8 元。据调查，榆林市采空区已达 499.41 平方千米，塌陷面积 118.14 平方千米；红碱淖近 6 年水位下降 3 米；窟野河全年 2/3 时间断流，且水质严重污染。据估算，2009 年榆林市采煤、产油两项的生态环境代价已达 160 多亿元，而当年地方财政收入还不到 100 亿。本书通过建立数学模型，定量分析陕北能源开发区农村转型发展及其对资源开发的响应，揭示影响能源开发区农村发展的主要影响因素，分析农村转型发展空间分异规律，以期为能源开发区区域协调、城乡统筹发展提供科学决策依据。

5.1 能源富集地区经济发展规律

能源富集区经济发展更多地依赖能源资源开发。在能源矿产开发初期，主要开采浅、易、富、近的矿体，加之设备新、运行成本低，且周围生态环境良好、社会保障费用较低，企业的资本积累较快，区域经济平稳增长。在这一阶段，区域经济状况逐渐好转，成为酝酿转型开始的好时机。随着能源资源深入开发，区域经济以及与能源资源配套的生产、生活等行业逐步壮大，选择正确的发展方向，加大转型投入，大力推进转型，成为地方政府和企业的共同任务。在能源资源开发达到最大利润空间时期，完成区域经济转型是最理想的。经济转型的初期效益比单纯能源资源开发所带来的效益低，但经历了转型推进期后，区域产业结构逐渐趋于合理，经济发展出现了多元化趋向，后期的区域经济效益逐渐提升（见图 5 - 1）。

5.2 榆林市农村转型发展阶段划分

自 1978 年改革开放以来，榆林市逐渐形成了农牧业推动、能源工业带动、第三产业牵引的农村经济交替快速发展模式。1978 年至今，榆林市农村发展可以大致划分为五个阶段（见表 5 - 1）。总体来看，榆

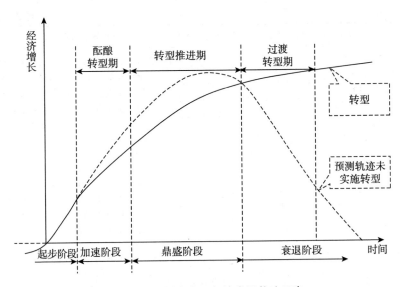

图 5 – 1　能源富集区经济发展轨迹示意

林市农村发展尚处于传统农业社会向现代工业化社会过渡的转型期，农村经济社会发展仍然存在一定的特殊性：第一产业比例呈现逐年下降趋势，但以传统农牧业为主的经济结构没有得到根本转变；第二产业迅猛增长，有效地拉动了区域经济的发展，但以采掘业和能源化工业为主的重工业对于解决农村剩余劳动力、促进第三产业发展方面与其增长速度不相协调，现代高科技工业极不发达；第三产业发展缓慢，其比例甚至出现下降的态势，这与第二产业内部结构单一有密切关系。

表 5 – 1　榆林市农村转型发展阶段

发展阶段	时段	转型标志	社会经济背景	农村发展演变态势
Ⅰ 政策推动阶段	1978 ~ 1984 年	《中共中央关于加快农业发展若干问题的决定（草案）》基本确立了"包产到户"的经营体制	小农经济格局基本形成，农村发展依然受计划经济体制束缚	以农村为突破口拉开了改革的序幕。确立了发展生产、富裕农民的指导思想，走农、副、工综合发展的道路，农业产量逐年增长，农民的收入呈现快速增长势头，这为 1985 年改革从农村向城市转移奠定了基础

发展阶段	时段	转型标志	社会经济背景	农村发展演变态势
Ⅱ 商品经济与能源经济带动阶段	1985～1991年	神府煤田开采；农产品统派购制度改革	煤炭资源开发推动第二产业逐步发展，农产品统购派购制度改革	1985年，国家对农产品的统派购制度进行全面改革，实现"双轨制"。乡镇企业异军突起，有效地改善了农村经济结构。榆林市推行"对内搞活经济，对外实行开放"，在农村改革的基础上，逐步把改革向城市推进
Ⅲ 市场经济主导阶段	1992～1997年	市场经济推行；粮食统销制度取消	农产品全面市场化，自然经济向商品经济转型	农村发展也围绕建设社会主义市场经济体制目标深入推进。粮食统销制度被取消，粮价上涨，为了稳定粮食供应，出现粮价管制。农产品与农业生产资料向商品经济推进
Ⅳ 能源经济拉动阶段	1998～2003年	能源重化工基地建设；西部大开发推进；退耕还林还草实施	世界能源紧缺逐步显现，推动榆林市能源经济爆发式增长	资源开发全面启动，以能源工业为推动力，与农产品加工相结合的乡镇企业异军突起，局部地区农村发展受到了煤、油、气、盐等能源化工产业的带动，解决了地方剩余劳动力。粮食购销市场化体制全面改革
Ⅴ 新农村建设阶段	2004年～至今	2004年中央提出21世纪以来的第一个关于三农的"中央一号"文件	农业税费改革，新农村建设启动。农村生态环境问题凸现	围绕科学发展、人地和谐、城乡统筹发展的目标，围绕新农村建设对农村基础设施进行了改善。农业税费改革与农业补贴，以及土地流转制度的实施，有效地提高了农村土地产出率

1. 政策推动阶段

1978～1984年，在农村实行家庭联产承包责任制，给农民生产经营的自主权，小农经济格局逐步形成，推动了农村劳力、资金、技术的流动和合理结合。1979年的《中共中央关于加快农业发展若干问题的决定（草案）》首次明确肯定自留地、家庭副业和集市贸易。同年，提高冻结了20多年的农副产品价格。1982～1986年连续5个"中央一号"文件促进了家庭联产承包责任制在全国全面推广，乡镇企业迅速发展。

2. 商品经济与能源经济带动阶段

1985年的《关于进一步活跃农村经济的十项政策》决定取消农副

产品统购派购制度，有力地促进了农村经济快速发展。1985 年起，改革从农村转向城市，农产品的统派购制度全面改革，实现"双轨制"，农村基本走上有计划发展商品经济的轨道。1985 年，国家对神府煤田进行开发，中央的投资有效地刺激了当地工业发展。1990 年农业部发布《农民股份合作企业暂行规定》及附件《农民股份合作示范章程》、《中华人民共和国乡村集体所有制企业条例》，这些法规为乡镇企业的发展提供了法律保障，乡镇企业异军突起，有效地改善了农村经济结构。

3. 市场经济主导阶段

1992～1997 年，确定社会主义市场经济的目标模式，把各产业的发展大规模、整体性地向市场经济的轨道上推进。1993 年，国务院发布《关于加快发展中西部地区乡镇企业的决定》和《关于加快粮食流通体制改革的通知》，粮食市场彻底放开，农产品也全面进入了市场，国家决定耕地承包期到期后再延长 30 年，实行以家庭承包经营为基础、统分结合的经营制度，注重加强农村基层组织建设，这些措施大大提高了农民从事农业生产的积极性。1997 年，靖西天然气管道工程竣工通气，标志着以天然气拉动的靖边县域经济得到了一定程度的改善。

4. 能源经济拉动阶段

1998～2003 年，陕北能源重化工基地开始建设、西部大开发顺利进行以及退耕还林还草政策的实施，使榆林市财政收入快速增长，但农民收入由于耕地面积的减少而下降。同期，粮食购销的市场化体系，以及 2001 年我国加入 WTO，将农业与农村置入了国际贸易的背景下，人民生活水平提高等众多因素的影响，农业中谷类、经济作物、水果、蔬菜等种植面积逐渐攀升，农业产业结构出现了快速调整。能源开发带动了一部分农村地区快速致富。

5. 新农村建设阶段

2004 年至今，国家加大对"三农"问题的关注，以提高农民收入、改变农村生活环境为目标的社会主义新农村建设，通过农业税费改革，增加农业补贴，加大农村基础设施建设来提高农民的生活水平，有效地改善了农村生活条件。21 世纪以来，我国国家层面与研究机构对农村发展中出现的问题再次加大了关注，2004~2009 年国务院连续出台 6 个指导"三农"工作的"中央一号"文件，分别就加快农民收入增长、提高农业综合生产能力、推进社会主义新农村建设、积极发展现代农业、加强农业基础建设进一步促进农业发展农民增收、保持农业农村经济平稳较快发展等一系列相关"三农"问题进行了详细的部署，这些举措有力地推动了农村社会经济发展。

5.3 榆林市农村转型发展轨迹

5.3.1 研究方法

产业结构熵 H。熵最早为物理学中的重要概念，后来在信息经济学中被借以衡量不确定性、事件无序程度或指标离散程度等。产业结构分析中借用产业结构熵（杨燕红，2006）来描述产业结构系统演进的状态，即：

$$H = - \sum_{i=1}^{n} P_i \cdot \ln P_i \qquad (5-1)$$

其中，P_i 为第 i 种产业的权重，n 表示有 n 种产业。

农业多样化指数 γ。农业多样化指数（刘静、罗佐县，2004）可以用来衡量产业内部结构的多样化程度。就是指历年来种植业、林业、牧业、渔业和农林牧渔服务业等各自比例变化所反映的多样化情况，即：

$$\gamma = 1 / \sum_{i=1}^{n} X_i^2 \qquad (5-2)$$

其中，X_i 为各产业产值占总产值的比例。

产业结构转换速度系数 V 和产业结构转换方向系数 θ_i（罗吉，2004）。根据罗斯托的主导产业扩散效应论，把区内各产业增长速度的差异作为衡量一个地区产业结构转换速度系数指标 V，同时构建产业结构转换方向系数 θ_i，即：

$$V = \sqrt{\sum \frac{(A_i - A_{GDP})^2 K_i}{A_{GDP}}} \qquad (5-3)$$

$$\theta_i = \frac{1 + A_i}{1 + A_{GDP}} \qquad (5-4)$$

其中，A_i 和 A_{GDP} 是 i 产业和 GDP 的年均增速，K_i 是 i 产业占 GDP 的比例，θ_i 为 i 产业的结构变动系数。

5.3.2　农村经济转型发展态势

1. 产业结构演变态势

1978～2011 年，榆林市三次产业结构由 58.68∶20.04∶21.28 变为 4.90∶71.10∶24.02（见图 5-2），第一产业比例下降了 53.78 个百分点，第二产业比例相应上升了 51.06 个百分点，1997 年第二产业产值超过了第一、第三产业之和，成为区域经济的主导，区域经济由农业经济向工业经济逐步转型；1998 年陕北国家能源重化工基地建设成为榆林市三次产业结构转型的"拐点"。1999 年与 1997 年相比，第一产业比例下降 8.4 个百分点，第二产业则上升 8.83 个百分点。

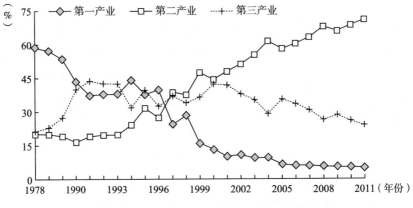

图 5-2　1978～2011 年榆林市三次产业结构演变

2. 三次产业就业结构变动

1978 年，第一产业就业人口比例为 86.98%，2011 年降至 44.20%。2011 年以前榆林市第二产业就业人口比例达到最高 24.50%，但第二产业产值比例高达 71.10%，说明榆林市以重工业为主的第二产业对相关产业的带动作用不够显著，农村剩余劳动力数量依旧庞大（见图 5 – 3）。

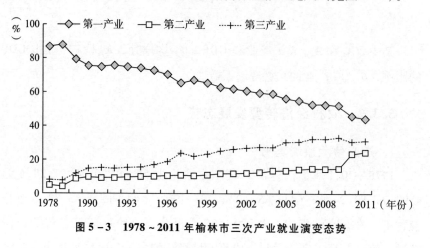

图 5 – 3   1978 ~ 2011 年榆林市三次产业就业演变态势

3. 三次产业结构转换速度与转换方向

1978 ~ 1991 年，榆林市三次产业结构缓慢转换，结构转换速度系数为 0.1229（见表 5 – 2）；1998 ~ 2003 年，恰逢陕北能源重化工基地建设、西部大开发、退耕还林还草等系列优惠政策实施期，产业转换速度达最大值 0.2755；2004 年后三次产业结构转换速度系数有所回落，源于以能源开发为主的第二产业比例上升。1978 ~ 2011 年，榆林市第一产业转换方向系数均小于 1，且 1978 ~ 2003 年呈现逐年减小趋势，2004 年以来，在国家支农惠农力度政策扶持下，红枣、小杂粮等特色农业得到较快发展，第一产业转换方向系数逐渐增加；第二产业转换方向系数波动在 1 左右，1992 年以后，第二产业转换方向系数超越了第一、第三产业系数，第二产业引领区域经济发展；第三产业在 1998 ~ 2003 年出现滑落，1998 年以来，以能源开发为主的重工业与第三产业的关联度较小，导致第三产业转换方向系数减小；2004 年

后，第三产业转换方向系数逐渐增大，说明随着国家支农惠农政策的
实施，加之榆林市采取系列加快农村发展措施，促进了第三产业快速发
展。总的来看，榆林市仍处于产业结构从较低水平向高水平演进的工业
化过程中。

表 5 - 2　1978～2011 年榆林市产业结构转换速度系数和方向系数

系数	代码	1978～1991 年	1992～1997 年	1998～2003 年	2004～2011 年
结构转换 速度系数	V	0.1229	0.2224	0.2755	0.1645
结构转换 方向系数	θ_1	0.9641	0.9296	0.8066	0.8734
	θ_2	0.9962	1.1185	1.0634	1.0559
	θ_3	1.0591	0.9773	0.9080	0.9850

5.3.3　农业产业结构演变态势

1978～2011 年，榆林市种植业、林业、牧业、渔业结构从 64.04：
11.27：18.68：0.06 演变为 49.60：2.25：41.28：0.49，种植业、林业比例分
别下降了 14.44 个百分点和 9.02 个百分点，牧业、渔业比例分别增长
了 22.60 个百分点、0.43 个百分点（见图 5 - 4）。

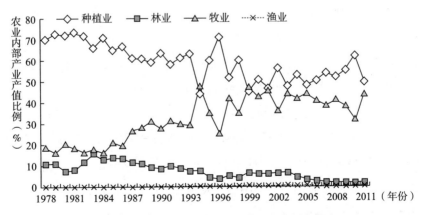

图 5 - 4　1978～2011 年榆林市农业产业结构演变

1999 年后，榆林市种植业与牧业产值均维持在 40% 以上，两者占农业总产值比例 92% 以上，说明榆林市是名副其实的农牧交错区。1978~2011 年农业产值比例从 71.10% 急速下降为 6.57%，而农业劳动力人口比例从 93.24% 缓慢减少至 71.85%，表明农业劳动生产率较低，非农产业对农村劳动力的吸纳能力有限（见图 5-5）。

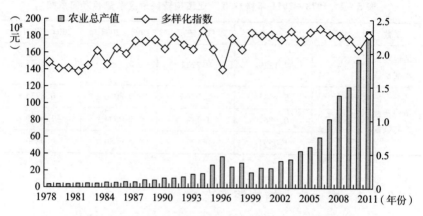

图 5-5　1978~2011 年榆林市农业多样化指数演变

农业多样化指数波动与农村发展阶段基本一致（见图 5-5）。1978~1991 年正值市场化经济初期，农产品市场需求逐步增加，农业多样化指数呈现"U"形变化；1992~1997 年，粮食市场逐步放开，种植业产值在 1995 年、1996 年迅猛提升，期间粮食市场政策出现波动，造成农业多样化指数随之变化。2004~2011 年，伴随国家免除农业税、农业补贴等惠农支农政策实施，林业、牧业产值比例下降，农业多样化指数呈现下跌态势，从 2005 年的 2.32 降低至 2011 年的 2.27。

1978 年以来，粮食作物在种植业中一直占主导地位。1998~2003 年，国家实施退耕还林还草政策以来，粮食种植面积快速减少，5 年间减少了 15.88 × 10⁴ 公顷。2004 年后，在国家系列支农惠农政策引导下，粮食种植面积逐渐回升，2010 年粮食作物占总播种面积比例升至 83.83%（见图 5-6）。

1978 年，以油料为主的经济作物种植面积为 2.83 × 10⁴ 公顷，1997

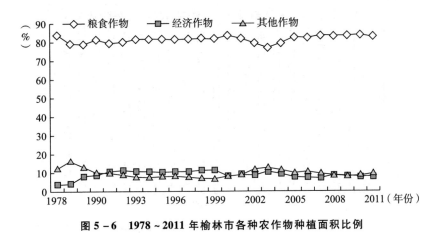

图 5 - 6　1978 ~ 2011 年榆林市各种农作物种植面积比例

年增长至 7.03×10^4 公顷，20 年间增长幅度达 148%，在 1998 年退耕还林还草政策作用下，经济作物也出现了下降趋势。1998 ~ 2003 年受退耕还林还草政策影响，饲草面积增加。2004 年后，在国家系列支农惠农措施带动下，粮食面积增加，以饲草为主的其他作物面积再次回落。

5.3.4　农村收支结构演变过程

2011 年，榆林市家庭经营收入达 3442.50 元/人，工资性收入为 2264.20 元/人，财产收入与转移性收入分别为 279.40 元/人、533.60 元/人。家庭经营性收入比例从 1990 年的 85.30% 下降至 2011 年的 52.80%（见图 5 - 7），仍是农民纯收入的主要来源；工资性收入在农民纯收入中位于第二位，第二、第三产业发展带动农业劳动力逐渐向非农产业转移，人均工资性收入比例从 1990 年的 11.03% 稳步增加至 2011 年的 34.73%；近年来农业补贴、能源生态补偿等使转移性收入比例也从 1990 年的 3.68% 增长到 2011 年的 8.18%。

1990 ~ 2011 年，榆林市人均生活消费总支出从 351.20 元增长到 4975 元，年均增长 210.17 元（见图 5 - 8）。从人均生活消费各项支出构成来看，食品消费支出一直作为农村生活支出的主要构成部分，但其所占份额从 1990 年的 63.07% 下降至 2011 年的 36.70%，呈现逐年下

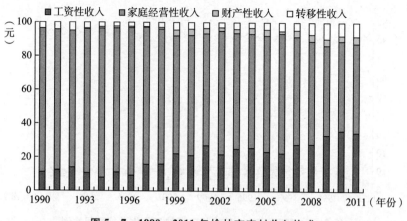

图 5 - 7 1990～2011 年榆林市农村收入构成

降态势；此外，交通通信和医疗保健消费支出增加明显，交通通信、医疗保健分别从 1990 年的 5.90%、0.6% 上升到 2011 年的 17.60%、8.1%。

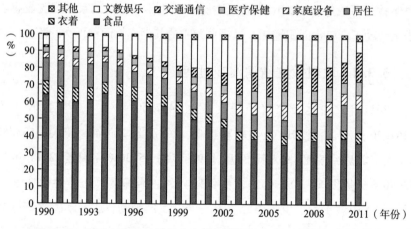

图 5 - 8 1990～2011 年榆林市农村居民人均生活消费支出构成比例

5.4 榆林市农村转型发展效应解析

农村转型发展就是实现农村经济增长方式转变，通过资源配置结构优化来提高经济社会效率。这里通过分析产业结构演进的经济贡献、农村劳动生产率、农业优势指数演变、农村生活水平变化等来分析农村转型发展的效应，并揭示各种要素变化对农村发展的作用机制。

5.4.1　产业结构演进的经济贡献

产业结构随主导产业更替而发生质的变化，主导产业发展通过产业结构演进来实现，产业结构演进最终结果使区域产业类型水平与自身的经济要素禀赋、经济发展总体水平相适应（刘彦随、杨忍，2012；李裕瑞等，2012；刘刚、沈镭，2007）。

多部门经济分析模型。从 GDP 产值结构角度测算，将经济系统分解为多个子系统，总体经济是各个子系统总和。模型为：$Z_t = \Delta A_t \times G_t$，$\Delta A_t = A_t - A_{t-1}$。式中：$Z_t$ 为 t 年经济结构变动对经济增长的贡献；A_t 为由 t 年各部门国内生产总值占当年 GDP 比例构成的行向量；G_t 为由 t 年各部门国内生产总值增长率构成的列向量。Z_t 占当年 GDP 增长率的百分比（P_t）为：$P_t = Z_t / r_t \times 100\%$。式中：$r_t$ 为 t 年的 GDP 增长率。

1991～2011 年榆林市产业结构变动对经济增长的贡献（Z_t 值）平均为 3.94%，占 GDP 增长率比例（P_t 值）的 29%，即 GDP 增长的 29% 是产业结构变动造成的。由图 5 – 9 可以看出，Z_t 值变化大体可分为三个阶段。第一阶段：1991～1997 年，Z_t 值在波动中缓慢增长，平均值为 0.0356，占 GDP 增长率的比例平均为 32.02%。这一时期主要经历了市场经济和粮食购销体制改革，三次产业结构逐步调整，对经济的贡献量在波动中缓慢增长，由于粮食市场体制波动以及气候变化的影响，1995 年、1996 年出现贡献量下降态势。第二阶段：1998～2003 年，能源产业发展迅猛，第二产业引领区域经济发展，Z_t 值平均为 0.0399，占 GDP 增长率的比例的平均值上升为 31.62%。第三阶段：2004～2011 年，Z_t 值平均为 0.0425，对经济贡献占 GDP 增长率的比例的平均值为 24.87%，能源产业一枝独秀的经济发展方式导致产业结构变动对经济的贡献逐步下降，产业结构调整对 GDP 增长率的贡献率下降（见图 5 – 9）。

能源生产弹性系数：反映能源开发与社会经济发展相互关系以及发

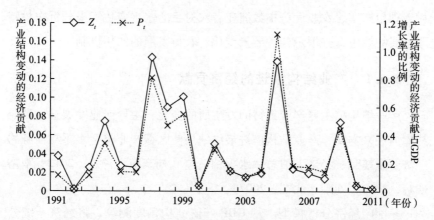

图 5 - 9　1991~2011 年榆林市产业结构变动对经济增长的贡献

展趋势。$\Psi = N_t / R_t$，Ψ 为能源生产弹性系数，N_t 为 t 年能源生产总量年均增长速度，R_t 为 t 年区域 GDP 年均增长速度。

1985 年自神府煤田开发以来，尤其是 1998 年陕北能源重化工基地建设后，能源开发成为该区域经济发展的主要动力。1991~2011 年榆林市能源生产弹性系数 Ψ 维持在 1.8 左右，表明能源开发速度比当地经济发展速率快 80%，且有 44.44% 的能源资源价值外溢。在陕北能源重化工基地建设、国际能源紧缺背景下，2001 年、2006 年、2009 年 Ψ 值分别达到 4.3、3.6、2.6，能源资源价值溢出效应非常明显（见图 5 - 10）。

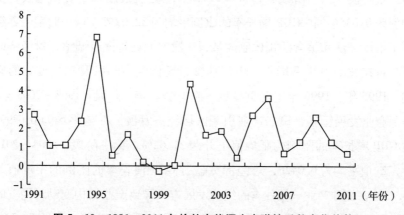

图 5 - 10　1991~2011 年榆林市能源生产弹性系数变化趋势

5.4.2　农业优势指数变化及分异格局

1978～2014 年，受到能源重化工基地建设、市场经济改革、新农村建设等系列政策的影响，榆林市各县（区）农业优势指数分异显著（见图 5－11）。1978～1991 年，横山、定边、米脂、佳县、清涧、子洲属于"中度优势区"，其他县处于"一般优势区"；1992～1997 年，在市场经济带动下，靖边、绥德、吴堡升入"中度优势区"；1998～2003

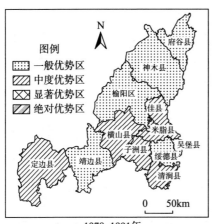

a. 1978~1991年

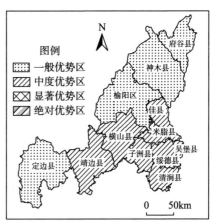

b. 1992~1997年

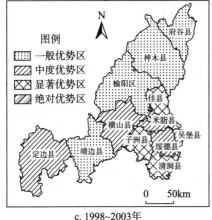

c. 1998~2003年

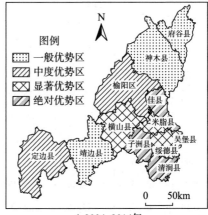

d. 2004~2014年

图 5－11　1978～2014 年榆林市农业优势区域空间分异格局

年，受陕北能源重化工基地建设和退耕还林还草政策影响，靖边农业优势指数下降，跌入"一般优势区"，而佳县、清涧、子洲 3 县在陕西省大枣、小杂粮主导的特色农业带动下，农业经济发展迅速，进入"显著优势区"；2004～2014 年，榆阳作为城市中心区，在蔬菜、花卉种植推动下，进入了"中度优势区"，横山、绥德、米脂、吴堡上升为"显著优势区"，佳县、清涧、子洲在陕北特色农业带动下，成为"绝对优势区"。

5.4.3 农村劳动生产效率评价

1978～2011 年榆林市第一产业表现为正向偏离度，由 28.30% 增长到 39.30%，表明仍有大量劳动力集中在农业生产环节，农业结构效益较低（见表 5-3）。第二产业结构偏离度有负向快速减小趋势，由 1978 年的 -15.13% 减小到 2011 年的 -46.60%，尤其是 1998 年后，减小速率明显增加，说明以能源重化工业为主的能源经济对劳动力吸纳能力有限，就业结构与产业结构仍不协调。第三产业的偏离度最小，表明第三产业产值比例和劳动力就业比例相对稳定。

表 5-3　1978～2011 年三次产业结构偏离度、比较劳动生产率和二元对比系数

年份	偏离度（%）			比较劳动生产率			二元对比系数
	第一产业	第二产业	第三产业	第一产业	第二产业	第三产业	
1978	28.30	-15.13	-13.17	0.67	4.08	2.62	0.2126
1980	30.72	-15.74	-14.98	0.65	4.72	2.90	0.1838
1985	25.77	-10.38	-15.39	0.68	2.20	2.29	0.2999
1990	31.87	-6.68	-25.19	0.58	1.68	2.71	0.2514
1995	35.10	-21.39	-22.58	0.52	3.10	2.32	0.1981
2000	49.66	-32.50	-17.16	0.21	3.74	1.68	0.0903
2005	49.66	-44.46	-5.20	0.11	4.26	1.17	0.0531
2010	40.50	-45.10	4.59	0.12	2.92	0.85	0.0654
2011	39.30	-46.60	7.18	0.11	2.90	0.77	0.0647

1978～2011 年榆林市第二产业的比较劳动生产率较高,说明以能源重化工业为主的第二产业对劳动力吸纳程度偏低;1998 年以来,第一、第三产业比较劳动生产率逐年下降,说明榆林市区域发展的二元性越来越强。

1978～1991 年,榆林市二元系数逐渐增加,表明这一时期二元结构有所弱化;1985～1991 年,二元系数出现下降态势,说明神府煤田开发、粮食市场改革等政策对农村二元结构产生显著影响;1992～1997 年,二元结构系数出现波动,缘于市场经济改革、粮食市场双轨制等制度影响;1998～2011 年,二元系数越来越小,表明榆林市农村二元结构越来越显著。

5.4.4　农村生活水平变化分析

1990～2011 年榆林市农村居民人均总收入与人均总消费支出走势基本趋同,可以分为三个阶段:①1990～1997 年,人均总收入与人均总支出均呈现缓慢增长态势,且人均总收入大于总支出;②1998～2003 年,人均总收入与人均总支出快速增长,且处于入不敷出状态,人均总消费支出一直大于总收入,2003 年支出较收入多出 411.10 元,两者差距达到最大;③2004～2011 年,收入快速增长,2011 年,人均总收入达 9547 元,支出为 7959 元。

1990～2011 年,榆林市农村居民恩格尔系数由 63.07% 下降到 36.70%,年均下降 1.20%。1990 年,农村居民生活消费支出中食品、居住、衣着三类占到了总消费额的 80%,2011 年,这三类消费比例下降为 57.50%。随着人们对教育的重视,文化生活丰富,以及交通通信技术的快速发展,文教娱乐、交通通信费用占总消费的比例大幅提升。

5.5　本章小结

(1) 1998～2003 年,受陕北能源重化工基地建设、西部大开发、退耕还林还草等系列优惠政策推动，产业转换速度达最大值 0.2755；2004 年后以能源经济为主的单一产业结构导致产业转换速度系数有所回落。1978～2011 年，榆林市一产转换方向系数均小于 1；1992 年，第二产业转换方向系数超越了第一、第三产业系数，能源经济为主的第二产业引领区域经济发展。总的来看，榆林市仍处于产业结构从较低水平向高水平演进的工业化过程中。

（2）1991～2011 年榆林市产业结构变动对经济增长的贡献值平均为 3.94%，GDP 增长的 29% 由产业结构转型贡献。1991～2011 年榆林市能源生产弹性系数 Ψ 维持在 1.8 左右，能源开发速度比当地经济发展速率快 80%，有 44.44% 的能源资源价值外溢。1978～2011 年产业结构偏离度、比较劳动生产率、二元对比系数均说明了榆林市以能源化工为主的重工业对劳动力吸纳能力有限，就业结构与产业结构偏离现象显著。

（3）农业优势指数显示：2004 年以来，佳县、子洲、清涧依靠黄土高原气候优势，通过发展苹果、大枣、梨、杏等果品业及荞麦、糜子、谷子、绿豆等小杂粮，成为农业绝对优势区；横山、绥德、米脂、吴堡为显著优势区；榆阳、定边为中等优势区；府谷、神木、靖边等以能源经济为主，农业生产为不具优势区。

（4）1990～2011 年榆林市农村居民人均总收入与人均总消费支出走势基本趋同。1998～2003 年，人均总收入与人均总支出处于快速增长阶段，且处于人均总消费支出一直大于总收入的入不敷出状态。1990～2011 年，榆林市农村居民恩格尔系数由 63.07% 下降到 36.70%，年均下降 1.26%，以谷物消费为主的传统食物消费格局逐步演变，直接粮食消费量减少，肉蛋类消费量稳步增长，农民生活水平逐步提升。

第6章
榆林市农业现代化发展水平与效率

随着我国经济发展进入新常态，农业发展面临农产品价格"天花板"封顶、生产成本"地板"抬升、资源环境"硬约束"加剧等新挑战，亟须加快农业现代化发展，转变农业发展方式。依靠科技创新和提升劳动力素质推动农业发展由数量增长向质量、效益并重提升，注重强化农业生产方式、经营方式、资源利用方式和管理方式向现代化农业发展转型。农业现代化发展逐渐成为区域现代化发展中关系全局的重大问题，也是区域现代化的主要衡量指标（龙冬平等，2014）。美国农业经济学家西奥多·W.舒尔茨认为发展中国家经济增长的动力之一为传统农业转向现代农业（西奥多·W.舒尔茨，1999）。中国农业现代化发展水平与效率不高，严重制约着中国经济发展水平与人民生活水平的提高（王亚男等，2012），提升科技水平、保证农业现代化的快速稳步发展是实现农业持续健康发展、确保农产品有效供给的重要保证（刘彦随、陆大道，2003）。进入21世纪以来，以能源富集为主要特征的榆林市经济取得突破性进展，而工业是其发展的主导力量，受工业高收益的挤出效应，农业发展缓慢且区域不均衡现象突出，农业粗放式发展，整体效率偏低，工农业矛盾日益显现，个别地区甚至陷入"拉美陷阱"，严重影响了榆林市农业现代化发展和"四化"的实现。因此，提高榆林市农业现代化发展水平与效率，促进榆林市农业现代化水平的提高成为政府和学界广泛关注的焦点（文琦等，2014）。

农业现代化发展是农业生产方式、经营方式、资源利用方式、管理模式等方面发生变革的过程（康芸、李晓鸣，2000），其内涵包括以下几个方面：一是实施调整农民就业结构、转变农业发展方式、促进农业生产结构优化升级的有效措施；二是推动农村地域结构的重构、强调区域分工与合作、促进农业形态发生质变；三是提高农业生产质量与效率、实现城乡统筹协调发展、保护自然生态环境、实现农业发展的综合效益；四是耦合新型城镇化、工业化及信息化，最终实现"四化同步"发展。综合国内外研究成果，可以发现国外对农业现代化的研究主要以农业现代化本质特征、农业现代化的影响因素、农业现代化评价指标体系等为主（Jones，1973；Adolf，1973）。近年来，农业现代化与农户生计转型、社会结构及家庭资产等方面的关系研究备受关注（Brown and Waldron，2013；Komarek et al.，2012；Udo，2011）。国内学者基于不同的研究视角，对农业现代化也进行了深入探讨，相关研究主要集中在以下四个方面：①从研究方法上，主要选择多指标综合测算（蒋和平等，2015；林正雨等，2014；王晋臣，2014）、层次分析（佟光霁、张晶辉，2014；辛岭、蒋和平，2013）、聚类分析（刘养卉等，2013；岳晓鹏、王萍莉，2013）等方法对农业现代化水平进行测算。②国外农业现代化发展模式研究及经验借鉴（师谦友，1993；谭国雄，2005）。③农业现代化发展分区研究（程绍铂等，2011；詹慧龙，2013）。④国家空间尺度（钟水映等，2016）、区域尺度（张西华等，2013；于正松等，2014）、省际尺度（李俊杰等，2016；杜国明等，2013）的农业现代化发展水平测算。

已有的研究从各个视角对农业现代化进行探讨，为深入推进农业现代化水平的提升奠定了基础，但也应该看到：①已有的研究对国家、区域、省域层面的农业现代发展研究较多，中国农业发展区域差异显著，有必要研究地级市域的农业发展问题；②已有研究多倾向于时间上纵向的比较，而较少对其时空演变规律进行表达；③在各评价指标权重的确定上具有主观随意性，对评价结果的真实性与客观性存在一定影响；④已有研究较多从农业现代化水平或农业现代化效率方面进行单方面研究，将农业现代化水平与效率进行耦合分析还处于起步阶段。因此，本书从地理学的视角出发，基于熵权 TOPSIS 法，测度榆林市 12 个区县农业现代化发展水平，同时采用 DEA 分析方法探讨农业现代化发展的效率，综合二者的测度结果，分析榆林市农业现代化发展的时空演变，并将二者进行耦合分析，探讨榆林市农业现代化发展的时空格局变化规律。

6.1　研究方法

6.1.1　熵权 TOPSIS 法

熵权法是根据各评价指标数值来确定其效用价值的客观赋权方法，在确定指标权重时比特尔菲法和层次分析法等方法更具客观性与合理性（何伟、杨春红，2013）。TOPSIS 法是 Hwang 等和 Yoon 于 1981 年首次提出的一种多目标决策方法（Hwang et al.，1981；Yoon，1989）。其原理是计算出各评价对象与最优方案和最劣方案的距离，得到各评价对象与最优方案的相对接近程度，以此来对评价对象进行评价，具有计算简便、对样本量要求不大以及结果合理等优点（曹贤忠、曾刚，2014）。因此本书基于熵值法和 TOPSIS 法对榆林市农业现代化水平进行测算，使用 TOPSIS 法权重的确定是重要环节，为消除主观因素的影响采用信息熵法确定指标的权重，步骤如下。

①对数据 $Z = \{z_{ij}\}_{m \times n}$ 进行标准化得 m 个样本和 n 项指标的标准化矩阵 $Z' = \{z'_{ij}\}_{m \times n}$，正向指标 $z'_{ij} = z_{ij}/z_{j\max}$，逆向指标 $z'_{ij} = z_{j\min}/z_{ij}$，$z_{j\max}$ 和 $z_{j\min}$ 为指标最大和最小值。

②计算信息熵 $e_j = -k\Sigma f_{ij}\ln f_{ij}$，其中，$f_{ij} = z'_{ij}/\Sigma z'_{ij}$，$k = 1/\ln m$；进而计算差异性系数 $g_j = 1 - e_j$，g_j 越大表示差异度越大，权重也越大；定义

指标 j 的权重 $w_j = g_j / \Sigma g_j$。

③由权重与标准化矩阵得加权标准化矩阵 $S = \{s_{ij}\}_{m \times n}$，其中，$s_{ij} = w_j \times z'_{ij}$。取指标的最大值与最小值构成最优和最劣向量，则 $s_j^+ = \max(s_{1j}, s_{2j}, \cdots, s_{nj})$，$s_j^- = \min(s_{1j}, s_{2j}, \cdots, s_{nj})$。

④采用欧式距离法计算各待评对象与最优和最劣解的距离，$d_i^+ = [\Sigma(s_{ij} - s_j^+)^2]^{1/2}$ 和 $d_i^- = [\Sigma(s_{ij} - s_j^-)^2]^{1/2}$；进而计算综合评价指数 $C_i = d_i^- / (d_i^+ + d_i^-)$，$C_i$ 介于 $0 \sim 1$，值越大表征越接近最优解，评价对象越优。

6.1.2 数据包络分析

数据包络分析（Data Envelopment Analysis，DEA）是著名运筹学家 Charnes、Cooper 等基于"相对效率"概念对同一类型决策单元进行多指标投入和产出相对效益评价的一种线性规划模型，称为 C2R 模型。之后 Banker、Charnes 等在规模收益可变的前提下，对该模型进行修正与完善，发展为 BC2 模型（李红锦、李胜会，2012），在评价农业发展效率方面具有诸多优势且得到广泛应用（刘子飞、王昌海，2015；刘静等，2014；周亮等，2013；焦源，2013）。

假设有 n 个决策单元（$j = 1, 2, \cdots, n$）；x_j、y_j、θ 分别表示第 j 个决策单元的投入、产出变量，以及相对效率值；λ_j 为各研究单元在某一指标上的权重变量；x_0 和 y_0 分别代表决策单元的投入和产出值；构造规模报酬不变的线性规划 C2R 模型为：

$$\begin{cases} \mathrm{Min}\theta \\ \mathrm{s.\,t.} \ \sum_{j \in n} x_j \lambda_j + \theta x_0 \geqslant 0 \\ \sum_{j \in n} y_j \lambda_j \geqslant y_0 \\ \lambda_j \geqslant 0, j \in n \end{cases} \qquad (6-1)$$

若在式中引入约束条件 $\sum \lambda_j = 1$ 则变成了规模报酬可变的 BC2 模型：

$$
\begin{cases}
Min\theta \\
s.t. \sum \lambda_i x_i £ \theta x_0 \\
\quad\sum \lambda_i y_i^3 y_0 \\
\quad\sum \lambda_i = 1 \\
\lambda_i^3 0, i = 1, 2, \cdots, n
\end{cases}
\tag{6-2}
$$

其中，$Min\theta$ 为目标函数；s. t. 表示线性限制条件。利用该模型计算得到的 θ 为决策单元的综合效率值，综合效率包括技术效率和规模效率两部分。公式（6-2）中 θ 值为决策单元的技术效率值。

6.1.3　指标与数据说明

传统的农业发展较多考虑农业投入、产出水平，在"四化协同"发展背景下，仅考虑农业的投入与产出水平已经不能全面诠释农业现代化发展的内涵。新时期，国家实行"以工促农、以城带乡"的发展战略对农业现代化的影响不容忽视。农业可持续发展状况与农业现代化发展密切相关。基于此，在参考现有农业现代化研究成果（陈阳等，2014；朱纪广等，2013；李裕瑞等，2011；秦钟等，2011）的基础上，遵循指标选择的系统性、科学性及可获取性等原则，本书从农业投入水平、农业产出水平、农村社会发展水平、农业可持续发展水平等四个方面构建榆林市农业现代化评价指标体系（见表6-1）。农业现代化效率是多种生产要素投入共同作用的结果，根据对农业现代化效率内涵的理解进行指标选取。投入指标包括劳动力、资本、土地及动力。劳动力要素主要指农业从业人员数量（万人）；资本要素主要是农林牧副渔支出（万元）；土地要素用耕地总面积（公顷）和粮食播种面积（公顷）来衡量；动力要素用农业机械总动力（千瓦）表示。产出指标包括货币产出与实物产出两个方面，货币产出用农业增加值（万元）和农业总产值（万元）来衡量，实物产出用粮食产量（t）来表示，从而建立榆林市农业现代化效率的投入—产出指标体系。研究数据主要来源于《榆林市统计年鉴》（2001～2014 年）以及各区县 2000～2013 年的统计年鉴，基本图件为榆林市各县（区）行政区划图。需要说明的是本书的研究时间段为 2000～2013 年，由于篇幅所限，图表仅显示 2000 年、2005年、2013 年，其他年份图表不再显示。

表 6 - 1　榆林市农业现代化水平评价指标体系

一级指标	二级指标	计算方法
农业投入水平	劳均耕地面积	耕地面积/农业从业人员（千米^2/万人）
	农林水事务支出比例	农林支出/财政支出（%）
	耕地复种率	播种面积/耕地面积（%）
	单位耕地面积农机总动力	农机总动力/耕地面积（千瓦/千米^2）
农业产出水平	土地生产率	农业增加值/耕地面积（万元/千米^2）
	农业增加值占 GDP 比例	农业增加值（GDP/%）
	单位播种面积粮食产量	粮食产量/播种面积（吨/千米^2）
	农民人均纯收入	人均纯收入（元）
	劳动生产率	农业总产值/农业从业人员（元/人）
农村社会发展水平	城镇化率	城镇人口/总人口（%）
	劳动力平均受教育程度	农村劳动力受教育年限之和/农村劳动力人口（年/人）
	通电话村率	通电话村率（%）
	乡村劳动力就业率	乡村从业人数/社会总从业人数（%）
农业可持续发展水平	森林覆盖率	森林总面积/土地总面积（%）
	水保治理面积	水保治理面积（平方千米）
	荒山荒地造林面积	荒山荒地造林面积（平方千米）
	有效灌溉率	有效灌溉面积/耕地面积（%）

6.2　农业现代化发展演变分析

6.2.1　粮食作物生产区位布局

"三农"问题已成为全社会关注的焦点，农业与农村发展成为各级部门工作的重中之重，主要因为农业是我国的基础性战略性产业，农村是我国经济社会生态的主要组成部分，农业与农村发展对我国社会的稳定和国民经济的综合发展具有重要的意义。榆林市是我国的能源重化工基地，又是 21 世纪经济建设的战略地区，同时该区域生态环境恶化，旱涝灾害频繁发生，农业生产力低下，致使该地区粮食短缺问题比较突出。

从农作物布局来看（见表 6-2），榆林市农业作物种植区域特征明显，北部风沙滩区灌溉农业较为发达，农业生产以粮食、蔬菜为主，水稻、玉米、农作物制种等初具规模；南部丘陵沟壑区主要是旱作农业，农业生产以秋杂粮、果品为主，绿豆、小米、红枣等具有明显优势。据统计，2007 年全市农作物总播种面积 60.71 万公顷，其中粮食作物51.73 万公顷，占 85.2%，以玉米、洋芋、大豆、绿豆、糜子、荞麦等秋杂粮为主；经济作物 4.17 万公顷，占农作物播种面积的 7%，以油料、蔬菜、西甜瓜为主；其他作物 4.70 万公顷，占 7.7%，以青饲料为主。全市果树面积 14.46 万公顷，以苹果、红枣、杏为主。另外，榆林市作为国家级杂交玉米制种基地，2008 年底玉米杂交种子种植突破 14万亩，而油葵、瓜菜、小杂粮种子基地也达到 20 万亩。

表 6-2　榆林市粮食作物生产区位布局

作物名称	种植区县	地形条件
冬小麦	清涧县、绥德县、吴堡县、子洲县、靖边县、定边县	梁、坡、塬、涧
春小麦	榆阳区、神木县、横山区、靖边县、定边县	无定河流域、小水地

续表

作物名称	种植区县	地形条件
水稻	榆阳区、横山县、神木县	川道地
玉米	各县均有	川水地、沟台地、沟坝地
高粱	除定边之外全市均有	川水地、沟台地、沟坝地、梯田
谷子	各县均有	山、滩水地、旱地均有
糜子	北六县（区）粳性品种，南六县（区）糯性品种	山、梁、塬、涧、滩旱地
大豆	各县均有	山、梁、塬、涧、滩旱地
荞麦	定边县、靖边县	坡、梁、塬、涧、滩地
马铃薯	各县均有	梁、塬、坡、梯田
绿豆	除定边之外全市均有	坡地、梯田、沟台地

6.2.2　农业现代化发展水平演变分析

采用熵权 TOPSIS 法，分别对 2000～2013 年榆林市农业现代化发展水平进行测度，并借助 ArcGIS 10.0 软件技术平台进行可视化表达（见表 6－3）。

表 6－3　2000 年、2005 年、2013 年榆林市农业现代化发展水平

区县	2000 年	排名	2005 年	排名	2013 年	排名
榆阳区	0.764	1	0.730	1	0.570	1
神木县	0.589	2	0.573	2	0.429	4
府谷县	0.352	4	0.179	9	0.386	7
横山县	0.331	5	0.501	4	0.336	9
靖边县	0.373	3	0.530	3	0.421	5
定边县	0.326	6	0.398	5	0.267	10
绥德县	0.207	10	0.161	11	0.532	2
米脂县	0.313	7	0.172	10	0.432	3
佳县	0.256	8	0.311	6	0.385	8

续表

区县	2000 年	排名	2005 年	排名	2013 年	排名
吴堡县	0.114	12	0.114	12	0.236	12
清涧县	0.227	9	0.231	7	0.411	6
子洲县	0.193	11	0.219	8	0.253	11
平均值	0.337	—	0.343		0.388	

对计算结果进行归一化处理,即分别以 2000～2013 年农业现代化发展水平均值的 50%、100% 和 150%,即以 0.18、0.36 和 0.53 作为 3 个分界值,将各区县的农业现代化发展水平由低到高分为四级:(0 ≤ C ≤ 0.18)为农业现代化发展水平很低、(0.18 < C ≤ 0.36)为农业现代化发展水平较低、(0.36 < C ≤ 0.53)为农业现代化发展水平较高、(C > 0.53)为农业现代化发展水平很高。

从整体上看,全市农业现代化发展水平偏低且时空差异较大(见图 6 - 1)。

a. 2000年

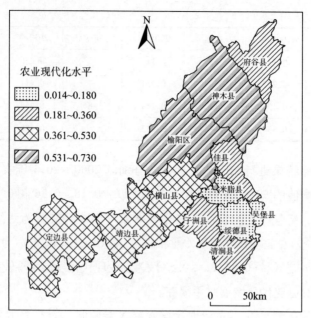

b. 2005年

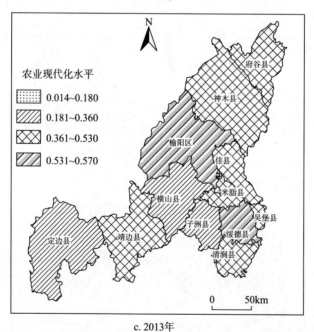

c. 2013年

图 6-1 2000 年、2005 年和 2013 年榆林市农业现代化发展水平

2000 年、2005 年和 2013 年全市农业现代化水平均值分别为 0.337、0.343 和 0.388，农业现代化发展水平的最大值与最小值之间的差距分别为 0.65、0.616、0.334，说明 2000～2013 年，随着农业的持续快速现代化发展，大多数区县农业现代化发展水平显著提升，农业现代化发展水平的差距在逐渐缩小。2000～2013 年，全市农业现代化发展水平呈现缓慢上升的基本态势，但各区县之间农业现代化发展水平排名出现新的格局。农业现代化发展水平很低、农业现代化发展水平较低、农业现代化发展水平较高、农业现代化发展水平很高的区县个数 2000 年分别为 1 个、8 个、1 个、2 个；2005 年分别为 4 个、3 个、3 个、2 个；2013 年分别为 0 个、4 个、6 个、2 个，说明榆林市农业现代化发展水平表现出明显上升的趋势，各区县间农业现代化发展水平差距逐渐减小。榆阳区属于全市的中心城市，劳动生产率与土地生产率高，且单位播种面积粮食产量高，导致其农业现代化发展水平居于全市领先水平；绥德县、米脂县、佳县、清涧县近年来加大了农业财政和农机总动力投入力度，促使其农业现代化发展水平上升势头较明显，其中，绥德县由 2000 年的较低农业现代化发展水平上升到 2013 年的很高水平，且与高水平的榆阳区的差距日益缩小，米脂县、佳县、清涧县由 2000 年的较低农业现代化发展水平上升到 2013 年的较高水平，农业现代化发展水平明显上升。吴堡县的农业现代化发展水平有所上升，但依旧处于低水平阶段，由 2000 年的现代化发展低水平转变为 2013 年的较低水平。横山和子洲二县单位耕地面积农机总动力、城镇化率及灌溉面积偏低，处于农业现代化发展较低水平，但劳均耕地面积和土地生产率的提高使农业现代化发展水平总体有所上升，分别由 2000 年的 0.331、0.193 上升为 2013 年的 0.336、0.253；神木和定边二县农业现代化发展水平和排名都有所下滑、府谷县和横山县农业现代化发展水平有所提高但排名下滑。出现这种现象的原因各不相同，神木县主要由耕地复种率和荒山荒地造林面积下降引起，其耕地复种率由 2000 年的 0.93 下降为 2013 年的 0.38，荒山荒地造林面积由 2000 年的 23.30 公顷下降为 2013 年的 12

公顷；府谷县是陕北能源重化工基地的核心城市，工业高效益对农业的排斥作用，使其农业增加值占 GDP 的比例由 2000 年的 6.8% 下降为 2013 年的 1.28%，导致其农业现代化发展水平排名下降；横山县的有效灌溉率由 2000 年的 0.02 下降为 2013 年的 0.009，导致其农业现代化排名出现下滑；定边县农业现代化水平排名下降的原因和神木县类似，主要由荒山荒地造林面积下降，导致农业发展的可持续性下降引起。值得注意的是，绥德县由 2000 年的较低水平上升为 2013 年的很高水平，农业现代化发展水平排名分别由 2000 年的第 10 名上升至 2013 年的第 2 名，这主要是与农林水事务支出比例和劳动生产率大幅度提高有关；榆阳区产业结构的调整，致使其产业结构向较高级方向发展，导致农业现代化发展水平有所下降，但雄厚的农业基础使其排名不变，榆阳区农业现代化发展水平由 2000 年的 0.764 下降为 2013 年的 0.570，其排名均为第 1 名。

经济导向性使榆林市农业现代化发展水平大体上呈北高南低的分布特征，且农业现代化发展水平高的区域呈现增加的趋势，农业现代化发展水平高的区县在地理空间上出现南移趋势，由 2000 年的单中心面状分布发展成为 2013 年的多中心点状分布，且由农业现代化发展高值区向周围做不同程度递减。

6.2.3　农业现代化发展效率演变分析

本书运用 DEAP 2.1 软件，测度 2000 ~ 2013 年全市 12 个区县的农业现代化发展效率，结果见表 6 - 4。

表 6 - 4　2000 年、2005 年、2013 年榆林市各区县农业现代化发展效率

区县	综合效率			技术效率			规模效率			规模报酬		
	2000 年	2005 年	2013 年	2000 年	2005 年	2013 年	2000 年	2005 年	2013 年	2000 年	2005 年	2013 年
榆阳区	1.000	1.000	1.000	1.000	1.000	1.000	1.000	1.000	1.000	—	—	—
神木县	1.000	1.000	0.752	1.000	1.000	0.797	1.000	1.000	0.943	—	—	irs

续表

区县	综合效率			技术效率			规模效率			规模报酬		
	2000年	2005年	2013年	2000年	2005年	2013年	2000年	2005年	2013年	2000年	2005年	2013年
府谷县	0.367	0.603	0.402	0.488	0.802	0.602	0.753	0.752	0.669	drs	irs	irs
横山县	1.000	1.000	1.000	1.000	1.000	1.000	1.000	1.000	1.000	–	–	–
靖边县	1.000	0.973	0.884	1.000	0.991	0.891	1.000	0.983	0.993	–	irs	drs
定边县	1.000	1.000	1.000	1.000	1.000	1.000	1.000	1.000	1.000	–	–	–
绥德县	0.916	0.922	0.900	0.964	1.000	0.950	0.950	0.922	0.948	drs	irs	irs
米脂县	1.000	0.646	0.838	1.000	0.813	1.000	1.000	0.795	0.838	–	irs	irs
佳县	0.945	1.000	1.000	0.969	1.000	1.000	0.976	1.000	1.000	drs	–	–
吴堡县	1.000	0.515	0.824	1.000	1.000	1.000	1.000	0.515	0.824	–	irs	irs
清涧县	1.000	0.937	1.000	1.000	1.000	1.000	1.000	0.937	1.000	–	irs	–
子洲县	1.000	1.000	1.000	1.000	1.000	1.000	1.000	1.000	1.000	–	–	–
均值	0.936	0.883	0.883	0.952	0.967	0.937	0.973	0.909	0.935			

注：综合效率＝技术效率×规模效率；"drs"表示规模报酬递减；"－"表示规模报酬不变；"irs"表示规模报酬递增。

全市整体农业现代化发展综合效率较高，多数区县达到了农业现代化发展综合效率有效。2000年、2005年、2013年全市平均综合效率分别为0.936、0.833、0.833。2000年有9个区县农业现代化发展综合效率有效，分别是榆阳区、神木县、横山县、靖边县、定边县、米脂县、吴堡县、清涧县和子洲县。2005年有6个区县综合效率有效，分别为榆阳区、神木县、横山县、定边县、佳县和子洲县。2013年也有6个地区达到了有效，即榆阳区、横山县、定边县、佳县、清涧县和子洲县。2000年、2005年、2013年达到综合效率有效的区县占区县总数的比例分别为75%、50%和50%。

各区县之间的农业现代化发展综合效率差距呈现缩小趋势。2000年、2005年和2013年综合效率最大值与最小值之差分别为0.633、0.485、0.598，而这3个时间点综合效率标准差分别为0.173、0.174、0.168，可以看出随着时间的推移全市农业现代化发展综合效率的差距呈现先扩大后缩小的态势，这是因为综合效率达到 DEA 有效的区县在减少，其他区县与高效率区县之间综合效率的差距缩小，使平均综合效率水平下降，并使各区县农业现代化发展综合效率差距总体上表现出下降的趋势。

技术效率有效的区县数量略多于规模效率最优的区县数量，体现了技术效率有效的区县数量呈现减少的特点。2000 年榆阳区、神木县、横山县、靖边县、定边县、米脂县、吴堡县、清涧县和子洲县 9 个区县达到技术有效，占 12 个区县总数量的 75%；2005 年榆阳区、神木县、横山县、定边县、绥德县、佳县、吴堡县、清涧县、子洲县等 9 个区县达到技术有效，占比为 75%；2013 年榆阳区、横山县、定边县、米脂县、佳县、吴堡县、清涧县、子洲县 8 区县达到技术有效，比 2000 年减少 1 个，占总区县数量的 66.67%。

达到规模效率有效的区县数量略少于技术有效的区县数量，且平均规模效率呈现先下降后回升的趋势。2000 年、2005 年、2013 年全市只有 9 个、6 个、6 个达到了规模效率有效，比同期达到技术效率最优的区县个数分别少 0 个、3 个、2 个。从规模报酬看，规模报酬不变的区县数量呈现下降态势，表明榆林市农业现代化发展过程中，投入过多或投入不足的迹象日益明显。而在未能实现 DEA 有效的区县中，规模报酬递增的区县明显多于规模报酬递减的区县，表明增加投入水平成为提升榆林市农业现代化效率的主流形态。

6.3 农业现代化发展水平和效率时空耦合分析

6.3.1 县域耦合类型变化

高一有效型，即农业现代化发展水平高，农业现代化发展效率 DEA

有效的区县。该类型的区县农业现代化发展最为成熟，农业现代化发展水平高，农业现代化发展效率也实现了 DEA 有效，说明农业现代化发展的质量较高。2000 年该类型的区县有榆阳区、神木县和靖边县，2005 年有榆阳区、神木县、横山县和定边县，2013 年则为榆阳区、佳县和清涧县，说明神木县和靖边县的农业现代化发展质量有所下降，佳县和清涧县的农业现代化发展水平有所上升。

高一无效型，即农业现代化发展水平高，农业现代化发展效率非 DEA 有效的区县。此类型的区县农业现代化发展水平高，但农业现代化发展效率为 DEA 无效，农业现代化发展质量不高。2000 年无该类型的区县，2005 年为靖边县，2013 年为府谷县、神木县、米脂县、靖边县和绥德县。此现代化发展类型的区县出现明显增加迹象。

低一有效型，即农业现代化发展水平低，农业现代化发展效率 DEA 有效的区县。此类型的区县农业现代化发展水平相对较低，但现代化发展效率较为有效，2000 年该类型的区县有横山县、米脂县、定边县、子洲县、吴堡县和清涧县，2005 年为佳县、子洲县，2013 年为横山县、定边县和子洲县。

低一无效型，即农业现代化发展水平低，且农业现代化发展效率无效的区县。此类型的区县农业现代化发展水平相对较低，且现代化发展效率也较低。2000 年此类型的区县有府谷县、佳县和绥德县，2005 年为府谷县、米脂县、绥德县、吴堡县和清涧县，2013 年为吴堡县。具体见表 6 - 5。

表 6 - 5　榆林市农业现代化发展地域类型

农业现代化 发展类型	2000 年	2005 年	2013 年
高一有效型	榆阳区、神木县、靖边县	榆阳区、神木县、横山县、定边县	榆阳区、佳县、清涧县
高一无效型	无	靖边县	府谷县、神木县、米脂县、靖边县、绥德县

续表

农业现代化 发展类型	2000 年	2005 年	2013 年
低—有效型	横山县、米脂县、定边县、子洲县、吴堡县、清涧县	佳县、子洲县	横山县、定边县、子洲县
低—无效型	府谷县、佳县、绥德县	府谷县、米脂县、绥德县、吴堡县、清涧县	吴堡县

6.3.2 县域耦合类型空间格局

2000 年、2005 年、2013 年全市 12 个区县中，农业现代化发展类型为"高—有效型"的区县数量分别为 3 个、4 个、3 个，分别占区县总数的 25%、33.33% 和 25%，并出现由北部向南部扩散的趋势且由单中心向多中心分布转变；农业现代化发展一般的区县，即现代化发展类型为"高—无效型"和"低—有效型"的区县数量分别为 6 个、3 个和 8 个，占区县总数的 50%、25% 和 66.67%，其中现代化发展类型为"高—无效型"的区县数量呈现增加趋势，由 2000 年的 0 个增加到 2013 年的 5 个，而现代化发展类型为"低—有效型"的区县数量有所下降且由北部向南部转移；农业现代化发展不成熟的区县即现代化发展类型为"低—无效型"的区县数量为 3 个、5 个、1 个，分别占区县总数量的 25%、41.67% 和 8.33%，主要集中于南部地区。从总体看榆林市农业现代化发展的差异较大且农业现代化发展水平低和现代化发展效率低下的问题突出。因此，未来榆林市在提高农业现代化发展速度与水平的同时，提升农业现代化发展效率的任务还很艰巨（见图 6-2）。

从空间格局演变上来看，2000 年和 2005 年农业现代化发展类型为"高—有效型"的区县如榆阳区、神木县主要集中在榆北地区，到 2013 年为榆阳区、佳县和清涧县，表明榆林市"高—有效型"的农业现代化发展空间格局表现出由北部以榆阳、神木为单中心的格局向南北多中心格局演变，且出现向周边不同程度递减的特征分布。2000 ~ 2005 年农业现代化发展类型为"高—无效型"区县最少，其空间格局出现由

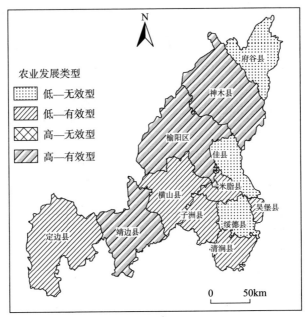

a. 2000年

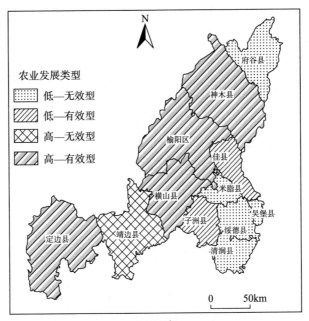

b. 2005年

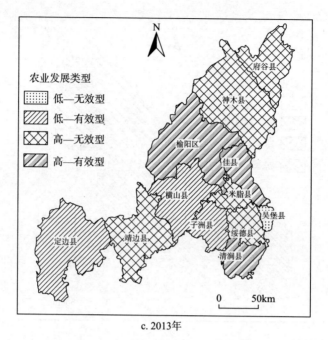

c. 2013年

图 6 - 2 2000 年、2005 年和 2013 年榆林市农业现代化发展格局

北向南转移规律，且由单中心演变为多中心。而农业现代化发展类型为"低—有效型"区县的空间格局呈现缩减态势。除此之外，全市"低—有效型"区县也呈现由西向东渐变的特征。东部和东北部地区农业现代化发展类型主要为"低—无效型"，该类型农业的空间格局出现由东部、东北部多中心结构向东部单中心结构演变。这与北部地区农业现代化发展水平高，东南部地区农业现代化发展水平低且现代化发展效率低有关。

6.4 本章小结

（1）农业产业结构逐渐合理，生产条件逐步得到改善。1978~2007年，榆林市种植业、林业、牧业、渔业结构从 69.98∶11.27∶18.68∶0.06演变为 55.99∶2.25∶41.28∶0.49，农业生产逐步实现由传统的、单一的农业发展模式向农、林、牧、渔业综合发展逐步转变。农业生产条件逐步得到改善，1978～2007 年，农业机械化总动力从 43.63×10^4 千瓦逐年提升到 201.77×10^4 千瓦，增长了 3.62 倍。

（2）在农业现代化发展水平方面，全市各区县间农业现代化发展水平偏低且发展差异较大，随着农业的持续快速现代化发展，大多数区县农业现代化发展水平显著提升，全市农业现代化发展水平的差距在逐渐缩小。全市农业现代化发展水平呈现缓慢上升的基本态势，但各区县之间农业现代化发展水平排名出现新的格局。到 2013 年，榆阳区与绥德县处于领先地位，米脂县和清涧县等农业现代化发展较快，排名靠前，而府谷县和横山县农业现代化发展水平上升但排名下滑，神木县和定边县则出现农业现代化发展水平和排名同时下滑现象。在空间格局上，北部地区出现以榆阳区与神木县为中心的高水平集聚区，且呈现以榆阳、神木为中心，向周边不同程度递减的分布特征。

（3）在农业现代化发展效率方面，2000～2013 年，全市平均农业现代化发展综合效率较高，但平均综合效率出现下降趋势，农业现代化发展的技术效率和规模效率减弱，但技术有效的区县数量较规模效率多，且 2005 年后技术效率均值明显大于规模效率，说明榆林市农业现代化发展由规模效率主导向技术效率主导转变。随着时间的推移，农业现代化发展综合效率的分散效应显现，出现强弱逐渐混合的趋势。

（4）从农业现代化发展水平与农业现代化发展效率的耦合情况看，全市"高—有效型"的区县现代化发展最为成熟，出现由北部向南部扩散的趋势且由单中心向多中心分布转变；"低—无效型"区县的农业现代化发展相对较差。整体看来，到 2013 年北部的榆阳区和南部的佳县和清涧县农业现代化发展总体水平较高，农业现代化发展效率也相对较高，南部的吴堡县农业现代化发展水平和现代化发展效率相对较低；佳县和清涧县农业现代化发展水平和农业现代化发展效率上升态势明显，而横山县和定边县农业现代化发展水平出现不同程度的上升后又下滑的趋势，农业现代化发展效率相对较高。

（5）农业现代化发展水平高的区县应该继续完善农业现代化发展方式，实现创新驱动农业的现代化发展，继续稳步提高农业现代化发展水平，农业现代化发展水平低的区县应该大力促进农业现代化发展，推动农业的内涵式、集约式发展，努力提高农业现代化发展水平。农业现代化发展效率较高的区县，要继续优化农业发展体制，促进农业结构转型升级，加大对农业的投入力度，以"工业现代化"、"城市现代化"及"信息现代化"促进"农业现代化"，逐步提升农业现代化发展效率；农业现代化发展效率较低的区县，应着力推进现代农业发展的步伐，高效利用农业资源，树立农业创新实现发展的理念，在增加投入力度的同时要优化其农业结构，实现投入与产出的最佳水平。

（6）农业现代化发展类型为"高—有效型"的区县应该继续稳步提高农业现代化发展水平效率；农业现代化发展类型为"高—无效型"的区县应该在提高农业现代化发展水平的基础上，着力提高农业现代化发展效率，改变农业现代化发展效率较低的局面；农业现代化发展类型为"低—有效型"的区县应该保持农业现代化发展效率较高的局面，同时大力提高农业现代化发展水平；农业现代化发展类型为"低—无效型"的区县既要努力推动农业现代化发展也要转变现代化发展方式，以此来推动农业现代化发展水平和农业现代化发展效率的提高。

第7章
榆林市经济水平与能源效率分析

伴随经济全球化进程的加速和改革开放的深入，中国的经济总量显著提升。然而，在经济新常态背景下，中国经济正从规模速度型粗放增长转向质量效率型集约增长，从要素投资驱动转向创新驱动，加快调结构、转方式、促升级成为经济发展的主旋律，适度扩大总需求的同时，去产能、去库存、去杠杆、降成本、补短板，提高经济发展效率成为新时期区域经济发展的关键。能源富集区以能源经济为主导，这种高投入、高耗能的粗放型发展模式使其成为提升经济效率的主要区域（薛声家、韩小花，2008；文琦等，2014）。榆林市属于陕西—甘肃—宁夏—内蒙古能源金三角的核心城市，是典型的能源资源富集区。长期以来，其经济发展以能源开发为主，经济发展效率具有较大提升空间，各县（区）经济发展效率差异显著（师谦友、王伟平，2010）。2013年全市GDP为2846.75亿元，比上年增长8.8%，人均生产总值为84634元。新阶段，榆林市能源资源经济发展中显现的矛盾日益突出，成为提升经济发展效率的主要制约因素。如以能源工业为主导的重工业发展致使产业结构单一，就业岗位有限，在经济新常态背景下经济形势日益严峻，局部地区甚至陷入了"资源诅咒"的经济陷阱。2012年以来，在全球经济不景气、资源价格大幅下跌的形势下，榆林市经济发展效率下降、速度放缓等问题被放大。如何推进该地区经济又好又快发展、快速调整经济结构、加快能源经济与地方产业相关联的经济发展方式的转变、促进经济发展效率稳步提升成为政府与学术界共同关注的焦点（关兴良等，2012）。

经济发展效率的测度方法有多种，其中以随机前沿分析方法（SFA）与数据包络分析方法（DEA）应用较为广泛（尹良伟、杨力，2014）。DEA 模型作为测度区域经济发展效率的模型，是指区域实际产出和投入水平与相对有效生产前沿之间的距离（赵媛等，2010）。与随机前沿分析方法相比，DEA 方法具有无量纲性（魏楚、沈满洪，2007），适用于多投入、多产出的经济发展效率分析（魏权龄，2000），多角度对经济发展效率的影响因素进行剖析，深入分析各决策单元非 DEA 有效的原因（Banke et al.，1984），并可以根据 DEA 投入产出优化目标值，提供各投入指标的优化方向与调整量等优点（史丹，2006），特别适合区域经济发展效率评价，在国内外得到广泛应用。Bannistter 与 Stolp（1995）运用 DEA 方法对墨西哥不同区域的制造业效率进行了评价，得出了技术效率、区域规模及城市经济三者呈正相关的结论。汤建影和周德群（2003）通过对中国矿业城市经济发展效率的评价，提出了矿业城市发展与所处地域、矿业资源及城市规模有密切关系的观点。刘霖和秦宛顺（2009）对县域经济效率进行评估，指出区域发展水平与经济效率间不存在相关性。彭斌和刘俊昌（2014）选取广西壮族自治区不同市域 7 个县林下经济发展效率进行分析，指出林下经济发展效率与其投入规模、品种选择和模式选择等因素密切相关。

综上所述，目前 DEA 模型在评价经济发展效率方面得到较为广泛的应用，主要从宏观经济领域对经济发展效率进行综合评价，经济新常态下，能源富集区经济发展效率的空间分异特征及其成因研究有助于推进该地区调结构、促转型。本书从投入产出的角度，运用 DEA 模型测度陕西省榆林市经济发展的综合效率、技术效率及规模效率，研究经济发展效率的空间分异特征，划分经济发展效率地域类型，在此基础之上探究影响榆林市经济发展综合效率总体分异特征的主要因素。最后，根据 DEA 模型的投入/产出优化目标值，揭示制约各区县经济发展效率提升的驱动因素，并探索提升能源富集区经济发展效率的优化措施。

7.1　研究方法

7.1.1　数据包络分析方法

数据包络分析方法（DEA）是一种系统分析的方法，由 Charnes 等于 1978 年创建（Banke et al. , 1984），1988 年被引入国内并得到广泛应用（李郇、徐现祥，2005）。DEA 方法立足于数学规划模型，根据有效的样本数据，对决策单元（DMU）进行投入产出的效率分析（魏权龄，2004）。

DEA 模型有很多子模型，选用最基本的评价经济发展综合效率的 BC2 模型。设有 n 个决策单元 $DUM_j(j = 1, 2, \cdots, n)$，有 m 种输入为 $X_j = (x_{1j}, \cdots, x_{mj})^T$，得到 s 种输出 $Y_j = (y_{1j}, \cdots, y_{sj})^T$，且 $X_j \geq 0$，$Y_j \geq 0$，则有以下 C2R 模型：

$$\min[\theta - \varepsilon(\dot{e}^T S^- + \dot{e}^T S^+)] = V_D \qquad (7-1)$$

$$s.t. \sum_{j=1}^{n} \lambda_j x_j + S^- = \theta X_0, \sum_{j=1}^{n} \lambda_j y_j + S^- = y_0 \qquad (7-2)$$

$$\dot{e} = (1, \cdots, n)^T \in R^m \qquad (7-3)$$

$$e = (1, \cdots, n)^T \in R^n \qquad (7-4)$$

其中，λ_j 为权重变量；s^- 为松弛变量；s^+ 为剩余变量；$\lambda_j \geq 0$，$S^+ \geq 0$；$S^- \geq 0$，ε 为非阿基米德无穷小，$\theta(0 < \theta \leq 1)$ 为经济效率指数，表示榆林市各区县实际产出占在相同投入规模、投入结构等条件下所能达到的最大产出比值，可以衡量在现有的技术水平下，经济单元获得最大产出的能力。

若引入约束条件：

$$\sum_{j=1}^{n} \lambda_j = 1 \qquad\qquad (7-5)$$

则 BC2 模型由在 C2R 模型的基础上增加了约束条件构成。它主要用于评价决策单元的总体效率，即综合效率、技术效率及规模效率，设待估参数 λ_j、s^-、s^+、θ 的估计量分别为 λ^*、s^{*-}、s^{*+}、θ^*，则 DEA 有效性的判定定理为若 $\theta^* = 1$，则第 j_0 个决策单元 DUM 为弱有效；若 $\theta^* = 1$，且 $s^{*-} = 0$，$s^{*+} = 0$，则第 j_0 个决策单元 DUM 有效。

7.1.2 变异系数法

变异系数（CV）是指标准差与平均值的比值，通常用来描述不同组别数据的离散程度。一组观测值的变异系数越大，表明组内数据空间分布越离散，分异程度越大。变异系数越小，表明组内数据空间分布越均衡，分异程度越小。其计算公式为：

$$CV = \frac{\sigma}{\mu} = \frac{\sqrt{\dfrac{\sum_{i=1}^{n}(x_i - \mu)^2}{n}}}{\mu} \qquad\qquad (7-6)$$

其中，σ 为组内标准差；μ 为组内平均值；x_i 为组内第 i 个数据；n 为组内数据个数。

7.1.3 半变异函数拟合面法

半变异函数/协方差建模是空间描述和空间预测之间的关键步骤。我们采用半变异函数拟合面来考察榆林市经济发展效率分布的空间变异特征。

7.1.4 指标与数据说明

对于能源富集区经济系统来说，各种资源与要素的不断投入是其正常运行和输出各类产品与服务的重要保障。因此，评价能源富集区经济发展效率，首先需要选择适宜的输入、输出指标。一般而言，经济发展效率的分析中，全部生产要素的投入包括资本、劳动力和能源三类，鉴于数据的可得性与真实性，选取就业人数、固定资产的投资额、社会消费品零售总额与综合能源消费总量代表能源富集区投入，选取地区生产总值代表能源富集区产出，这是由于能源富集区经济发展效率是多种生产要素投入共同作用的结果。以上各投入产出数据均来源于《榆林统计年鉴 2014》。

7.2 榆林市经济发展效率分析

通过 Deap 2.1 软件，计算榆林市各区县经济发展效率（见表 7 – 1）。

表 7 – 1 2013 年榆林市经济发展效率

县（区）	综合效率	技术效率	规模效率	规模收益变化
榆阳区	0.796	0.797	0.998	irs
神木县	1.000	1.000	1.000	-
府谷县	0.783	0.878	0.892	irs
横山县	0.437	0.503	0.87	irs
靖边县	1.000	1.000	1.000	-
定边县	1.000	1.000	1.000	-
绥德县	1.000	1.000	1.000	-
米脂县	0.829	0.949	0.874	irs
佳县	0.569	1.000	0.569	irs
吴堡县	0.607	1.000	0.607	irs
清涧县	0.974	1.000	0.974	irs
子洲县	1.000	1.000	1.000	-
平均数	0.833	0.927	0.899	-

注：综合效率 = 技术效率 × 规模效率；"－"表示规模报酬不变，"irs"表示规模报酬递增，"drs"表示规模报酬递减。

榆林市经济发展综合效率（见图7-1a）大体上呈南北高、中部低的分布特征，全市经济发展的综合效率平均值为0.833；DEA有效的区域为神木、定边、靖边、绥德、子洲、清涧六县，其中，经济发展综合效率最低值出现在中南部的横山县，其综合效率不足0.5，严重低于全市的平均水平。总体而言，在整个榆林地区，其南部的经济发展综合效率普遍高于北部，北部又高于中部和东北部。

榆林市经济发展的技术效率（见图7-1b）和综合效率有所不同，技术有效的区域范围较广，全市经济发展的平均技术效率为0.927，表明榆林市在经济发展的过程中，技术水平普遍较高。总体而言，经济发展的技术效率在空间上呈东西双中心结构分布。其中，榆林市东部与南部地区经济发展技术效率最高，技术有效的区域为神木、定边、靖边、绥德、佳县、吴堡、清涧、子洲八县；最低值出现在中南部的横山县，其技术效率为0.503，不足0.6，严重低于全市的平均水平。除此之外，全市经济发展的技术效率呈现由东向西渐变的特征；在榆北地区，其经济发展技术效率的核心为神木县，呈现以神木为中心，向周边不同程度递减的分布特征。

榆林市经济发展规模效率（见图7-1c）大体上呈南北高、中部低，兼以西南、东南和正北为3个中心的特征，全市经济发展的平均规模效率为0.899；DEA有效的区域为神木、榆阳、定边、靖边、绥德、子洲六县，最低值出现在佳县，其经济发展规模效率为0.569，低于全市的平均水平。在全市范围内，平均经济发展的规模效率（0.899）小于经济发展的技术效率（0.927），且在全市范围内，除了DEA有效的区域外，经济发展的规模效率小于技术效率的区域有四个，说明在全市范围内，榆林市经济发展的规模收益水平还有一定的提升空间，具体表现在北部、东南部和西南部经济发展规模效率高，中东部塌陷的态势。

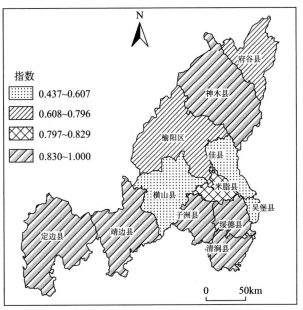

a. 综合效率

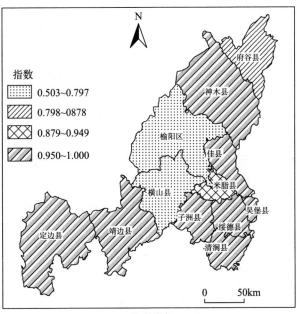

b. 技术效率

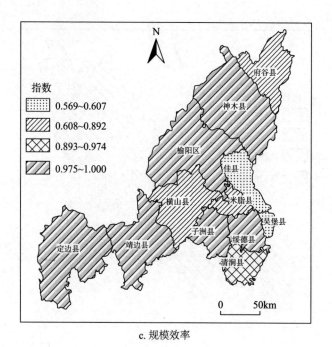

c.规模效率

图7-1 2013年榆林市经济发展综合效率、技术效率及规模效率空间分布

7.3 经济发展效率地域类型的划分

基于 DEA 模型对榆林市经济发展效率进行测度,所得效率为相对效率,具有无量纲性,因而不同区县之间经济发展的综合效率、技术效率、规模效率可以进行相应的对比,确定其在榆林市中的相应位置,并根据各区县的综合效率、技术效率、规模效率,将榆林市的经济发展效率划分为四种区域类型(见表7-2、图7-2)。

表7-2 榆林市经济发展效率地域类型

类型	综合效率	技术效率	规模效率	县(区)	有效性
第一类	高	高	高	神木、靖边、定边 绥德、子洲、绥德、清涧	DEA 有效 技术有效

续表

类型	综合效率	技术效率	规模效率	县（区）	有效性
第二类	低	高	低	米脂县 佳县、吴堡县	非 DEA 有效 技术有效
第三类	低	低	高	榆阳区	非 DEA 有效
第四类	低	低	低	府谷县、横山县	非 DEA 有效

注："高"和"低"是与全市相应的经济发展效率平均值对比所得。

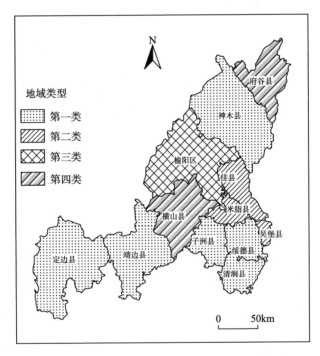

图 7 - 2 2013 年榆林市经济发展效率地域类型分布

第一类型区域为"三高"的经济发展效率区，包括榆林北部的神木县、西南部的定边县和靖边县以及东南部的子洲县、绥德县和清涧县。其中，神木县、定边县、靖边县和绥德县为 DEA 有效的区域，子洲县、清涧县为技术有效的区域。

第二类型区域为"低—高—低"的经济发展效率区，代表区域为佳县、吴堡县和米脂县，其中佳县和米脂县两个县为技术有效的区域，但是其经济发展的规模效率却严重低于全市的平均水平。虽然米脂县经济发展技术效率略高于全市的平均水平，但是其综合效率和规模效率低于全市平均水平，导致该区域的综合效率低于全区的平均水平。

第三类型区域为"低—高—低"的经济发展效率区，代表区域为榆阳区，虽然该区的规模效率高于全市的平均水平，但是其技术效率低于全区的平均水平，导致其经济发展的综合效率也低于全市的平均水平。

第四类型区域为"三低"的经济发展效率区，包括府谷县与横山县，两县无论是技术效率还是规模效率均低于全市的平均水平，导致其经济发展的综合效率也低于全市的平均水平。

从榆林市经济发展的效率类型区域分布来看，各种类型的经济发展类型区域在地理空间的分布总体上呈连片集聚分布的态势（见图7－2），其中"三高"型经济发展效率类型区主要集中在榆林的东南部、西南部和北部三个区域；"低—高—低"型经济发展效率区主要集中在榆林的东部；"低—低—高"型经济发展效率区主要集中在榆林中北部的榆阳区；"三低"型经济发展效率区主要分布在榆林的中部与东北部。由此可见，榆林市经济发展效率的空间分布特征具有南北与中部分化、东西分异且由东南、西南、北部向中部不同程度递减，形成中部塌陷的规律；除此之外，榆林市南部的经济发展效率普遍比北部高。这主要与影响经济发展的要素分布有关。

7.4 制约经济发展综合效率的因素分析

7.4.1 经济发展技术效率与规模效率的变异系数

计算得出榆林市各区县经济发展的技术效率与规模效率的变异系数（见表7－3）。

表 7 - 3　榆林市经济发展技术效率与规模效率的变异系数

效率类型	数列标准差	数列平均数	数列变异系数
技术效率	0.142	0.927	0.153
规模效率	0.145	0.899	0.161

榆林市经济发展的平均规模效率为 0.899，相对于经济发展的技术效率（0.927）较低，而榆林市经济发展规模效率的变异系数（0.161）较高于经济发展技术效率的变异系数（0.153），表明榆林市各区县经济发展的规模效率较低、离散程度大且较为分散。而各区县经济发展的技术效率较高、离散程度小且较为集中。在榆林市经济发展的效率评价中，有八个县的经济发展技术效率达到 DEA 有效。因此，总体而言，近年来榆林市资源的开发促进了其经济的快速发展，使其成为陕西省新的经济增长点，全市经济发展综合效率的提高主要起到支配作用的是普遍较高的技术效率。从规模效率的角度看，榆林市各区县经济发展规模效率绝大部分都要高于全市的平均值，变异系数较大，经济发展规模效率只有五个达到了 DEA 有效，其余七个经济发展规模效率非 DEA 有效区县的经济发展处于规模报酬递增的区间中。和经济发展技术效率相比，部分区县的经济发展规模效率偏低，制约了榆林市经济发展综合效率的提高，使得经济发展规模效率在地理空间上的分异控制着榆林市经济发展效率的空间分布格局。

7.4.2　投入产出的冗余情况

各区县实现 DEA 有效的投入/产出目标值称为 DEA 模型的优化目标值，具有反映各区县投入产出的冗余情况及其优化方向的功能，可由 Deap 2.1 软件计算得到（见表 7 - 4）。全市各区县均没有产出冗余的现象；全市有四个区县（榆阳区、府谷县、横山县、米脂县）存在要素投入冗余现象。具体而言，绥德县、佳县、吴堡县、清涧县、子洲县的要素投入比例合理，但投入规模不足；导致地区生产总值不高且没有冗余情况，神木县、靖边县、定边县的要素投入比例较为合理，虽然产出没有冗余情况，但这三个区县的地区生产总值较高；横山县的固定资产投资冗余最为严重，但从业人数、综合能源消费投入和社会消费品零售总额仍存在大比例的冗余且基本上呈等比例冗余的态势；米脂县的要素投入结构虽然较为合理，但是要素基本上呈等比例冗余的态势。

表 7-4　榆林市各区县经济发展投入产出指标的优化目标值

区县	就业人数		固定资产投资额		社会消费品零售总额		综合能源消费总量		地区生产总值	
	数量（万人）	变化幅度（%）	数量（亿元）	变化幅度（%）	数量（亿元）	变化幅度（%）	数量（万吨标准煤当量）	变化幅度（%）	数量（亿元）	变化幅度（%）
榆阳区	21.522	-20.26	269.743	-41.28	42.352	-48.08	225.773	-20.26	461.260	-
神木县	29.370	-	285.580	-	34.550	-	1112.940	-	925.530	-
府谷县	15.488	-12.25	139.662	-41.89	19.687	-42.59	515.775	-22.8	435.380	-
横山县	8.850	-49.74	83.010	-52.76	13.840	-49.75	20.347	-49.75	121.850	-
靖边县	19.890	-	270.910	-	45.060	-	4.450	-	352.160	-
定边县	19.520	-	208.090	-	21.450	-	6.840	-	310.080	-
绥德县	16.820	-	42.750	-	16.000	-	0.310	-	53.950	-
米脂县	9.884	-5.14	24.890	-5.14	10.054	-5.15	19.454	-5.15	46.650	-
佳县	10.580	-	56.260	-	7.430	-	0.940	-	36.560	-
吴堡县	3.610	-	14.810	-	6.970	-	4.820	-	15.990	-
清涧县	10.530	-	26.680	-	8.440	-	0.500	-	35.450	-
子洲县	16.330	-	21.160	-	13.360	-	4.790	-	48.400	-

7.5　经济发展优化方向

能源富集区具有对资源、能源的依赖性强以及产业结构畸形等特点，其经济发展与能源的开发密切相关。调整产业结构与能源开发效益增长是相互影响的，二者的协调有益于促使能源富集区经济的多元化发展和经济发展效率的提升（Carleya et al.，2011）。榆林市属于能源富集区域，能源开发和工业化进程加速对于促进榆林市经济发展具有重要作用（文琦等，2014）。近年来，中国宏观经济发展态势良好，经济发展对资源与能源的需求带动了能源价格持续攀升，推动榆林市经济跨越式发展（于重阳等，2014）。榆林市能源开发以及工业化进程加速带动当地经济快速增长的同时，各类资源、要素的投资对当地经济的带动作用也不容忽视。因此，在榆林市经济发展的过程中，要提高其经济发展效率，不仅要注重能源开发和产业结构优化升级对榆林市经济发展的拉动作用，更应该重视优化各要素的投资比例对榆林市经济发展效率的带动作用，这样才能为促进榆林市经济又好又快发展提供保障。

（1）绥德县、佳县、吴堡县、清涧县、子洲县应加大人才投入力度，加强人才体系建设，实施人才强县战略，增加教育投入，培养各类专业技术人才，解决县域人才匮乏问题。同时还要改善投资环境，重视地方产业对区域投资吸引力的带动作用，扩大生产规模、增加各要素的投资比例，加强与区域中心城市的合作与交流，发挥地方比较优势，从而提高经济发展综合效率。

（2）米脂县和横山县应重视投资环境的优化，延长产业链，注重打造特色产业与发展特色经济。以区域独特的资源为基础，借助特色工艺或特色技术，以特色产品的开发为途径，以高市场占有率、高附加值及产业化经营为特征，以此来提高经济发展的效率。还应该促进工业产业结构的升级和第三产业内部结构的优化。横山县与米脂县的天然气与岩盐资源丰富，长期以来，资源的直接输出和粗加工对这两县经济发展作用显著，但是这种发展模式具有产业结构单一、对资源的依赖性强、产业链短、可持续性差的特点（刘晓琼等，2010）。要通过推进产业结构的高度化与高级化，促进先进生产技术的推广与应用来提高这两县的经济发展效率。除此之外，米脂县还需要提高高科技产业与服务业发展的比例，提高就业人数的比例与综合能源的利用效率。

（3）神木县、靖边县、定边县经济发展效率要提高，不仅要优化产业结构,促进发展方式转变,还要促进能源的集约规模利用。三县经济的发展主要得益于资源开发,同时也导致产业结构的单一性和超重性特点,经济发展严重依赖资源型产业,这种发展模式是不可持续的。因此,要改变已有的依靠资源型产业的发展模式,推动再生能源发展,实现能源战略替代,培育新兴产业,促使产业结构多元化,增强产业对劳动者的吸纳能力,促进经济发展方式向生态经济与循环经济模式转化,节约能源,避免能源的浪费,降低废弃物的排放,保护生态环境,提高综合能源的利用率,获得较高的能源利用率和增强经济发展活力,保障其经济的持续、健康、快速发展。

(4)榆阳区和府谷县应转变经济发展方式,提高劳动力素质,促使劳动密集型的发展方式向创新引领的开放型经济发展方式转变。延伸产业链,改善产业结构与就业结构,加快城市基础设施和民生工程的建设,充分利用各项优惠政策,加大财政支持力度,改善投资环境,提高投入产出效率,吸引优质资本、能源的投入,以提高经济发展效率。

7.6 本章小结

(1)榆林市的经济发展综合效率大体上呈南北高、中部低的分布特征,总体而言,在整个榆林地区,其南部的经济发展综合效率普遍高于北部,北部又高于中部和东北部。

(2)榆林市经济发展的技术效率普遍较高且技术有效的区域范围较广,总体而言,全市经济发展的技术效率在地理空间上呈现东西双中心结构分布特征。其中,榆林市东部与南部地区经济发展技术效率最高,这些地区大部分属于重工业型技术效率区域,除此之外,全市经济发展的技术效率呈现由东向西渐变的特征;在榆北地区,其经济发展的技术效率的核心为神木县,呈现以神木为中心,向周边不同程度递减的分布特征。

（3）榆林市经济发展规模效率大体上呈南北高、中间低且兼具西南、东南和正北三中心的特征，且经济发展平均规模效率低于平均技术效率。

（4）榆林市经济发展规模效率在地理空间上的分异控制着经济发展综合效率的空间分布格局，使之成为影响榆林市经济发展综合效率的主要限制性因素。

（5）全市各区县均没有产出冗余的现象，全市有四个区县（榆阳区、府谷县、横山县、米脂县）存在要素投入冗余现象。研究认为，可通过转变经济发展方式、提高劳动者的素质、改善投资环境、合理优化国内的贸易结构、促进产业结构优化升级、提高综合能源的利用效率来提高各区县的经济发展效率。

第三篇

新时代产业发展篇

加快调整产业结构、转变经济发展方式、推进产业结构优化升级成为促进能源富集区经济健康持续发展备受关注的新模式。然而，能源富集区产业结构转型升级过程中的趋同问题引起了政府与学界的关注。

　　产业结构趋同也被称为产业同构，通常是指产业结构在经济发展过程中表现出来的某种相似或共同倾向。从1984年世界银行中的中国经济考察团提出区域产业结构趋同化现象以来，该问题就成为备受政府及国内众多学者争议的问题。

　　产业结构转型能力是在转型过程中展现出来的，因此资源型城市产业转型能力是指在产业转型的过程中，资源型城市的行动者为了降低转型压力，充分发挥"集体效率"，重置资源，调整原有产业规模、产业结构，以达到产业的协调、高效发展，从而降低对资源型产业的过度依赖，实现城市可持续发展的能力。

　　成长型资源城市产业转型的实质是通过对资源型产业的不断升级、替换，降低城市对资源的依赖。因此，为了实现资源型城市的可持续发展，选择和培育主导产业就成为产业转型的核心。

　　本篇主要对榆林市的产业同构问题进行分析，并对新常态下榆林市的产业转型能力进行评价，对成长型资源城市的主导产业选择以及产业转型路径进行了探索，最后提出了成长型资源城市的产业转型优化战略。

第8章
榆林市产业同构问题探索

长期以来，以能源资源开发为主要特征的榆林市经济取得了飞跃式发展，经济总量显著上升。2014 年，全市 GDP 为 3005.74 亿元，比上年增长 9.0%，人均生产总值为 89005 元。而在经济新常态背景下，能源经济主导全市经济的发展模式矛盾日益凸显，以能源工业为主导的重工业发展不仅致使产业结构单一（夏四友等，2016），而且造成产业结构的非正常趋同，即产业同构现象突出，严重制约了区域经济的转型升级和持续健康发展。因此，本章定量分析了 1995 ~ 2014 年榆林市产业结构趋同程度，探讨了解决榆林市产业同构问题的可行性路径。研究结果可以为榆林市规避产业同构问题，促进产业结构转型升级，保障区域经济持续健康较快发展提供理论参考，同时对推动能源富集区"去产能、去库存、去杠杆、降成本、补短板"具有重要的理论和现实意义。

8.1 研究方法

本章主要采用产业结构相似系数和分形理论中的 R/S 分析等研究方法对榆林市产业结构同构进行分析。其中，产业结构相似系数用来刻画各年份榆林市各区县产业结构同构度；R/S 分析主要用来预测产业同构度未来发展趋势。

8.1.1 区位熵

产业布局是指产业发展要素在某一区域内的空间分布和组合状态，表现为产业各要素在空间上的分布态势和地域上的组合情况。区位熵指数能够定量反映产业集聚状况（杨江峰，2012），因而选用区位熵指数对榆林市产业布局状况进行分析。计算公式如下：

$$Q = \left(X_{ij} \bigg/ \sum_{i=1}^{n} X_{ij} \right) \bigg/ \left(X_i \bigg/ \sum_{i=1}^{n} X_i \right) \qquad (8-1)$$

其中，Q 表示榆林市三次产业的区位熵，X_{ij} 表示 j 区域 i 产业的产值，X_i 表示榆林市 i 产业的产值。当 $Q > 1$ 时，说明该产业在地区集聚或专业化程度方面高于榆林市同类产业平均水平；反之，说明该产业在地区集聚或专业化程度方面低于榆林市同类产业平均水平。

8.1.2 产业结构熵

信息经济学用熵衡量事件的不确定性、无序程度或指标的离散程度。因此引入产业结构熵来分析产业结构演进过程，熵值的大小反映其演进的均衡和有序状态（杨家伟、乔家君，2013；熊友云等，2010），公式为：

$$H = - \sum_{i=1}^{n} P_i \times \ln P_i \qquad (8-2)$$

其中，P_i 表示第 i 产业的比例，n 表示有 n 种产业。

8.1.3 产业结构相似系数

目前对产业结构同构测度有多种方法（苏东水，2000；陆大道，2003；关爱萍，2007；孙东琪等，2010）。本书借鉴李玉凤（2010）提出的产业结构相似系数分析比较两个地区的产业结构的相似度，构建相似系数可以有效反映地区间产业结构相似程度，其测算公式为：

$$S_{ij} = \frac{\sum X_{in} \times X_{jn}}{\sqrt{X_{in}^2 \times X_{jn}^2}} \qquad (8-3)$$

其中，S_{ij} 为产业结构相似系数（$0 \leq S_{ij} \leq 1$）；X_{in} 为 n 产业在 i 地区产业结构中的比例；X_{jn} 为 n 产业在 j 地区产业结构中的比例。S_{ij} 的取值范围为 0 到 1，S_{ij} 越接近 0，说明地区间产业结构相似度越低，产业结构差异越大；反之，S_{ij} 越接近于 1，说明地区间产业结构相似度越高，产业结构差异越小。

8.1.4 就业产业结构偏离度

就业产业结构偏离度是衡量区域劳动力在产业间转移协调度的指标，当值为正时，表明产值比例大于就业比例；当值为负且绝对值逐渐变小时，说明产业与就业结构的发展越趋向于平衡；当值为零时，两者均衡（杨家伟、乔家君，2013；赵小芳等，2011；熊友云等，2010；刘刚、沈镭，2007），即：

$$\delta = \frac{GDP_i / GDP}{Y_i / Y} - 1 \qquad (8-4)$$

8.1.5 R/S 分析

R/S（Rescaled Range Analysis）分析是 Hurst（1951）为了研究时间序列的统计特性而提出的重标级差分析法。随后，Mandelbrot、Sugihara 等学者将 R/S 分析方法引入到分形分析中（Mandelbrot，1963；Sugihara and May，1990），其中的 Hurst 指数，可以准确地反映出时间序列内分形特征的变化规律，并预测其发展趋势。本书在相似系数的基础上运用 R/S 分析法对榆林市南北产业结构相似程度的发展趋势做进一步研究，其基本的数学模型如下（谢和平，1999）。

假定一个时间序列，时间间隔 $t = 1，2，3，\cdots$，将其分成 A 个长度为 t 的等长子区间，则在每个子区间内有：

$$X_{t,n} = \sum_{\mu=1}^{t} (x_\mu - M_n) \tag{8-5}$$

其中，M_n 是第 n 个区间 x_μ 的平均值，$X_{t,n}$ 是第 n 个区间的累积离差，则有累积极差和标准差：

$$R = \max(X_{t,n}) - \min(X_{t,n}) \tag{8-6}$$

$$S = \sqrt{\frac{1}{n} \sum_{j=1}^{n} (X_j - X)^2} \tag{8-7}$$

则定义重标极差 R/S，随时间的增加，二者的关系趋向于如下关系：

$$R/S = K(n)^H \tag{8-8}$$

其中，K 为常数，H 为 Hurst 指数，对上式两边取对数，得：

$$\ln(R/S) = H\ln(n) + \ln(K) \tag{8-9}$$

因此，对 $\ln(n)$ 和 $\ln(R/S)$ 进行最小二乘法拟合，则 H 指数即为斜率的估计值。

Mandelbrot（1963）为了描述现在对未来的影响，引进了一个度量指标 C：

$$C = 2^{(2H-1)} - 1 \tag{8-10}$$

它用来表示时间序列相关性及趋势走向。所以，当 $C = 0$ 时，序列不相关；当 $C < 0$ 时，序列负相关；当 $C > 0$ 时，序列正相关。

Hurst 指数，当 $0 < H < 1$ 时，可用来度量时间序列统计相关性的强弱。当 $H = 0.5$ 时，表明过去增量与未来增量不相关，即序列是随机的；当 $0 < H < 0.5$ 时，表明过去的增量与未来的增量呈负相关关系，H 值越接近于 0，这种时间序列就越具有比随机序列更强的变异性；当 $0.5 < H < 1$ 时，这是一个正相关的序列，即过去增量与未来增量呈正相关关系，H 值越接近于 1，这种时间序列的趋势性越强。

V_n 是最初用来检验 Hurst 稳定性，后用来估计循环周期长度的一个指标：

$$V_n = (R/S)_n / \sqrt{n} \qquad\qquad (8-11)$$

8.1.6　指标及数据

本书选取榆林市 12 个区县作为研究单元，来评价各区县产业同构度并对南北六县间产业同构发展趋势进行预测。因此，基于已有的研究经验及鉴于数据的可得性与真实性，本书选取三次产业增加值占 GDP 的比例、三次产业产值、地区生产总值对 1995～2014 年榆林市产业同构度进行定量测度。数据来源于《榆林统计年鉴》（1995～2014 年）和各区县相对应年度的统计年鉴等，矢量图是通过 ArcGIS 10.0 软件对榆林市行政区划图矢量化所得。需要说明的是，本书的研究时限为1995～2015 年，由于篇幅有限，部分图表仅显示 1995 年、2000 年、2005 年、2010 年、2014 年。为了方便比较榆林市产业同构度，将榆林市划分为北六县（区），包括榆阳区、神木县、府谷县、横山县、靖边县、定边县；南六县（区），包括绥德县、米脂县、佳县、吴堡县、清涧县、子洲县。

8.2　榆林市产业布局分析

8.2.1　产业布局现状分析

通过对 1998～2015 年榆林市三次产业产值结构的分析，发现 2008 年是一个转折点，因而选取 1998 年、2008 年、2015 年三个时间截面的区位熵指数分析榆林市产业布局状况（见图 8-1）。

从图 8-1 中可以看出，榆林市三次产业在各区县的集聚程度不同，第一产业区位熵大于 1 的区域从 1998 年的清涧县、子洲县、横山县、佳县、米脂县、靖边县、定边县 7 县，增加到 2015 年的 9 个区县，其中清涧县、子洲县、佳县的熵值较大，说明第一产业主要集中在榆林市的南部地区，缘于该区域为农牧交错区，优越的自然环境为其农业的发

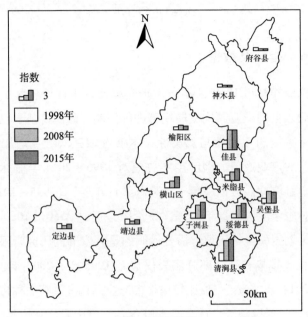

a. 第一产业区位熵

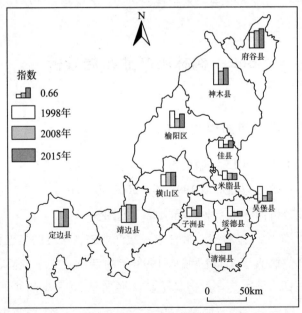

b. 第二产业区位熵

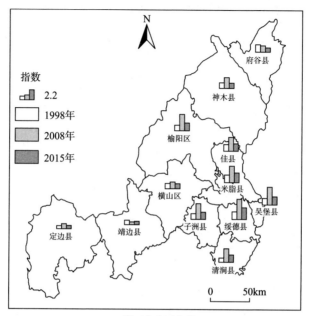

c. 第三产业区位熵

图 8 - 1　1998 ~ 2015 年榆林市三次产业区位熵变化情况

展奠定了基础；第二产业区位熵大于 1 的区域由 1998 年的榆阳区、神木县、靖边县、定边县 4 个区县，减少为 2008 年的府谷县、靖边县、定边县 3 个县，到 2015 年变为神木县、靖边县、定边县、府谷县 4 个县，表明以工业为主的第二产业经济活动主要分布在榆林市北部地区，原因主要是这 4 个区县位于能源资源富集区，大规模的资源开发促进了第二产业的发展；第三产业区位熵大于 1 的区县从 1998 年的 8 个增加到 2008 年的 10 个，随后又减少到 2015 年的 8 个，其中熵值排名前四的是绥德县、米脂县、佳县、吴堡县，说明榆林市第三产业主要集中在农业较发达的南部地区。

8.2.2　南北六县三次产业产值分析

通过列举榆林市三次产业产值状况可以直观地看出榆林市经济可持续发展状况，显示三次产业间比例关系与资源分配结构（见表 8 - 1）。

表 8 - 1　1995~2014 年榆林市三次产业产值状况

单位：亿元

年份	全市			北六县（区）			南六县（区）			市总产值
	第一产业产值	第二产业产值	第三产业产值	第一产业产值	第二产业产值	第三产业产值	第一产业产值	第二产业产值	第三产业产值	
1995	15.57	14.63	18.74	9.58	12.74	15.06	5.99	1.89	3.68	48.94
1996	23.91	20.59	16.27	13.28	18.5	12.44	10.63	2.09	3.83	60.77
1997	13.59	24.64	19.25	9.62	22.21	14.91	3.98	24.37	4.34	57.48
1998	16.74	23.38	24.15	11.8	20.8	18.53	4.94	2.58	5.62	64.27
1999	10.67	27.93	27.08	8.01	25.02	21.35	2.66	2.91	5.73	65.68
2000	15.08	35.70	31.61	10.04	31.97	25.28	5.04	3.73	6.33	82.39
2001	13.49	46.09	34.17	9.97	42.65	26.84	3.52	3.44	7.33	93.75
2002	18.87	62.06	38.66	12.86	58.78	30.87	6.01	3.28	7.79	119.59
2003	20.14	77.05	44.28	15.1	73.56	33.28	5.04	3.49	11	141.47
2004	25.22	113.39	48.96	17.11	109.15	37.63	8.11	4.24	11.33	187.57
2005	27.70	200.57	92.90	19.85	196.55	73.62	7.85	4.02	19.8	321.17
2006	35.62	300.93	106.62	22.18	295.98	84.86	13.44	4.95	21.76	443.17
2007	48.31	503.40	125.12	31.23	494.34	98.67	17.08	9.06	26.45	676.83
2008	66.12	794.43	151.87	42.37	778.71	119.17	23.75	15.72	32.7	1012.42
2009	70.10	860.77	371.47	44.35	831.01	316.04	25.75	29.76	55.43	1302.34
2010	92.16	1205.78	458.73	59.34	1166.54	390.15	32.82	39.24	68.58	1756.67
2011	111.91	1629.68	553.49	72.49	1582.02	468.31	39.42	47.66	85.18	2295.08
2012	125.87	2027.88	618.24	80.16	1966.41	521.21	45.71	61.47	97.03	2771.99
2013	139.67	1985.40	718.19	90.19	1919.41	596.66	49.48	65.99	121.53	2843.26
2014	145.01	1966.81	811.77	94.18	1900.14	699.77	50.83	66.67	112	2923.59

　　1995~2014 年榆林市地区总产值呈现快速增长趋势，1995 年榆林市地区总产值为 48.94×10^8 元，到 2014 年发展为 2923.59×10^8 元，是1995 年的 59.74 倍，年均增长率为 24.02%。表明榆林市在把握国家西部大开发战略，国家能源化工基地等政策机遇，充分发挥市域的能源、

资源优势的基础上，推动了全市经济的快速发展。2014 年三次产业产值较 1995 年分别增加 129.44×10^8 元、1952.18×10^8 元、793.03×10^8 元；三次产业产值的年均增长率依次为 12.46%、29.43%、21.94%，表明榆林市形成了以第二产业为核心的产业结构模式，产业结构仍处于由第二产业向第三产业转移阶段。从南北六县（区）间的产值差异看，总体上榆林市北六县（区）三次产业产值特征与全市较为相似。第二产业产值占据绝对优势，由 1995 年的 12.74×10^8 元上升至 2014 年的 1900.14×10^8 元，增幅较大。第三产业产值次之，20 年间，年均增长率为 22.50%，第一产业产值最低，年均增长率为 12.78%。南六县（区）产业产值情况与北六县不同，第三产业产值最高，对经济增长的贡献率较大，由 1995 年的 3.68×10^8 元上升至 2014 年的 112×10^8 元，年均增长 19.69%。其次是第二产业，第一产业最低。值得注意的是，全市、北六县（区）及南六县（区）1995~2004 年三次产业产值在缓慢中呈现上升态势，2004 年后，增长速度快，幅度较大。北六县（区）三次产业产值较南六县（区）高，全市中尤其是南六县（区）三次产业产值关系存在波动现象，这主要是由于产业结构调整的周期性变化。

　　榆林市第二产业比例 > 第三产业比例 > 第一产业比例（见表 8 - 2），表现为"二三一"产业结构模式，是典型的以第二产业为主导的产业

表 8 - 2　1995~2014 年榆林市三次产业结构变化状况

单位：%

年份	榆林市			北六县（区）			南六县（区）		
	第一产业比例	第二产业比例	第三产业比例	第一产业比例	第二产业比例	第三产业比例	第一产业比例	第二产业比例	第三产业比例
1995	31.81	29.89	38.29	19.57	26.03	30.77	12.24	3.86	7.52
1996	39.35	33.88	26.77	21.85	30.44	20.47	17.49	3.44	6.30
1997	23.64	42.87	33.49	16.74	38.64	25.94	6.92	42.40	7.55
1998	26.05	36.38	37.58	18.36	32.36	28.83	7.69	4.01	8.74
1999	16.25	42.52	41.23	12.20	38.09	32.51	4.05	4.43	8.72

续表

年份	榆林市			北六县（区）			南六县（区）		
	第一产业比例	第二产业比例	第三产业比例	第一产业比例	第二产业比例	第三产业比例	第一产业比例	第二产业比例	第三产业比例
2000	18.30	43.33	38.37	12.19	38.80	30.68	6.12	4.53	7.68
2001	14.39	49.16	36.45	10.63	45.49	28.63	3.75	3.67	7.82
2002	15.78	51.89	32.33	10.75	49.15	25.81	5.03	2.74	6.51
2003	14.24	54.46	31.30	10.67	52.00	23.52	3.56	2.47	7.78
2004	13.45	60.45	26.10	9.12	58.19	20.06	4.32	2.26	6.04
2005	8.62	62.45	28.93	6.18	61.20	22.92	2.44	1.25	6.00
2006	8.04	67.90	24.06	5.00	66.79	19.15	3.03	1.12	4.91
2007	7.14	74.38	18.49	4.61	73.04	14.58	2.52	1.34	3.91
2008	6.53	78.47	15.00	4.19	76.92	11.77	2.35	1.55	3.23
2009	5.38	66.09	28.52	3.41	63.81	24.27	1.98	2.29	4.26
2010	5.25	68.64	26.11	3.38	66.41	22.21	1.87	2.23	3.90
2011	4.88	71.01	24.12	3.16	68.93	20.40	1.72	2.08	3.71
2012	4.54	73.16	22.30	2.89	70.94	18.80	1.65	2.22	3.50
2013	4.91	69.83	25.26	3.17	67.51	20.99	1.74	2.32	4.27
2014	4.96	67.27	27.77	3.22	64.99	23.94	1.74	2.28	3.83

结构。全市产业保持着以第二产业为主导，第一产业比例较小，服务业在波动中缓慢下降的基本产业格局。北六县（区）与全市的产业结构模式基本类似，第二产业主导经济发展格局，第三产业在波动中缓慢下降，第一产业比例持续下降。南六县（区）产业结构模式与全市及北六县（区）不同，产业结构模式由 1995 年的"一三二"演变为 2008 年的"三一二"，2009 年以后基本呈现"三二一"的产业结构模式。

从发展趋势看，全市 20 年间第一产业比例呈现下降态势。到 2014 年比例仅占 5%，比例偏低；第二产业比例持续稳步增长，2001 年后比例已接近 50%，到 2014 年达 67%。将第一产业比例下降幅度和第二产业上升幅度进行对比可以发现，工业化进程较快，极大改善了全市经济状况。20 年间，第一产业比例下降了近 30 个百分点；第二产业比例上升了 37 个百分点，说明非农经济规模持续扩大，经济整体水平不断提高。然而，在产业结构优化升级方面，全市产业结构层次比较低，向第三产业转移的水平低，依赖于资源密集型产业的粗放型增长方式已不适应新常态经济背景下能源富集区经济发展的需要。20 年间，第三产业比例随着第二产业的发展呈现波动态势。

8.3　三次产业之间结构演进态势

8.3.1　产值结构演进分析

自陕北能源重化工基地建设和西部大开发战略实施以来，榆林市依靠丰富的能源矿产资源，逐渐形成了以煤炭、石油、天然气为主的能源产业引领区域经济发展。1998～2015 年榆林市地区生产总值基本保持稳定的增长态势，从 63.51 亿元增长到 2621.29 亿元，17 年间增长了40.27 倍（见图 8-2）。

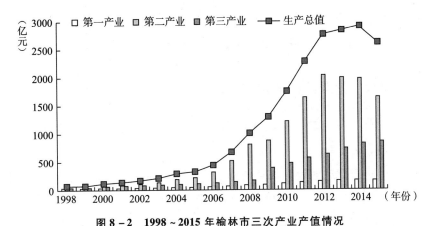

图 8-2　1998～2015 年榆林市三次产业产值情况

从三次产业产值看，第一、第三产业产值比例随产值的增长而下降，其中第一产业产值从 1998 年的 16.74 亿元增长到 2015 年的 143.6

亿元，但产值比例从 1998 年的 26.05% 下降到 2014 年的 5.48%，下降了 20.57 个百分点；第三产业产值从 1998 年 24.15 亿元增长到 2015 年的 840.4 亿元，产值比例却从 1998 年的 37.58% 下降为 2014 年的 32.09%（见图 8-3）。第二产业产值比例随产值的增长而上升，1998~2015 年榆林市第二产业产值从 23.38 亿元增长为 1637.29 亿元；产值比例也从 1998 年的 36.38% 上升到 2014 年的 62.46%，其中 2008 年高达 78.47%。表明随着我国能源战略西移及西部大开发政策的深入推进，榆林市能源产业的发展进入黄金期，第二产业异军突起，造成第一、第三产业产值比例逐渐下降。

图 8-3 1998~2014 年榆林市三次产业产值比重情况

8.3.2 就业结构演进分析

由"配第-克拉克"定理可知，经济的发展促进国民人均收入的不断增加，进而带动劳动力由第一产业向第二、第三产业转移。因此可以通过分析三次产业就业人数的演进状况来观察三次产业发展现状。根据统计数据可以看出，1998~2015 年的榆林市就业人员总人数由 148.07 万人增加到 203.47 万人，增加了 55.4 万人（见图 8-4）。三次产业就业人员比例从 1998 年的 67.04%：10.54%：22.42% 调整为 2015 年的 47.4%：23.3%：29.3%，三次产业的就业结构呈现"一三二"的特征。其中第一产业的就业比例从 1998 年的 67.04% 下降到 2015 年的 47.4%，下降了 19.64 个百分点，这说明榆林市农业剩余劳动力开始向第二、第三产业转移。第二、第三产业的就业比例分别增加了 12.8%、6.9%，说明第一产业就业比例的下降主要来自第二产业对劳动力的吸纳。

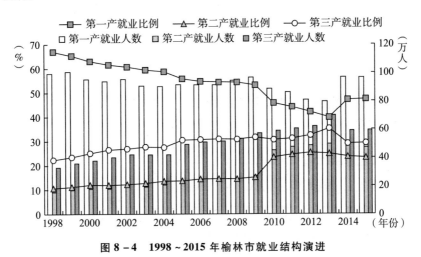

图 8 - 4　1998~2015 年榆林市就业结构演进

8.3.3　产业结构演进的合理性分析

根据式（8-2）得出榆林市 1998~2015 年产业结构熵（见图 8-5）。

从图 8-5 中可以看出：1998~2015 年熵值在 0.65~1.09 变动，说明榆林市产业结构非均衡化发展趋势较强。其中 1998 年开始熵值呈下降趋势，到 2008 年熵值降至最低（0.65），说明 2008 年之前榆林市产业结构的非均衡化发展趋势不断加强，主要是在全面工业化阶段，能源需求持续增加，带动了榆林市能源产业快速发展，逐渐形成以煤炭为主的重型工业结构，促进第二产业产值比例快速上升造成的。2009~2015 年产业结构熵在 0.79~0.82 波动变化，表明产业结构逐步趋向于均衡化，全球经济不景气、产能过剩，导致传统能源市场萎缩，使其他产业得到了发展机遇。同时，陕西省对农业生产给予的各项优惠政策也促进

图 8-5　1998~2015 年榆林市产业结构熵变化情况

了红枣、小杂粮等特色农业及相关农产品加工业的发展。

本书选择陕西省作为参考区域，利用式（8-3）计算出榆林市与陕西省的产业结构相似度指数（见图 8-6）。1998~2015 年，榆林市与陕西省产业结构的相似指数较高，维持在 0.91~0.998。主要是因为西部大开发战略的深入推进及工业化的发展，导致能源需求不断加大，榆林市与陕西省能源工业得到了飞速发展，成为推动经济发展的主要动力。1998~2008 年相似度指数从 0.985 下降为 0.91，主要是因为以西安市为主的关中地区第三产业的快速发展，使榆林市与陕西省产业相似度下降。然而，2009 年以来我国能源市场出现了非常紧俏的趋势，全国工业市场也异常火爆，陕西省与榆林市工业都得到了长足发展，使得产业相似度出现了快速提升的势头。

榆林市产业与就业结构的总体偏离度呈下降态势（见图 8-7），从1998 年的 3.5 下降到 2015 年的 1.9。其中第二产业结构偏离度与总体偏离度的变化趋势相近，说明 1998~2015 年第二产业主导了榆林市整体劳动力配置水平，第二产业对劳动力的吸纳能力逐渐成为影响榆林市产业与就业结构间协调度的主要因素。第一产业就业结构偏离度长期为负值，从 1998 年的 -0.57 降至 2015 年的 -0.88，说明农业劳动力过剩持续扩大。第二、第三产业偏离度为正值，说明产值比例大于就业比

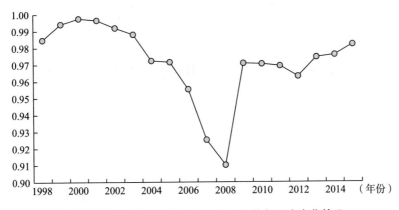

图 8 - 6　1998～2015 年榆林市产业结构相似度变化情况

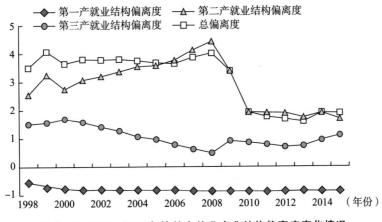

图 8 - 7　1998～2015 年榆林市就业产业结构偏离度变化情况

例。第二产业偏离度波动变化，1998 年以来，受国家工业化和能源战略西移的影响，榆林市能源工业超速发展，但能源化工产业吸纳劳动力能力有限，导致第二产业就业结构偏离度迅速增加，2008 年达到最大（4.44）；2008 年后偏离度下降，源于国家对于第一、第三产业及轻工业发展的支持，以及能源产业发展减速。第二产业偏离度逐渐减小，因为能源工业所能容纳的就业人数有限，加之服务业的快速发展，使劳动力向第三产业转移。总体上看，1998～2015 年榆林市产业结构与就业结构的协调度较低，产业结构与就业结构分别呈现"二三一"和"一三二"的特点。

8.4 三次产业内部结构演进态势

8.4.1 第一产业内部结构演进分析

从榆林市第一产业内部结构的变化情况（见图 8-8）可看出，榆林市第一产业以农业和牧业为主，林业和渔业发展不足。1998~2015年农业、牧业比例波动变化，但所占比例分别保持在 45%、32% 以上，在第一产业中具有重要的经济地位。这是因为榆林市位于农牧交错地带，农业发展传统和优越的自然条件为其提供发展基础，但生产受自然条件的严重制约，使其产值变化波动较大。林业、渔业比例始终低于10%，而林业比例高于渔业，在 1%~7%。

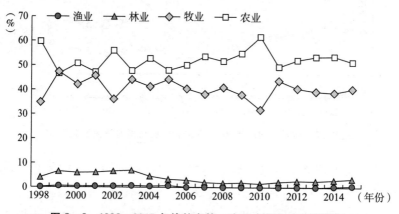

图 8-8 1998~2015 年榆林市第一产业内部结构变化情况

从榆林市第一产业内部多样化指数看出，1998~2015 年榆林市农业内部多样化指数在 2.05~2.35 波动（见图 8-9）。说明农业内部结构趋向多样化发展，但其过程极为缓慢，主要是因为收入水平的产业化差异，使大部分农业劳动力转移到工业、服务业，导致农业从业人数减少，产品多样化指数增大。

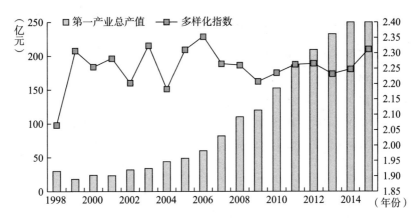

图 8 - 9　1998～2015 年榆林市第一产业内部多样化指数

1998～2010 年榆林市第一产业增长缓慢，且受自然条件的制约，产业内部多样化波动较大；2010 年后榆林市农林牧渔业产值增长较快，农业多样化指数稳定保持在 2.2 上下，这主要是因为农业科技的投入及农业服务业的快速发展，降低了自然环境对农业生产的制约。

8.4.2　第二产业内部结构演进分析

1998～2014 年，榆林市第二产业产值持续增长，但 2015 年有所下降。其中工业占第二产业产值比例在 51%～99%，占据主导地位；重工业占比在 88% 以上，工业的重型化倾向严重，轻工业发展不足，占工业总产值的比例低于 12%（见表 8 - 3）。说明榆林市第二产业的发展以重化工业为主，轻工业发展水平低，产业结构亟须调整。

表 8 - 3　1998～2015 年榆林市第二产业产值结构

单位：亿元，%

年份	第二产业产值	工业占第二产业产值比例	建筑业占第二产业产值比例	轻工业比例	重工业比例	多样化指数
1998	23.85	51.33	48.67	4.24	95.76	9.36
1999	29.52	54.67	45.33	3.93	96.07	7.09
2000	35.74	57.36	42.64	11.61	88.39	5.09

年份	第二产业产值	工业占第二产业产值比例	建筑业占第二产业产值比例	轻工业比例	重工业比例	多样化指数
2001	62.10	90.90	9.10	5.71	94.29	5.24
2002	83.37	93.16	6.84	5.40	94.60	4.85
2003	113.30	94.20	5.80	3.42	96.58	4.93
2004	171.05	95.88	4.12	2.60	97.40	5.06
2005	199.84	95.63	4.37	1.62	98.38	3.79
2006	299.62	96.63	3.37	1.65	98.35	3.73
2007	502.16	97.65	2.35	1.30	98.70	3.76
2008	793.03	98.04	1.96	1.44	98.56	3.54
2009	860.78	97.28	2.72	1.40	98.60	3.36
2010	1205.71	97.73	2.27	1.72	98.28	3.31
2011	1629.66	98.05	1.95	1.10	98.90	3.32
2012	1928.53	98.11	1.89	1.33	98.67	3.47
2013	1932.80	97.29	2.71	1.73	98.27	3.85
2014	1989.96	97.19	2.81	1.97	98.03	4.44
2015	1637.29	96.40	3.60	2.41	97.59	4.33

根据榆林市工业内部产业部门的产值可知，有色金属矿采选业、开采辅助活动、其他制造业产值微小，可忽略不计，因此选取工业内部30个细分行业，用其产值占工业总产值的比例表示工业内部的产业结构（见表8-4、表8-5）。从表中看出，1998年产值比例位于前十的行业有煤炭采选业，石油和天然气开采业，化学原料及化学制品制造业，电力、热力的生产和供应业，石油加工及炼焦业，非金属矿物制品业，纺织业，酒、饮料和精制茶制造业，农副产品加工业，非金属矿采选业，所占比例达到86.11%，其中采掘业占比为35.74%，重工业占比为76.43%；产值比例在1%以上的有17个行业，所占比例为54.84%，工业内部多样化指数较高，其值为9.36。到2015年，产值比例位于前十的行业为煤炭采选业、石油和天然气开采业、石油加工及炼

焦业、电力热力的生产和供应业、化学原料及化学制品制造业、有色金属冶炼及压延加工业、燃气生产和供应业、黑色金属冶炼及压延加工业、农副产品加工业、食品制造业，所占比例达到 96.34%，其中采掘业占比为 56.90%，重工业占比为 85.95%；产值比例在 1% 以上的有 6 个行业，比例为 93.2%，工业内部多样化指数下降为 4.44。与 1998 年相比，煤炭采选业、有色金属冶炼及压延加工业、石油加工及炼焦业占工业产值比例分别上升了 23.18 个百分点、4.84 个百分点、0.92 个百分点，电力热力的生产和供应业、化学原料及化学制品制造业、农副产品加工业、黑色金属冶炼及压延加工业、石油和天然气开采业占比分别下降了 2.27 个百分点、2.10 个百分点、1.47 个百分点、0.56 个百分点、0.19 个百分点。表明榆林市工业整体结构较为单一，且以能源重工业为主，亟须对现有工业结构进行优化调整。

表 8 - 4　1998~2007 年榆林市工业行业的构成

单位：%

行业	1998 年	1999 年	2000 年	2001 年	2002 年	2003 年	2004 年	2005 年	2006 年	2007 年
煤炭采选业	18.20	3.45	1.53	30.80	35.29	31.67	29.70	44.29	24.51	29.90
石油和天然气开采业	15.54	22.33	26.98	17.60	13.76	14.34	15.85	9.59	41.91	38.89
非金属矿采选业	2.00	3.76	2.40	0.46	0.60	0.31	0.28	0.42	0.17	0.14
农副产品加工业	2.37	1.81	1.06	0.17	0.26	0.15	0.07	0.18	0.07	0.11
食品制造业	1.30	1.09	0.68	0.80	0.93	0.89	0.00	0.53	0.27	0.19
酒、饮料和精制茶制造业	2.95	3.27	1.77	1.28	1.17	0.73	0.69	0.34	0.09	0.09
烟草制品业	1.78	0.39	0.25	0.40	0.21	0.00	0.00	0.00	0.00	0.00
纺织业	4.36	2.42	1.22	0.60	0.31	0.14	0.00	0.04	0.02	0.02
纺织服装、服饰业	1.32	0.11	0.72	0.72	0.69	0.65	0.00	0.00	0.10	0.05
皮革、毛皮、羽毛及其制品和制鞋业	1.15	0.97	0.71	0.24	0.20	0.14	0.01	0.00	0.00	0.00

续表

行业	1998年	1999年	2000年	2001年	2002年	2003年	2004年	2005年	2006年	2007年
木材加工及竹藤棕草制品业	0.17	0.00	0.00	0.00	0.00	0.00	0.00	0.00	0.00	0.00
家具制造业	0.43	0.00	0.00	0.00	0.00	0.00	0.00	0.00	0.00	0.00
造纸及纸制品业	0.65	0.51	0.35	0.14	0.13	0.08	0.07	0.08	0.02	0.01
印刷业和记录媒介的复制	0.27	0.04	0.09	0.05	0.04	0.06	0.04	0.02	0.00	0.00
文教、工美、体育和娱乐用品制造业	0.01	0.00	0.00	0.00	0.00	0.00	0.00	0.00	0.00	0.00
石油加工及炼焦业	10.90	16.62	29.47	20.34	19.19	23.02	22.86	18.80	12.80	10.23
化学原料及化学制品制造业	12.40	16.46	11.79	9.83	9.87	11.94	12.40	7.32	7.19	6.31
医药制造业	0.81	0.87	0.46	0.31	0.27	0.22	0.30	0.20	0.09	0.08
橡胶制品业及塑料制品业	0.71	0.57	0.41	0.20	0.09	0.07	0.00	0.93	0.00	0.00
非金属矿物制品业	5.60	4.79	3.06	2.79	2.98	3.03	3.34	1.06	0.50	0.67
黑色金属冶炼及压延加工业	1.34	1.66	1.55	1.01	0.80	0.00	0.40	1.27	0.69	0.45
有色金属冶炼及压延加工业	0.00	0.00	0.00	0.00	0.00	0.00	0.00	1.48	1.20	1.67
金属制品业	1.25	0.00	0.36	0.00	0.00	0.00	0.00	0.00	0.00	0.00
通用设备制造业	0.51	0.50	0.19	0.11	0.08	0.05	0.01	0.00	0.00	0.00
专用设备制造业	0.30	0.40	0.03	0.48	0.49	0.40	0.15	0.00	0.00	0.00
汽车制造业	0.43	0.18	0.03	0.01	0.00	0.00	0.00	0.00	0.00	0.00
金属制品、机械和设备修理业	1.02	0.00	0.20	0.11	0.11	0.00	0.00	0.00	0.00	0.00
电力、热力的生产和供应业	11.78	16.96	14.21	11.22	12.13	11.71	12.34	13.08	10.26	10.40
燃气生产和供应业	0.00	0.00	0.00	0.00	0.00	0.00	0.00	0.04	0.03	0.03

行业	1998 年	1999 年	2000 年	2001 年	2002 年	2003 年	2004 年	2005 年	2006 年	2007 年
自来水生产和供应业	0.43	0.59	0.47	0.34	0.38	0.35	0.38	0.20	0.08	0.05

表 8 - 5　2008~2015 年榆林市工业行业的构成

单位：%

行业	2008 年	2009 年	2010 年	2011 年	2012 年	2013 年	2014 年	2015 年
煤炭采选业	40.32	46.51	47.20	47.24	46.61	42.84	38.46	41.38
石油和天然气开采业	31.59	24.87	24.27	22.61	20.32	21.06	20.29	15.35
非金属矿采选业	0.12	0.11	0.11	0.07	0.12	0.14	0.16	0.17
农副产品加工业	3.00	0.42	0.52	0.28	0.36	0.56	0.68	0.90
食品制造业	0.22	0.46	0.63	0.41	0.39	0.44	0.50	0.57
酒、饮料和精制茶制造业	0.17	0.20	0.18	0.16	0.15	0.38	0.38	0.38
烟草制品业	0.00	0.00	0.00	0.00	0.00	0.00	0.00	0.00
纺织业	0.03	0.00	0.03	0.03	0.00	0.00	0.00	0.01
纺织服装、服饰业	0.07	0.09	0.13	0.00	0.12	0.14	0.13	0.13
皮革、毛皮、羽毛及其制品和制鞋业	0.00	0.01	0.00	0.00	0.03	0.07	0.11	0.09
木材加工及竹藤棕草制品业	0.00	0.07	0.16	0.06	0.00	0.08	0.08	0.09
家具制造业	0.07	0.00	0.00	0.00	0.00	0.00	0.01	0.01
造纸及纸制品业	0.01	0.01	0.02	0.00	0.01	0.02	0.02	0.02
印刷业和记录媒介的复制	0.00	0.00	0.00	0.00	0.00	0.00	0.00	0.00
文教、工美、体育和娱乐用品制造业	0.00	0.00	0.00	0.00	0.02	0.02	0.01	0.02
石油加工及炼焦业	8.70	8.40	9.55	13.78	14.53	14.78	14.25	11.82
化学原料及化学制品制造业	5.16	3.65	3.29	4.10	4.36	4.77	7.22	10.30
医药制造业	0.07	0.09	0.06	0.05	0.04	0.05	0.06	0.06
橡胶制品业及塑料制品业	0.00	0.02	0.03	0.01	0.02	0.02	0.02	0.03
非金属矿物制品业	0.55	0.59	0.49	0.66	0.61	0.68	0.48	0.57

行业	2008 年	2009 年	2010 年	2011 年	2012 年	2013 年	2014 年	2015 年
黑色金属冶炼及压延加工业	0.60	0.45	0.39	0.73	0.59	0.72	0.79	0.78
有色金属冶炼及压延加工业	2.92	2.74	2.89	1.87	1.76	2.66	4.33	4.84
金属制品业	0.00	0.00	0.03	0.04	0.00	0.02	0.02	0.01
通用设备制造业	0.00	0.01	0.01	0.00	0.02	0.02	0.01	0.01
专用设备制造业	0.00	0.00	0.00	0.00	0.01	0.01	0.00	0.00
汽车制造业	0.05	0.04	0.06	0.05	0.11	0.15	0.28	0.21
金属制品、机械和设备修理业	0.00	0.07	0.04	0.02	0.63	0.49	0.50	0.52
电力、热力的生产和供应业	8.99	10.05	9.71	7.60	7.52	8.10	8.98	9.51
燃气生产和供应业	0.03	0.08	0.09	0.10	0.17	0.46	0.83	0.89
自来水生产和供应业	0.03	0.06	0.09	0.07	0.06	0.06	0.06	0.19

8.4.3 第三产业内部结构演进分析

从榆林市第三产业内部结构情况看出，第三产业产值从 1998 年的 24.15 亿元增长到 2015 年的 840.4 亿元，增长了 816.25 亿元（见图 8－10）。就其行业分布来看，第三产业主要集中在其他服务业，交通运

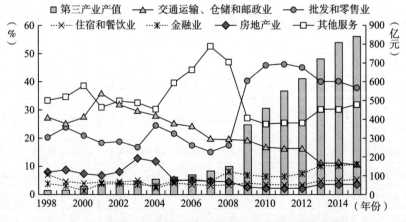

图 8－10 1998～2015 年榆林市第三产业内部结构变化情况

输、仓储和邮政业，批发和零售业，产值比例在 78% 以上；住宿和餐饮业占第三产业比例较小，处于 2.32% ~ 7.19%，发展较为稳定；房地产业比例逐渐下降，1998 ~ 2015 年降幅达到 4.31%；金融业呈现不断增长的趋势，增幅达 6.24%。说明榆林市第三产业发展以交通运输、仓储和邮政业以及批发和零售业等传统的行业为主，金融、信息、旅游业等新型产业虽有所增长，但其比例较小，房地产等服务性行业发展水平不高。

8.5　榆林市产业同构分析

本书将从榆林市北六县（区）范围内、南六县（区）范围内、南北六县（区）之间对榆林市产业同构进行科学分析。

8.5.1　北六县（区）产业同构分析

基于产业同构系数对榆林市北六县（区）产业同构度进行测算，结果如表 8 - 6 所示，根据联合国工业组织的研究结论，两地区间的产业结构相似系数大于 0.9，即认为产业结构趋同。通过分析榆林市北六县（区）20 年产业结构相似系数均值可以发现，除榆阳—靖边、府谷—横山、横山—靖边的产业同构度低于 0.9 以外，其他各区县间产业同构度均高于 0.9，表明榆林市北六县间存在严重的产业同构现象，内部存在激烈竞争，尤其是神木—府谷间平均产业同构度高达 0.9751，产业趋同趋势最为明显。神木县与府谷县同为陕北能源化工基地的中心城市，其经济发展的主要引擎是以能源、化工及冶金为代表的第二产业，1995 年后资源能源的大规模开发促进了两县能源工业企业的崛起，第二产业占比都超过 40%，尤其是 2011 年府谷县第二产业比例高达 88%，相似的产业体系导致神木—府谷的产业同构度居于区域最高位。1995 年榆林市北六县（区）间产业结构相似系数在 0.9 以上的有 6 组，低于 0.9 的有 9 组。到 2014 年，榆林市北六县（区）间产业结构相似系数全部处于 0.9 以上的高位，其中神木—府谷、神木—靖边、府谷—靖边、府谷—定边、靖边—定边产业同构度均超过 0.99，产业结构相似度极高，基本处于雷同状态，表明随着社会经济的发展，榆林市北六县（区）间产业同构问题愈来愈严重。这些地区间地理位置相近，交通信息较发达，资源优势突出，工业化程度较高，第二产业对经济增长贡献率高，导致这些区县间产业结构高度趋同。

值得注意的是，榆阳—靖边的产业同构度为 0.8776，在 20 年均值中最低，这主要由两个原因导致。一是两区县产业发展方向的差异化。榆阳区是榆林市的中心城市，第三产业发展速度较快；2014 年第三产业产值在全市生产总值中占比为 39%，居于北六县（区）最高值，而靖边县第二产业较为发达，2014 年第二产业产值高达 255.57×10^8 元，占全市生产总值的 79%，两区县产业结构差异较大。二是两区县地理空间跨度较大，一定程度上也削弱了其产业同构度。榆林市北六县产业同构度呈现一定波动性，表明北六县（区）产业结构调整存在周期波动性。目前榆林市北六县（区）经济发展的主要动力为重化工业，在能源富集区调结构、转方式、促增长的经济大背景下，要想解决产业同构带来的弊病，榆林市北六县（区）不仅要加强对三次产业内部各行业的调整，避免不必要竞争，还应该大力发展服务业，提高第三产业在地区生产总值中的比例，为经济的进一步发展提供充足的持续性动力。此外还应该优化产业布局，进一步提升产业竞争力实现各区县的差异化发展。

表 8 - 6　1995 ~ 2014 年榆林市北六县（区）产业结构相似系数

相似系数	1995 年	2000 年	2005 年	2010 年	2014 年	20 年均值
榆阳—神木	0.9953	0.9561	0.8964	0.9751	0.9701	0.9543
榆阳—府谷	0.9465	0.9660	0.9871	0.8916	0.9444	0.9478
榆阳—横山	0.8174	0.9824	0.8483	0.9684	0.9830	0.9208
榆阳—靖边	0.8089	0.9528	0.7040	0.8918	0.9381	0.8776
榆阳—定边	0.7077	0.9729	0.8267	0.9103	0.9190	0.9014
神木—府谷	0.9167	0.9962	0.9510	0.9685	0.9958	0.9751

续表

相似系数	1995 年	2000 年	2005 年	2010 年	2014 年	20 年均值
神木—横山	0.8359	0.9546	0.9633	0.9891	0.9826	0.9067
神木—靖边	0.8284	0.9783	0.9457	0.9667	0.9918	0.9439
神木—定边	0.7352	0.9165	0.9850	0.9745	0.9851	0.9269
府谷—横山	0.8147	0.9486	0.8903	0.9642	0.9702	0.8975
府谷—靖边	0.8057	0.9626	0.7995	0.9991	0.9980	0.9131
府谷—定边	0.7076	0.9114	0.8914	0.9964	0.9960	0.9133
横山—靖边	0.9999	0.9836	0.9282	0.9686	0.9737	0.8961
横山—定边	0.9848	0.9939	0.9843	0.9802	0.9609	0.9693
靖边—定边	0.9874	0.9612	0.9753	0.9985	0.9986	0.9593

8.5.2 南六县（区）产业同构分析

如表 8 - 7 所示，总体上，1995～2014 年榆林市南六县（区）间产业同构度偏高，纵观 1995～2014 年榆林市南六县（区）产业同构系数平均值可以发现，产业同构系数均处于 0.9 以上的高位，表明榆林市南部六县（区）产业同构趋势显著。为了更好地揭示榆林市南部六县（区）产业同构的特征，本书从静态与动态两个维度进行分析。

表 8 - 7 1995～2014 年榆林市南六县（区）产业结构相似系数

相似系数	1995 年	2000 年	2005 年	2010 年	2014 年	20 年均值
绥德—米脂	0.9055	0.9539	0.9913	0.9845	0.9657	0.9561
绥德—佳县	0.9324	0.9561	0.9469	0.8674	0.9002	0.9144
绥德—吴堡	0.8451	0.9209	0.9927	0.8980	0.8365	0.9364
绥德—清涧	0.7989	0.9555	0.9332	0.8891	0.9018	0.9119
绥德—子洲	0.8495	0.9860	0.9761	0.8730	0.7958	0.9288
米脂—佳县	0.9977	0.9983	0.9266	0.9013	0.9608	0.9246
米脂—吴堡	0.9911	0.8785	0.9971	0.9591	0.9495	0.9537
米脂—清涧	0.9760	0.9886	0.9472	0.8957	0.9543	0.9260

相似系数	1995 年	2000 年	2005 年	2010 年	2014 年	20 年均值
米脂—子洲	0.9913	0.9526	0.9696	0.9315	0.9150	0.9603
佳县—吴堡	0.9803	0.8583	0.9095	0.9375	0.9584	0.9045
佳县—清涧	0.9600	0.9957	0.9663	0.9877	0.9990	0.9659
佳县—子洲	0.9812	0.9635	0.9897	0.9782	0.9714	0.9530
吴堡—清涧	0.9963	0.8234	0.9209	0.8939	0.9444	0.9133
吴堡—子洲	0.9998	0.8449	0.9554	0.9867	0.9848	0.9519
清涧—子洲	0.9959	0.9759	0.9825	0.9406	0.9624	0.9600

2014 年榆林市南部六县（区）产业同构现象严重，除绥德—吴堡、绥德—子洲外，其他各县间产业同构系数均大于 0.9，其中佳县—清涧以 0.999 的产业同构系数居于南部六县（区）首位，产业同构现象极其严重，基本处于雷同状态。吴堡—子洲以 0.9848 的产业同构系数紧跟其后，位居第二；佳县—子洲排名第三。究其原因，发现高度接近的产值比例及发展进程是佳县—清涧产业结构高度趋同的主要原因，2014 年佳县（清涧县）第一、第二、第三产业产值在全市生产总值中的比例分别为 27%、31% 和 42%（29%、29% 和 42%），产业产值比例极其接近，此外，近年来以农家乐为代表的生态农业旅游业成为佳县与清涧县新的经济增长点，发展路径较为相似。而绥德—子洲以 0.7958 的产业同构度位居区域最低，这主要是由于产业发展方向的差异化。近年来，绥德县借助独特的条件，发展特色经济，大力发展旅游业及特色产品加工业，以服务业为代表的第三产业如雨后春笋般成长起来，产业结构不断优化，2014 年，其第三产业比例高达 67%，基本是子洲县（34%）的两倍。而子洲县 2014 年第二产业占比为 42%（绥德县为 14%），第二产业占了较大比例，导致产业结构的趋异发展。

通过 20 年发展，榆林市南六县（区）间除绥德—米脂、绥德—清涧、佳县—清涧外，其他县（区）之间产业同构度处于缓慢下降态势，但变化幅度特别小，都大于 0.9。如米脂—吴堡，1995 年产业同构系数为 0.9911，2014 年下降为 0.9495，米脂—子洲的产业同构系数由 1995年的 0.9913 下降至 2014 年的 0.9150。虽然近年来南部六县（区）大力发展特色农业和旅游等服务业使得产业结构向好发展，但与北六县（区）相比，南六县（区）依旧是国家级连片特困地区——吕梁山片区的重要组成部分，经济发展水平整体偏低，农业依旧占了较大比例，受特殊资源、区位环境的限制及相近发展路径和地域空间的影响，其产业结构高度趋同的现状并未改变。

　　榆林市南六县（区）经济发展较为落后，处于工业化初期阶段，缺乏支柱产业，经济发展缺乏持续力。尤其是清涧县（29%）和佳县（27%）第一产业产值严重高于全市平均水平（12%），仍以传统的农业经济为主。榆林市南六县（区）要解决产业同构及经济发展水平低等问题，要注重优化产业结构，借助独特的资源，发展特殊经济，避免恶性竞争，逐步实现经济的差异化发展。此外还应该积极培育支柱产业，榆林市南部六县（区）虽然第三产业比例较高，但对优势产业的培育力度不够，因此要积极培育和引进支柱产业，形成独具特色的产业结构，促进产业结构向高层次转化，为经济的持续发展提供后备力量。再者，要构建区域协调发展战略，加强与区域中心城市的合作交流，优化投资环境，为优势资源和外资的注入打好基础，以便更好地承接北部六县（区）的产业转移。

8.5.3　南北六县（区）间产业同构分析

　　由表 8 - 6 和表 8 - 7 可知，1995 ~ 2014 年榆林市北六县（区）与南六县（区）间产业同构现象不显著。从 20 年均值来看，榆林市南北六县（区）各区县间产业结构相似系数几乎在 0.90 以下，表明整体上榆林市南北六县间产业结构的差异显著，甚至不存在产业同构现象。但从具体年份来看，少数区县间存在产业同构现象。1995 年南北六县（区）间产业同构度大于 0.9 的有榆阳—绥德、神木—绥德、横山—米脂、横山—佳县、横山—吴堡、横山—清涧、横山—子洲、靖边—米脂、靖边—佳县、靖边—吴堡、靖边—清涧、靖边—子洲、定边—米脂、定边—佳县、定边—吴堡、定边—清涧、定边—子洲，约占总数的47%。产业结构相似系数最高达0.9736（定边—米脂），最低为0.5122（府谷—清涧），跨度达0.4614，产业发展不平衡。2005年除榆阳—米脂外，产业结构相似系数均低于0.9，最高为榆阳—吴堡（0.8869），最低为0.1849（靖边—佳县），跨度达0.7020，表明10年来产业结构得到优化调整，产业同构度大幅度下降，但最大值与最小值的差异扩大表明南北六县（区）间产业发展不平衡现象加剧。2010年绝大多数区县间产业同构度开始上升，但除榆阳—吴堡、榆阳—清涧外，其他区县间的产业同构系数都在0.9以下。2014年除榆阳—吴堡、榆阳—子洲、横山—吴堡、横山—子洲外，产业结构相似系数均低于0.9，与2010年相比，88.89%的区县间产业结构相似系数又出现回升，说明随着经济的发展和政府产业政策的调整，榆林市南北六县（区）间产业发展方向出现趋同态势，虽到2014年仍有88.89%的区县间产业同构度低于0.9，但又出现产业同构的倾向。

综上可得，榆林市南六县（区）与北六县（区）间产业结构互补性较强，通过20年的发展，榆林市南北六县（区）间产业同构度呈现下降态势，处于全市产业趋同度的较低水平，但在下降过程中存在明显的波动现象，表明榆林市南北六县（区）间产业结构调整的周期性变化。总体而言，1995~2014年榆林市南北六县（区）间产业同构现象不显著，这主要是由南北六县（区）资源能源、区位环境、产业发展方向的差异及较大地理空间跨度等众多因素作用的结果。需要注意几个特殊的时间点，1998年，榆阳—吴堡产业同构系数高达0.9970，居于20年中最高，这主要是由于三次产业产值比例的高度雷同。1998年，榆阳区（吴堡县）第一、第二、第三产业产值在全市生产总值中的比例分别为23%、39%和38%（25%、35%和40%），产业产值比例极其接近。2007年靖边—绥德产业同构系数低至0.1141，居于20年中最低，产业发展方向的差异化及较大的地理跨度是其居于全市最低的原因。靖边县是典型的重化工业城市，2007年，靖边县第二产业产值比例在全市中高达 91%，而第一产业产值（3%）、第三产业产值（6%）比例不足 10%，经济发展基本依靠第二产业推动，而绥德县则与靖边县相反，第二产业仅占 10%，第一产业产值（30%）和第三产业产值（60%）之和高达 90%，产业结构差异显著。

榆林市南北六县（区）间产值结构差距明显，经济发展水平参差不齐，不仅要继续保持产业结构的差异化发展，同时还应该发挥南六县（区）与北六县（区）的比较优势，需要积极引导相互之间的合作，实现资源的整合与优化配置。此外还需共建全市发展平台，促进资金、技术、人力资源等各种生产要素的流动，加快产业优化升级进程，促进产业协调、持续发展，借此来带动全市产业结构优化升级。

8.5.4　产业同构化趋势预测

利用产业同构系数对 1995～2014 年榆林市北六县（区）、南六县（区）产业结构相似系数进行测算，结果如表 8-8 所示，按照 R/S 分析方法，对榆林市北六县（区）与南六县（区）间未来产业同构发展方向进行预测，结果见表 8-9。

表 8-8　1995～2014 年榆林市北六县（区）与南六县（区）产业同构度

年份	相似系数	年份	相似系数
1995	0.8575	2005	0.5292
1996	0.7627	2006	0.4489
1997	0.8673	2007	0.4606
1998	0.9026	2008	0.5011
1999	0.9193	2009	0.7170
2000	0.8821	2010	0.7069
2001	0.8346	2011	0.6796
2002	0.7279	2012	0.6958
2003	0.6757	2013	0.6891
2004	0.6047	2014	0.7399

表 8 – 9　榆林市 R/S 分析结果

n	R/S	H	$V(H)$	n	R/S	H	$V(H)$
3	1.3287	0.6990	0.7671	12	4.2531	0.7772	1.2278
4	1.5399	0.6603	0.7699	13	4.5656	0.7806	1.2663
5	2.1040	0.7627	0.9409	14	4.6576	0.7663	1.2448
6	2.6028	0.8038	1.0626	15	4.8204	0.7594	1.2446
7	3.0400	0.8200	1.1490	16	4.8780	0.7460	1.2195
8	3.3946	0.8204	1.2002	17	5.1547	0.7495	1.2502
9	3.7492	0.8216	1.2497	18	5.3184	0.7455	1.2535
10	4.0758	0.8203	1.2889	19	5.6709	0.7536	1.3010
11	4.3789	0.8176	1.3203				

从总体上看，榆林市南六县（区）与北六县（区）产业结构相似系数的 H（1995 ~ 2014）= 0.7536 > 0.5，$C > 0$，表明在 1995 ~ 2014 年这一变化过程发展条件不变的前提下，榆林市在未来 2015 ~ 2034 年的产业同构化程度将与 1995 ~ 2014 年有相同的发展趋势，即南北六县（区）的产业同构化程度呈现上升态势，说明在未来 20 年榆林市南六县（区）与北六县（区）间产业结构的相似性增强，这可能会造成区域内资源配置效率降低，专业化分工水平下降，产业竞争激烈，进而阻碍经济的持续发展。但值得注意的是，未来榆林市南北六县（区）间产业结构趋同趋势存在波动性，具体表现在当 n 取 3 和 4 时，H 值由 0.6990 下降到 0.6603，表明 2015 ~ 2016 年榆林市南北六县（区）间产业趋同趋势减弱。当 n 取 4 ~ 9 时，H 值由 0.6603 上升到 0.8216，表明 2016 ~ 2021 年榆林市南北六县（区）间产业趋同趋势增强。当 n 取 9 ~ 19 时，H 值由 0.8216 下降到 0.7536，表明 2021 ~ 2031 年榆林市南北六县（区）间产业趋同趋势呈现下降态势。

另外，以 $\ln(n)$ 为横坐标，$\ln(R/S)$ 为纵坐标做榆林市南六县（区）与北六县（区）的双对数图，即 R/S 分析图（见图 8 – 11），其拟合值 $R^2 = 0.9639$，表明回归分析的拟合效果好，预测精度较高。

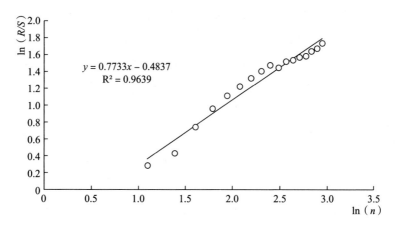

图 8 – 11　1995 ~ 2014 年榆林市南北六县（区）间产业结构相似系数的 R/S 分析

8.6　本章小结

本书基于榆林市三次产业产值比例数据、产业同构系数及 R/S 分析，对 1995 ~ 2014 年榆林市产业结构现状、产业结构趋同度及未来发展趋势进行了研究，初步得出以下结论。

（1）1995 ~ 2014 年榆林市地区总产值呈现快速增长态势，1995 年榆林市地区总产值为 48.94×10^8 元，到 2014 年发展为 2923.59×10^8 元，年均增长率为 24.45%，20 年间榆林市经济实现飞跃式发展。三次产业产值的年增长率依次为 12.46%、29.43%、21.94%，第二产业比例 > 第三产业比例 > 第一产业比例，表现为"二三一"产业结构模式，是典型的以工业为增长点的产业结构。经济持续发展的主要动力来源于第二产业，向第三产业转移的程度较低，处于产业演进的较低阶段。从发展趋势来看，20 年间第一产业比例呈现下降态势且比例偏低；第二产业比例持续稳步增长，比例严重超过全国平均水平；第三产业比例随着第二产业的发展呈现波动态势。在产业结构优化升级方面，全市产业结构层次比较低，向第三产业转移的水平低。

（2）整体上榆林市产业结构趋同现象明显。其中，北六县各区县间产业结构趋同现象比较严重，尤其是神木—府谷间平均产业同构度高达 0.9751，产业趋同趋势最为突出。在提倡差异化发展的同时，应该加强发展第三产业，为经济发展注入持续动力；南六县（区）产业同构系数总体呈下降趋势，但产业趋同度依旧处于 0.9 以上的高位，应坚持支柱产业建设与差异化发展并行的发展战略，大力发挥自身优势产业，积极发展特色经济，实现差异化发展，以此缩小南北差距和促进产业结构的优化升级。南北六县（区）大部分区县间的产业结构趋同度现象不明显，产业结构相似系数总体上有大幅下降趋势，这与南北产业结构差异较大有关。南北六县（区）间要继续保持产业结构的差异化发展，同时还要发挥各自的比较优势，加强合作与交流，打造产业集群，促进生产要素的流动，借此来带动全市产业结构优化升级。

（3）根据 20 年产业结构数据的 R/S 分析显示，$H(1995 \sim 2014) = 0.7536 > 0.5$，表明榆林市在原有发展环境下，南北地区的产业同构化程度将日益加强，但存在波动现象。通过分析可知，榆林市产业同构现象的出现具有一定的合理性。榆林市是典型的能源资源富集区，各区县的资源的相似性、经济交流与联系日益紧密、经济发展水平的不断接近都导致了各区县产业同构化现象的出现。榆林市北六县（区）在全市范围里经济发展水平高且趋同，南六县（区）经济发展水平较低，在北六县（区）与南六县（区）内部产业同构度都比较高，而南六县（区）与北六县（区）经济发展水平参差不齐，产业同构度低。产业同构度与经济发展水平接近程度呈现一定的相关关系，即经济发展水平接近的地区产业同构现象明显，这与已有的研究所得结论相一致（陈建军，2004）。

第9章
新常态下榆林市产业转型能力评价

9.1 新常态背景下区域经济发展态势分析

在第 40 届达沃斯世界经济论坛年会上，埃里安首次提出"新常态"一词，它是对 2008 年国际金融危机爆发以来全球发展态势的总结和分析（金碚，2015）。就经济意义而言，"新常态"即转入常态的经济。目前，中国经济正处于经济增速的换挡期、产业结构调整的阵痛期及前期政策消化期"三期叠加"的阶段，内外红利衰退，经济逐渐转入中高速增长的新常态时期。2014 年 11 月 9 日，在亚太经合组织工商领导人峰会上，习近平主席全面系统地分析了新常态的内涵：从速度层面看，经济增长速度从高速转化为中高速；从结构层面看，经济结构得到优化升级，第三产业成为推动经济发展的主要动力；从动力层面看，经济发展从要素驱动、投资驱动转向创新驱动；从风险层面看，经济发展面临新挑战，一些不确定风险进一步显现。新常态下，中国迎来了经济发展的新机遇，同时也面临新挑战，主要包括以下四个方面。

第一，经济总量的增长仍然明显，但稳定增长的任务繁重。30 多年的高速增长促进中国经济的飞速发展。从经济总量看，中国已跃居为世界第二大经济体；从增长速度看，中国经济持续以两位数的增长速度，造就了"中国奇迹"。进入新常态后，经济实际增量依然明显可观，国家财政收入随之增加，为社会的进一步发展提供了有利的资金保障。但经济增速的放缓，导致经济发展前期积累的问题逐渐凸显，经济下行压力增加，因此需要国家采取多种措施，保持经济的稳定增长。

第二，经济增长的动力更为多元，但其核心动力仍在培育。从城镇化进程看，大规模的农村人口转向城市，带动国内需求的增加，使消费成为中国经济发展的新引擎；2015 年我国城镇化率达到 56.1%，与发达国家相比发展空间较大。从工业化进程看，除东部部分省市基本完成工业化外，中、西部等省份工业化的发展仍处于较低水平，后续发展空间较强。但是我国的科技创新能力不足，仍依靠人口、资源等红利促进经济增长，离以技术红利为核心动力促进经济增长的距离尚远。

第三，经济发展步伐更加稳定，但经济结构转型升级有待加强。2015 年，我国三次产业比例分别为 9%：40.5%：50.5%，第三产业产值比例超过了 50%，说明经济结构有所优化。随着"一带一路"、京津冀协同发展、长江经济带等区域发展战略的完善和深入推进，区域结构得到了优化，中国经济发展更加稳定。但同时也应该看到，我国经济结构的转型升级还面临着一系列挑战，产业结构、区域结构、城乡结构等东中西区域间的差距仍然存在，制约中国经济整体质量的提升。

第四，市场活力进一步释放，但政府职能的转变任重而道远。当前我国市场经济的体系不断完善，政府职能逐渐转变，市场在资源配置中的决定性作用得到了充分发挥，这对于减轻企业负担、激发市场活力起到了重要作用，成为经济发展的重要机遇之一。同时我们也要认识到，当前一些地方政府部门仍然存在过度干预企业经营管理的现象，加快政府职能转变任重而道远。

9.2　新常态下榆林市产业转型能力的评价

9.2.1　产业转型能力的内涵及特征

产业结构转型能力是在转型过程中展现出来的，因此资源型城市产业转型能力是指在产业转型的过程中，资源型城市的行动者为了降低转型压力，充分发挥"集体效率"，重置资源，调整原有产业规模、产业结构，以达到产业的协调、高效发展，从而降低对资源型产业的过度依赖，实现城市可持续发展的能力（杜吉明，2013；李学鑫，2012）。其本质是通过接续产业的发展来摆脱对传统资源型产业的依赖。产业转型具有以下特征。

第一，过程性。产业转型是通过资源的再分配，合理调整产业结构的一个过程，在这个过程中包括夕阳产业的退出、成熟产业延伸和朝阳产业的发展。从动能理论看，动能的生产是伴随某种过程而进行的。作为一种特殊的动能，资源型城市产业能力转型也具有过程性。

第二，系统性。产业转型能力是转型过程中城市众多行动者转型能力的综合，这种综合不是多种能力的直接叠加，而是各部分相互影响所形成的一个有机结合的系统。在这个系统中各个部分间既相互影响又相互制约，缺少任何一部分都会削弱转型能力。因此，资源型城市产业转型能力具有很强的系统性。

第三，动态开放性。产业转型能力是一种适应城市环境变化的能力，因此转型能力也呈现动态适应性。同时资源型城市在进行转型的过程中能在适应外部环境的同时，利用转型成果来改造外部环境，创造出适合资源型城市生存和发展的环境，因而具有开放性。

9.2.2　产业结构转型能力的模型构建

1. 模型的选择

数据包络分析（Data Envelopment Analysis，DEA）模型是由美国著名运筹学家 Charnes 和 Cooper 在 1978 年提出的，是在相对效率评价基础上发展起来的，用于评价多个决策单元间是否具有相对有效性的一种非参数的统计方法（陶卓明等，2010；张群等，2013）。其基本思路是把每一个评价单元作为一个决策单元，通过计算各决策单元的投入和产出指标，确定有效生产前沿面，进而确定各个决策单元的相对有效性

（王婷、吕昭河，2012；赵晨等，2013）。产业结构转型能力的测量主要采用评价技术有效和规模有效的 C2R 模型，其表达式如下：

$$\min\left[\theta - \varepsilon\left(\sum_{r=1}^{m} S_r^+ + \sum_{i=1}^{n} S_i^-\right)\right] \tag{9-1}$$

$$s.t. \sum_{j=1}^{n} \lambda_j x_{ij} + S_j^- = \theta X_{ik}, i = 1,2,3,\cdots,n \tag{9-2}$$

$$\sum_{j=1}^{n} \lambda_j y_{rj} - S_r^+ = y_{rk}, r = 1,2,3,\cdots,n \tag{9-3}$$

$$\lambda_j \geqslant 0, j = 1,2,3,\cdots,n; S_a^+ \geqslant 0; S_b^- \geqslant 0 \tag{9-4}$$

其中，θ 表示评价单元的有效值；ε 为非阿基米德无穷小，一般用 10^{-6} 表示；S_r^+、S_i^- 是松弛变量，分别表示投入过剩和产出不足；λ_j 表示投入产出指标的权重系数；x_{ij}、y_{rj} 表示第 j 个决策单元中第 i 个投入量和第 r 个产出量；n 表示决策单元的个数。该模型是用来评价决策单元总体效率的，存在最优解 θ^*、S_r^{+*}、S_i^{-*}、λ_j^*，有效性判断如下。

①当 $\theta^* = 1$ 且 $S_r^{+*} = 0$、$S_i^{-*} = 0$，说明第 j 个决策单元为 DEA 有效，其形成的有效前沿面为规模收益不变，决策单元为规模有效且技术有效。

②当 $\theta^* = 1$，但 $S_r^{+*} \neq 0$ 或 $S_i^{-*} \neq 0$ 时，说明第 j 个决策单元为弱 DEA 有效。

③当 $\theta^* < 1$ 时，说明第 j 个决策单元为非 DEA 有效。

若

$$\sum_{j=1}^{n} \lambda_j = 1 \tag{9-5}$$

说明决策单元是技术有效的，反之技术无效。

设

$$p = 1/\theta \sum_{j=1}^{n} \lambda_j \tag{9-6}$$

当 $p = 1$ 时，表示第 j 个决策单元规模有效；当 $p < 1$ 时，表示第 j 个决策单元规模收益递增，反之递减。

2. 指标体系的构建

产业转型是投入与产出相互作用的结果，因而转型能力的评价应从投入与产出两方面入手。其中投入指标包括资金、劳动力、资源三个方面，产出指标涉及经济、社会、资源和生态环境四个方面。同时结合榆林市自身产业结构转型的特征，构建榆林市产业结构转型能力评价的指标体系（见表 9 - 1）。其中工业三废排放问题实质上是系统对环境的负

表 9 - 1　榆林市产业结构转型能力评价的指标体系

一级指标	二级指标	三级指标	四级指标
产业结构转型能力评价的指标体系	产业结构转型的投入指标	资金投入	第一产业投资额（亿元）
			第二产业投资额（亿元）
			第三产业投资额（亿元）
		劳动力投入	第一产业从业人员数（万人）
			第二产业从业人员数（万人）
			第三产业从业人员数（万人）
		资源投入	主要能源消耗量（万吨）
			耕地面积（万亩）
		环境损耗	工业废气排放量（亿立标方）
			工业废水排放量（万吨）
			固体废弃物排放量（万吨）
	产业结构转型的产出指标	经济、社会发展能力	第一产业增加值（亿元）
			第二产业增加值（亿元）
			第三产业增加值（亿元）
		资源、环境改善情况	城镇化率（%）
			能源加工转换率（%）
			三废综合利用产品产值（亿元）
			建成区绿化面积（平方米）
			森林覆盖率（%）
			工业废水排放达标率（%）
			固体废弃物利用率（%）

产出，但为了处理方便，将其看成经济社会发展对系统投入的环境损耗。文中涉及的数据均来源于《榆林统计年鉴》（2009～2016年）、《陕西统计年鉴》（2009～2016年）。

9.2.3 整体产业结构转型能力评价

1. 指标体系的优化

榆林市产业转型能力评价的指标体系涉及 11 个投入指标，10 个产出指标，这些指标之间具有一定的关联性，造成信息的重复，进而影响评价结果。为了减少结果的偏差，本书采取主成分分析法对指标体系中的投入、产出指标分别做降维处理，提取既能反映大部分原始信息又相互独立的简化指标体系。

（1）投入指标。从总方差分解结果可以看出，第一主成分的特征值为 6.952，它能够解释 63.196% 的原始变量，第二主成分的特征值为 2.614，能解释 23.762% 的原始变量，前两个主成分累计贡献率达到 86.958%，说明前两个主成分基本反映投入指标的信息，因此提取前两个主成分，设为 X_1、X_2（见表 9-2）。

表 9-2 产业结构转型投入指标解释的总方差

成分	初始特征值			提取平方和载入			旋转平方和载入		
	合计	方差的占比（%）	累计百分比	合计	方差的占比（%）	累计百分比	合计	方差的占比（%）	累计百分比
1	7.803	70.940	70.940	7.803	70.940	70.940	6.952	63.196	63.196
2	1.762	16.018	86.958	1.762	16.018	86.958	2.614	23.762	86.958
3	0.887	8.061	95.019						
4	0.238	2.167	97.185						
5	0.145	1.314	98.499						
6	0.107	0.977	99.476						
7	0.051	0.466	99.942						
8	0.005	0.042	99.984						

成分	初始特征值			提取平方和载入			旋转平方和载入		
	合计	方差的占比（%）	累计百分比	合计	方差的占比（%）	累计百分比	合计	方差的占比（%）	累计百分比
9	0.001	0.011	99.994						
10	0.001	0.006	100.000						
11	-1.328 E-16	-1.208 E-15	100.000						

表 9-3　投入指标的成分矩阵

	成分	
	X_1	X_2
第一产业投资额（亿元）	0.883	-0.310
第二产业投资额（亿元）	0.952	-0.168
第三产业投资额（亿元）	0.883	-0.341
第一产业从业人员数（万人）	0.982	-0.174
第二产业从业人员数（万人）	0.954	-0.265
第三产业从业人员数（万人）	0.942	-0.044
主要能源消耗量（万吨）	-0.452	0.212
耕地面积（万亩）	0.919	0.366
工业废气排放量（亿立标方）	0.317	0.896
工业废水排放量（万吨）	0.424	0.855
固体废弃物排放量（万吨）	0.343	0.915

从成分矩阵中可以看出，X_1 在第一产业投资额、第二产业投资额、第三产业投资额、第一产业从业人员数、第二产业从业人员数、第三产业从业人员数、主要能源消耗量、耕地面积上的系数较大，主要反映榆林市资金、人力投入及资源消耗情况，可以将其命名为资源使用因子；X_2 在工业废气排放量、工业废水排放量、固体废弃物排放量上的系数最大，主要反映榆林市的环境污染情况，可以将其命名为环境污染因子

（见表 9 - 3）。

从成分得分系数矩阵可知 X_1、X_2 的表达式如下（见表 9 - 4）。

表 9 - 4　投入指标的成分得分系数矩阵

	成分	
	X_1	X_2
第一产业投资额（亿元）	- 0.934	0.045
第二产业投资额（亿元）	0.819	0.513
第三产业投资额（亿元）	0.690	0.648
第一产业从业人员数（万人）	0.845	0.530
第二产业从业人员数（万人）	0.784	0.604
第三产业从业人员数（万人）	0.856	0.395
主要能源消耗量（万吨）	0.498	0.027
耕地面积（万亩）	0.989	0.006
工业废气排放量（亿立标方）	0.043	0.949
工业废水排放量（万吨）	- 0.072	0.951
固体废弃物排放量（万吨）	0.025	0.977

X_1 = 第一产业投资额 × （- 0.934） + 第二产业投资额 × 0.819 + 第三产业投资额 × 0.69 + 第一产业从业人员数 × 0.845 + 第二产业从业人员数 × 0.784 + 第三产业从业人员数 × 0.856 + 主要能源消耗量 × 0.498 + 耕地面积 × 0.989 + 工业废水排放量 × 0.043 - 工业废气排放量 × 0.072 + 固体废弃物排放量 × 0.025

X_2 = 第一产业投资额 × 0.045 + 第二产业投资额 × 0.513 + 第三产业投资额 × 0.648 + 第一产业从业人员数 × 0.53 + 第二产业从业人员数 × 0.604 + 第三产业从业人员数 × 0.395 + 主要能源消耗量 × 0.027 + 耕地面积 × 0.006 + 工业废气排放量 × 0.949 + 工业废水排放量 × 0.951 + 固体弃废物排放量 × 0.977

（2）产出指标。从总方差分解结果看出，第一主成分的特征值为 8.906，它能够解释 89.059% 的原始变量，因此提取该主成分，设为 Y

（见表 9 - 5）。

表 9 - 5　产业结构转型产出指标解释的总方差

成分	初始特征值			提取平方和载入		
	合计	方差的占比（%）	累计百分比	合计	方差的占比（%）	累计百分比
1	8.906	89.059	89.059	8.906	89.059	89.059
2	0.479	4.790	93.850			
3	0.332	3.321	97.171			
4	0.184	1.841	99.012			
5	0.080	0.805	99.816			
6	0.011	0.110	99.926			
7	0.006	0.061	99.987			
8	0.001	0.012	100.000			
9	$3.624E-5$	0.000	100.000			
10	$-1.187E-17$	$-1.187E-16$	100.000			

　　从成分矩阵中可以看出，Y 在第一产业增加值、第二产业增加值、第三产业增加值、城镇化率、能源加工转换率、三废综合利用产品产值、建成区绿化面积、森林覆盖率、工业废水排放达标率、固体废弃物利用率上的系数最大，主要反映榆林市经济社会发展情况、资源存量及生态环境改善情况，可以将其命名为可持续发展因子（见表 9 - 6）。并得到主成分 Y 的表达式如下。

表 9 - 6　产出指标的成分矩阵

	成分
	1
第一产业增加值（亿元）	0.987
第二产业增加值（亿元）	0.979
第三产业增加值（亿元）	0.933
城镇化率（%）	0.980

续表

	成分
	1
能源加工转换率（%）	0.991
三废综合利用产品产值（亿元）	0.943
建成区绿化面积（平方米）	0.966
森林覆盖率（%）	0.880
工业废水排放达标率（%）	0.869
固体废弃物利用率（%）	0.900

Y = 第一产业增加值 × 0.987 + 第二产业增加值 × 0.979 + 第三产业增加值 × 0.933 + 城镇化率 × 0.98 + 能源加工转换率 × 0.991 + 三废综合利用产品产值 × 0.943 + 建成区绿化面积 × 0.966 + 森林覆盖率 × 0.88 + 工业废水排放达标率 × 0.869 + 固体废弃物利用率 × 0.9

将各指标的数据代入主成分 Y、X_1、X_2 的表达式，得到经过主成分简化的指标体系（见表 9 - 7）。

表 9 - 7 经过主成分降维简化后的产业结构转型评价指标体系

Y	X_1	X_2
16483.30	16170837	414282.40
12996.72	17689416	453311.10
31712.64	19541385	500799.20
44366.02	25116090	647489.30
62526.01	35469679	908727.30
75424.25	35868477	918967.80
89845.25	51519550	1319315.00
115928.60	54490287	1395196.00

2. DEA 模型的结果分析

运用 DEAP 2.1 软件，得出 2008～2015 年榆林市产业结构转型能力评价结果（见表 9 - 8）。

表 9 – 8　榆林市 2008 ~ 2015 年产业结构转型能力评价结果

年份	综合效率 θ	纯技术效率	规模效率	规模收益	S_1^-	S_1^+	S_2^+
2008	0.478	1.000	0.479	收益递增	0	0	0
2009	0.345	0.914	0.378	收益递增	0	1518579	39028.67
2010	0.763	1.000	0.763	收益递增	0	0	0
2011	0.830	0.966	0.859	收益递增	0	848433.6	25641.13
2012	0.829	0.875	0.946	收益递增	0	4418932	113150
2013	0.988	1.000	0.988	收益递增	0	0	0
2014	0.820	0.825	0.993	收益递增	0	9021038	230793
2015	1.000	1.000	1.000	收益不变	0	0	0

　　由综合效率看出，2008 ~ 2013 年产业结构转型能力在波动中提升，2014 年综合效率值下降为 0.82，但仍处于较高的水平，到 2015 年 θ 值达到 1，说明 2015 年投入要素发挥了最佳效果。这一结果符合榆林市三次产业发展的实际情况。2008 年以来，新一轮西部大开发战略、"一带一路"区域发展战略的实施，使得国家政策向榆林市倾斜，增加了转型资金的投入；同时为应对全球经济不景气、传统能源市场萎缩、全球气候变化，国家加大对财政、税收等宏观经济政策的调整，不断促进财政支出结构的优化、加大公共基础设施的投入力度、拓宽企业的融资渠道，进而改善了产业结构、增强了企业转型的资金支持和创新能力，并出台《促进产业结构调整的暂行规定》《重点产业调整和振兴规划》《关于抑制部分行业产能过剩和重复建设引导产业健康发展的若干意见》《国务院关于进一步加强淘汰落后产能工作的通知》等产业政策，推动榆林市煤炭企业兼并、重组，促进节能减排产业发展，降低了对环境的损耗，提高了资源的利用效率；发展特色种植和加工业，促进产业结构转型，转型能力不断提升；2014 年中国经济进入新常态时期，导致全国产能过剩凸显，能源市场疲软，传统能源行业利润下滑，城市发展的不确定性增强，前期积累的各种问题不断显现，转型能力稍有下降。

由综合效率和规模效率可以看出，仅在 2015 年 $\theta = 1$、$S^{-} = 0$、$S^{+} = 0$，达到了技术和规模有效，即产业结构在原投入基础上实现产出的最大化，说明 2015 年榆林市通过发挥规模优势、技术优势，从而促进产业结构转型的综合效率达到最佳水平。除 2015 年外，其余年份规模效率值都未达到 1，说明投入要素的规模没有达到榆林市发展水平相应的最佳生产规模，导致其发展的协调度降低，应该通过调整要素的投入比例，或加大投入要素的使用效率，提高生产要素的规模效应，优化内部结构。2009 年、2011 年、2012 年、2014 年纯技术效率值均未达到 1，说明这四年榆林市技术利用率不高，在投入充足的情况下，受技术水平的限制，生产要素无法发挥最大的效用，进而影响产业结构转型的能力。

从规模收益看，2008～2014 年榆林市产业结构转型处于规模报酬递增阶段，因此可通过增加要素投入来提升产业结构转型能力。2015 年规模报酬不变，因而不能盲目地增加生产投入，而是应该通过提高技术的利用率，促使生产要素规模最大化，从而提升转型能力。从整体来看，2008～2015 年榆林市产业转型能力不断提升，产业结构转型的综合效率的均值为 0.757，离效率前沿面有 24.3% 的提升空间；纯技术效率的均值为 0.948，离效率前沿面有 5.2% 的提升空间；规模效率的均值为 0.801，离效率前沿面有 19.9% 的提升空间。投入要素的使用效率和技术利用程度是提升榆林市产业结构转型能力的关键。

9.2.4　各区县产业结构转型能力的评价

在评价各区县产业结构转型能力时，由于受数据获取的限制，因而在原有指标体系的基础上做了一些调整。其中资金投入用固定资产投资额表示，劳动力投入用年末从业人数表示，环境损耗用环境保护支出表示，资源投入用主要能源消耗量和耕地面积表示；产出指标用第一产业产值、第二产业产值、第三产业产值、城镇化率、社会商品零售额、森林覆盖率表示。为了更好地评价各区县产业结构转型能力，本书选择

2008 年、2011 年、2014 年、2015 年四个时间截面对其进行研究。

在对指标体系简化的基础上，应用 DEAP 2.1 软件计算出 2008 年、2011 年、2014 年、2015 年榆林市各区县产业结构转型能力（见表 9 - 9、表 9 - 10、表 9 - 11、表 9 - 12）

表 9 - 9　2008 年榆林市各区县产业结构转型能力

区县	综合效率 θ	纯技术效率	规模效率	规模收益
榆阳区	1.000	1.000	1.000	收益不变
神木县	1.000	1.000	1.000	收益不变
府谷县	0.926	0.946	0.979	收益递增
横山县	0.237	0.238	0.994	收益递增
靖边县	0.496	1.000	0.496	收益递增
定边县	0.149	0.158	0.947	收益递增
绥德县	0.260	0.305	0.854	收益递增
米脂县	0.307	0.353	0.869	收益递增
佳县	0.165	0.257	0.641	收益递增
吴堡县	1.000	1.000	1.000	收益不变
清涧县	0.283	0.313	0.906	收益递增
子洲县	0.224	0.286	0.782	收益递增

表 9 - 10　2011 年榆林市各区县产业结构转型能力

区县	综合效率 θ	纯技术效率	规模效率	规模收益
榆阳区	1.000	1.000	1.000	收益不变
神木县	1.000	1.000	1.000	收益不变
府谷县	0.730	0.760	0.961	收益递增
横山县	0.600	0.621	0.967	收益递增
靖边县	0.616	0.617	0.998	收益递增
定边县	0.338	0.340	0.994	收益递增
绥德县	0.252	0.286	0.881	收益递增

续表

区县	综合效率 θ	纯技术效率	规模效率	规模收益
米脂县	0.306	0.459	0.667	收益递增
佳县	0.259	0.352	0.735	收益递增
吴堡县	1.000	1.000	1.000	收益不变
清涧县	0.375	0.415	0.902	收益递增
子洲县	1.000	1.000	1.000	收益不变

表 9 – 11　2014 年榆林市各区县产业结构转型能力

区县	综合效率 θ	纯技术效率	规模效率	规模收益
榆阳区	0.930	1.000	0.930	收益递增
神木县	1.000	1.000	1.000	收益不变
府谷县	1.000	1.000	1.000	收益不变
横山县	0.373	0.392	0.952	收益递增
靖边县	0.609	0.694	0.878	收益递增
定边县	0.512	1.000	0.512	收益递增
绥德县	0.201	0.230	0.871	收益递增
米脂县	0.721	0.772	0.933	收益递增
佳县	0.232	0.296	0.785	收益递增
吴堡县	1.000	1.000	1.000	收益不变
清涧县	0.885	1.000	0.885	收益递增
子洲县	0.277	0.339	0.815	收益递增

表 9 – 12　2015 年榆林市各区县产业结构转型能力

区县	综合效率 θ	纯技术效率	规模效率	规模收益
榆阳区	0.739	0.827	0.894	收益递增
神木县	0.830	1.000	0.830	收益递增
府谷县	0.980	1.000	0.980	收益递增
横山区	0.734	0.763	0.962	收益递增
靖边县	0.950	1.000	0.950	收益递增

续表

区县	综合效率 θ	纯技术效率	规模效率	规模收益
定边县	1.000	1.000	1.000	收益不变
绥德县	0.344	0.349	0.984	收益递增
米脂县	0.569	0.570	0.998	收益递增
佳县	0.499	0.520	0.960	收益递增
吴堡县	1.000	1.000	1.000	收益不变
清涧县	0.588	0.593	0.992	收益递增
子洲县	0.658	0.671	0.981	收益递增

榆林市产业结构转型能力的综合效率大体上呈现北部高、中南部低的空间特征（见图 9 – 1）。

全市产业结构转型能力的综合效率平均值从 2008 年的 0.504 增长到 2015 年的 0.658；DEA 有效的区域由 2008 年的神木、榆阳、吴堡三个区县增加到 2011 年的神木、榆阳、吴堡、子洲四个区县，到 2015 年

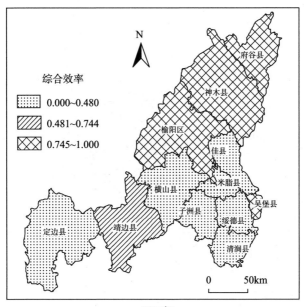

a. 2008年

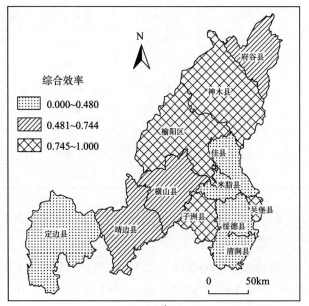

b. 2011年

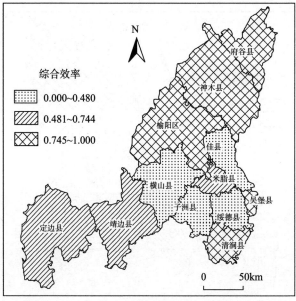

c. 2014年

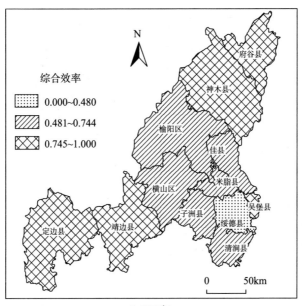

d. 2015年

图 9 - 1　2008 ~ 2015 年榆林市各区县综合效率的空间变化情况

减少为定边、吴堡两个区县，其中综合效率的最低值从西南部的定边县逐渐移动到东南部的绥德县，其综合效率均不足 0. 5，低于榆林市平均水平。总体而言，榆林市北部地区产业转型能力的综合效率普遍高于南部地区，且高值区逐渐由神木、榆阳转向靖边、定边。

榆林市产业结构转型能力的技术效率在空间上呈北高南低的分布格局（见图 9 - 2）。

全市转型能力的平均技术效率均在 0. 5 以上且逐年增长，说明榆林市在转型过程中，技术水平有所提升。其中，技术效率较高的地区主要位于北部能源富集区，技术有效的区域由 2008 年的神木、榆阳、靖边、吴堡四个区县增加为 2014 年的府谷、神木、榆阳、定边、吴堡、清涧六个区县，到 2015 年减少为府谷、神木、靖边、定边、吴堡五个区县；最低值从西南部能源富集的定边县转向东南部的绥德县，其技术效率均低于 0. 4，低于全市的平均水平。

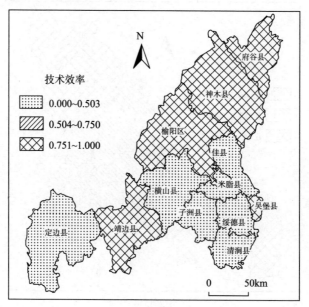

a. 2008年

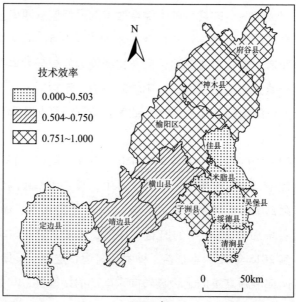

b. 2011年

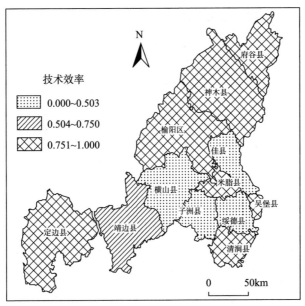

c. 2014年

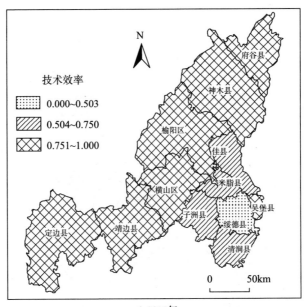

d. 2015年

图 9-2　2008~2015 年榆林市各区县技术效率的空间变化情况

　　榆林市产业结构转型能力的规模效率呈现空间集聚分布的格局（见图 9 – 3）。

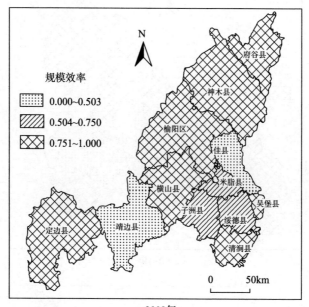

a. 2008年

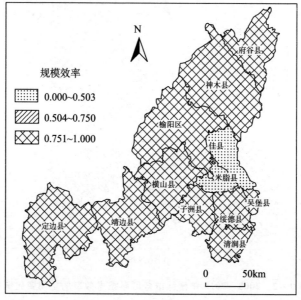

b. 2011年

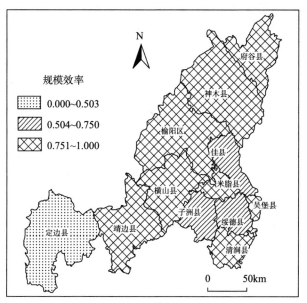

c. 2014年

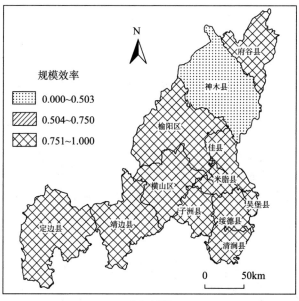

d. 2015年

图 9-3　2008～2015 年榆林市各区县规模效率的空间变化情况

中北部地区的规模效率从高值区转向中低值区，南部规模效率从中低值区向高值区过渡。全市转型能力的平均规模效率在 0.872 ~ 0.961 波动变化；规模效率有效的区域从 2008 年的神木、榆阳、吴堡三个区县增加为 2011 年的神木、榆阳、吴堡、子洲四个区县，到 2015 年仅剩定边和吴堡两个区县，最低值从南部地区转向神木县和榆阳区。

榆林市产业结构转型能力在空间上呈现集中连片分布的态势（见图 9 - 4）。

其中转型能力较高的地区主要集中在北部、东南部两个区域，2008 年主要分布在神木、榆阳、府谷、吴堡四个区县，2014 年增加到神木、榆阳、府谷、吴堡、米脂、清涧六个区县，到 2015 年减少为府谷、定边、吴堡三个县；转型能力中等的地区主要位于榆林市的中部、西南部地区，且数量从 2008 年的横山、定边、清涧三个县增加到 2015 年的榆阳、神木、横山、靖边、绥德、米脂、清涧、子洲八个区县；转型能力较低的区主要分布在榆林市的南部地区，且随着经济发展水平的提高，数量有所减少，2008 年主要有靖边、绥德、子洲、米脂、佳县五个县，

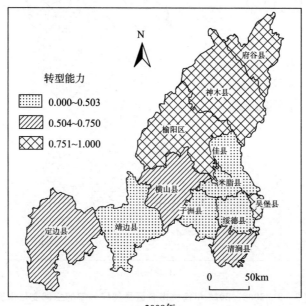

a. 2008年

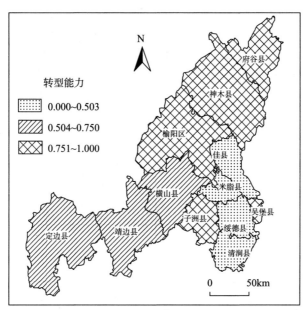

b. 2011年

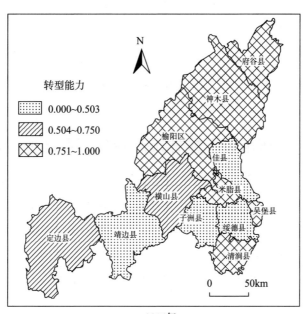

c. 2014年

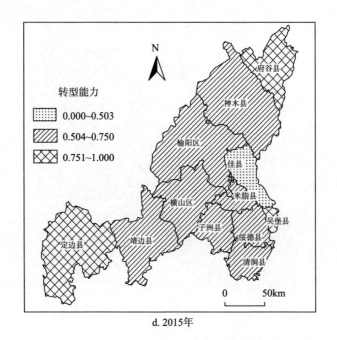

d. 2015年

图 9 - 4　2008 ~ 2015 年榆林市各区县产业转型能力的空间变化情况

2011 年为清涧、佳县、米脂、绥德四个县，2014 年为佳县、绥德、子洲、靖边四个县，到 2015 年仅剩佳县一个县。总体来说，榆林市产业转型能力得到了提升，但各区县存在明显差距。

9.3　新常态下榆林市产业转型面临的困境

根据榆林市产业结构转型能力评价指标的权重，可以看出资源占用因子、环境污染因子及可持续发展因子对产业结构转型能力的影响较大，因此结合榆林市资源、环境、可持续发展的具体情况及现有体制机制问题，从新常态背景出发，得出榆林市产业转型面临的困境有以下几个方面。

9.3.1　转型主体的内生动力不足

资源型城市是计划经济的产物。一方面，粗放的经济增长方式，导致资源型企业普遍存在生产技术落后、劳动生产率低、经济效益差等问题，严重影响企业改革与创新的动力。另一方面，多数资源型企业属于中央企业，存在其固有的弊端，难以建立真正的现代企业制度及产业长期发展规划，从而制约了资源型城市产业结构转型。此外，资源型城市管理体制的二元结构，造成政府、企业职能越位和缺位现象，导致政府推动产业转型的决心不够，难以发挥政府在产业转型中的作用。目前中国经济进入新常态，市场经济体系不断完善，竞争机制的作用不断增强，前期积累的各种矛盾逐渐凸显，一定程度上制约了城市产业结构的转型。

9.3.2　产业发展不均衡且关联度较低

资源型城市依托自然资源而生，因此资源开采和加工业成为经济发展的主导产业。资源型产业发展产生的排挤效应，严重阻碍了其他产业的发展，造成资源产业"一产独大"的局面，导致产业结构失衡，进而影响城市的可持续发展。根据产业结构转型能力产出指标的分析，看出可持续发展因子的权重为 0.89，是影响产业转型能力的三个因素之一，其中三次产业产值的权重分别为 0.987、0.979、0.933。截至 2015 年底，榆林市三次产业产值比例为 5.5%∶62.5%∶32%。第二产业处于主导地位，其中重工业比例达到 97.6%，能源型产业比例为 78.1%，说明榆林市产业结构偏向能源重化工型产业，并呈现高能耗、高污染、产业链条短且低附加值的特点。此外，榆林市产业之间的关联度较低，互相支持能力较弱，产业体系不完善，严重制约着其可持续发展。

9.3.3　产能过剩问题突出

随着中国经济进入新常态时期，经济增速逐渐放缓，导致国内对原材料的需求降低，前期积累的过剩产能得不到释放，造成体制性产能过剩；技术创新力度不够，造成结构性产能过剩；国际市场需求锐减，造成周期性产能过剩。三种产能过剩的叠加，导致我国传统高能耗行业和新兴绿色产业普遍存在产能过剩问题，导致相应行业的利润率大幅下滑。从产业转型能力的指标体系中可以看出，能源加工转换率权重为0.991，对可持续发展因子的影响较大，但在全国产业发展过程中能源加工转换能力较低，导致传统能源行业产能过剩。据统计，2015年钢铁行业产能近12亿吨，而国内钢材市场需求量仅为7亿吨，产能利用率不足67%，水泥行业的产能利用率下降为62.9%，煤炭行业的亏损面高达80%，太阳能电池产能过剩达95%，风电设备产能利用率不足60%。在这样的大背景下，榆林市煤炭、钢铁等传统产业也出现产能过剩现象，资源型产业发展后劲不足。

9.3.4 人才和科技水平的制约

根据产业转型能力投入指标可以看出，三次产业就业人数在资源占用因子中的权重分别为0.845、0.784、0.856，影响产业结构转型的能力。但对于资源型城市而言，由于城市基础设施、环境、产业结构等存在的问题，资源型城市缺乏吸引人才的能力。从榆林市来看，一方面，人才总量相对缺乏，人才结构不均衡，特别是高层次和复合型人才匮乏。2015年，榆林市人才总量达到61万人，占总人口的15.03%。专业技术人才中具有正高级专业技术职称的人才不到全市人才总量的2.3%，中级职称占总人才量的20.3%。能源化工产业中，中高级人才仅占职工人数的6.5%。另一方面，除技术人员和管理人员外，大部分劳动力来自农村，文化教育水平普遍较低。此外，区域经济发展的不平衡，使人才不断向经济发达、环境良好地区转移，导致本地人才大量流失。人才缺乏成为制约榆林市产业结构转型的重要原因。

在经济新常态背景下，煤炭产业面临现代煤化工技术的发展期。然而，由于缺乏专业技能人才及科研资金的投入力度不够，榆林市重大技术研发平台的建设滞后以及项目和技术储备不足，严重制约其产业结构转型。2015 年榆林市 R&D 占 GDP 的比例为 0.11%，与西安市相差5.13%，在全省所有地市中排名倒数第二，科学事业经费占财政支出比例的 1.15%。由此可见，榆林市对科技重视程度依然不够，科技水平的增长与其经济发展的产业转型目标不协调。

9.3.5　资金积累不足

从产业结构转型能力的指标体系可以看出，三次产业的投资额在资源占用因子中的权重分别为 −0.934、0.819、0.690，说明资金的投入对产业转型的影响较大。但受人才和科技水平的制约，榆林市资源性产品加工程度低、技术含量低、附加值低，导致产品被廉价出售，进而促使区域利益外流，从而导致城市的资金积累不足，影响城市发展的后续资金投入，制约城市的可持续发展和产业结构的转型（见图 9 − 5）。

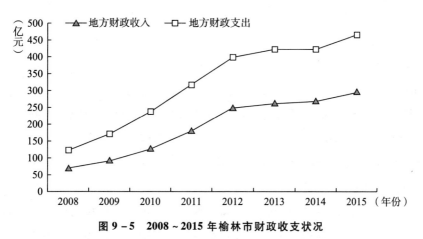

图 9 − 5　2008 ～ 2015 年榆林市财政收支状况

从榆林市 2008 ～ 2015 年财政收支状况可以看出，地方财政支出与财政收入的差距逐渐扩大，且支出始终大于投入。受计划经济体制的影响，资源型城市基础设施建设落后于城市发展，加之资源型产业的长期发展造成的生态破坏、环境污染、土地塌陷等问题突出，导致城市投资环境较差，进而影响外资企业的发展。2015 年榆林市实际利用外资 1.1

亿美元。此外，由于资源型产业前期投资大，资金回笼速度慢，对外商的吸引不如高附加值的产业。因此改善资源型城市的投资环境是转型的重要内容。

9.3.6 生态环境破坏严重，环境压力大

根据产业转型能力投入指标的权重可以看出，环境污染因子（0.16）是影响产业转型的因素之一，其中工业三废在环境污染因子中的权重分别是0.949、0.951、0.977。伴随中国经济进入新常态，资源型产业相应的进入了环境制约的强化期，保护和改善矿区生态环境任务艰巨。而榆林市属于水土流失和荒漠化叠加的生态脆弱区，能源的开发导致环境污染日益严重，生态破坏不断加剧。主要表现在以下三个方面。一是三废污染较严重。2015年榆林市工业废气排放量为5575.93亿立标方，工业废水排放量为7224.13万吨，固体废弃物排放量为2472.32万吨。二是地下水位下降、地表水量不断减少。监测显示，榆林市北部风沙区地下水储蓄量减少了8.6亿立方米，不同区域地下水位下降2~7米，湖泊数量由开发前的869个减少为现在的80个，神木市境内10多条河流出现断流现象。三是出现地面塌陷和地裂。由于开采历史长，地下水被大量抽出，地面承受力下降，矿区内出现了不同程度的地面塌陷和地面裂缝。截至目前，榆林市因煤炭开采形成的采空区面积有550平方千米，其中塌陷面积为130平方千米，损坏耕地3万多亩，林草地近7万亩。

总的来说，榆林市产业发展面临内生动力不足、结构失衡、产能过剩问题突出、资金积累不足、人才和科技水平限制、环境污染等方面的困境，严重影响该城市的经济发展，产业结构转型十分迫切。同时由于榆林市资源开发的时间较短，经济发展处于资源增产—稳产期阶段，仍有大量资源可进行开采，且开采成本相对较低，转型负担较小，转型时机较好，转型能力较强，产业转型具有可操作性。

9.4　本章小结

（1）2008～2015 年榆林市产业转型能力不断提升，产业结构转型的综合效率的均值为 0.757，离效率前沿面有 24.3% 的提升空间；纯技术效率的均值为 0.948，离效率前沿面有 5.2% 的提升空间；规模效率的均值为 0.801，离效率前沿面有 19.9% 的提升空间。投入要素的使用效率和技术利用程度是提升榆林市产业结构转型能力的关键。

（2）榆林市北部地区产业转型能力的综合效率普遍高于南部地区，且高值区逐渐由神木、榆阳转向靖边、定边；技术效率在空间上呈北高南低的分布格局；规模效率呈现空间集聚分布的格局，中北部地区的规模效率从高值区转向中低值区，南部规模效率从中低值区向高值区过渡；产业结构转型能力在空间上呈现集中连片分布的态势。

（3）新常态下，榆林市产业发展面临内生动力不足、结构失衡、产能过剩问题突出、资金积累不足、人才和科技水平限制、环境污染等方面的困境，严重影响该城市的经济发展，产业结构转型十分迫切。同时由于榆林市资源开发的时间较短，经济发展处于资源增产—稳产期阶段，仍有大量资源可进行开采，且开采成本相对较低，转型负担较小，转型时机较好，转型能力较强，产业转型具有可操作性。

第 10 章
成长型资源城市主导产业选择

成长型资源城市产业转型的实质是通过对资源型产业的不断升级、替换，降低城市对资源的依赖。因此，为了实现资源型城市的可持续发展，选择和培育主导产业就成为产业转型的核心。榆林市是典型的资源成长型城市，2015 年采掘业占工业产值的比例达到 58.75%，以能源资源开采与加工为主，城市经济发展对能源资源的依赖性强。随着我国进入经济新常态，国内经济低迷、产能过剩等问题凸显，以资源型产业为主的单一结构导致榆林市经济发展的增速下降，加剧了城市发展面临的困境。因而，选择和培育主导产业、建立多元的产业体系是榆林市产业转型的核心。

主导产业选择的方法有很多，其中最常见的有层次分析法、主成分分析法、灰色关联分析法、偏离 - 份额分析法（SSM）等。层次分析法的优点在于将主导产业的多个影响因素分成不同的层次，并通过专家打分法得到各个因素的权重关系，从而为主导产业的选择提供依据；缺点是专家打分法存在一定的主观性和随意性，影响结果的准确性。主成分分析法的优点是借助 SPSS 软件直接对各指标的原始数据进行计算，得到其权重，克服了主观因素的干扰，同时通过降维的思想，提取主要因子，消除了各因素间的相关性；缺点是存在假设条件，同时提取公因子的方法不同，会导致计算结果出现偏差。灰色关联分析法的优点在于解决了线性回归分析中出现的非线性和信息不对称问题，并通过分析产业与城市经济发展的关系，确定主导产业；缺点是指标的选取以及比较数列、参考数列的取值，都会影响关联度的变化，进而影响结果的稳定性。偏离－份额分析法的优点是通过将产业发展的变化情况及与参考地区进行比较，发现各产业的相对优势和不足，从而确定主导产业，使研究结果更加客观准确；缺点在于不能对产业形成的优势或发展不足的原因进行分析。综合考虑，与其他方法相比，偏离－份额分析法避免了指标间的相关性，能更准确客观地反映区域内各产业的结构情况及竞争力的大小。

10.1　主导产业选择的方法

偏离－份额分析法是用于比较不同区域中城市各产业的变化情况，选择产业今后发展方向的一种方法，它是把区域经济的变化与所在地区或国家进行比较，利用份额分量、结构偏移分量、竞争力偏移分量来解释研究区域经济发展状况，从而发现区域内经济结构的优劣及各产业竞争力的大小，找出研究区域产业中拥有相对竞争优势的部门，最终确立区域内产业结构调整的方向。然而，在分析产业结构时传统偏离－份额分析法只揭示了产业初期的结构规模差异，且竞争力分量受区域产业结构差异的影响混入了部分结构分量，导致研究结果存在较大偏差（曹卫东等，2013）。本章在传统偏离－份额分析法的基础上，通过对结构分量的修正和区域、产业的增速标准化处理，很好地解决了产业结构和规模差异对区域经济造成的影响（杨向阳、陈超，2006），从而实现了竞争力分量和结构分量的分离（罗健等，2013）。具体模型如下：

$$\sum_{i=1}^{s} X_{ij} r_{ij} = \sum_{i=1}^{s} X_{ij} r_i' + \sum_{i=1}^{s} X_{ij}(r_j' - r') + \sum_{i=1}^{s} X_{ij}[(r_{ij} - r_j') - (r_i' - r')]$$

$$(10-1)$$

模型中所出现的标准化增速按以下公式计算：

$$r_j^i = \sum_{i=1}^{s} r_{ij} \frac{x_i}{x} \quad r_i' = \sum_{j=1}^{R} r_{ij} \frac{x_j}{x} \quad r' = \sum_{i=1}^{s} r_i' \frac{x_i}{x} = \sum_{j=1}^{R} r_j' \frac{x_j}{x} \quad (10-2)$$

其中：X 表示产值；r 表示增长速度；j 表示区域，并设定区域数量为 R；i 表示产业，并设定产业数量为 S；X_{ij} 便是 j 区域 i 产业在初期的产值。等式右边分别表示份额分量、竞争力偏离分量、产业结构偏离分量。

10.2 榆林市主导产业的选择

10.2.1 三次产业的偏离份额分析

本书以 SSM 分析法为基础，选取榆林市 2008 年和 2015 年两个时间点的三大产业内部各细分产业部门作为分析对象，以陕西省细分产业部门作为参照。榆林市产业部门数据来源于《榆林统计年鉴 2008》《榆林统计年鉴 2015》，陕西省产业部门数据来源于《陕西统计年鉴 2009》《陕西统计年鉴 2016》。本书以 2008 年为基期，2015 年为末期，分析 2008~2015 年的产业变化情况，从而确定榆林市的主导产业。

1. 第一产业的偏离份额分析

由 SSM 公式计算可知，2008~2015 年榆林市第一产业总增长量（201.63）为正，且高于份额偏离分量（17.49），这说明榆林市第一产业处于发展态势，且增长高于陕西省同期水平。竞争力偏离分量（187.39）为正，说明榆林市第一产业的竞争力水平有所提升，主要是因为国家对农业和农村的关注，特别是连续 13 个涉农"中央一号"文件使农业发展迎来了新机遇，从而使榆林市特色农业得到发展，竞争力不断提高。结构偏离分量（-3.24）为负值，可以看出榆林市第一产业在产业构成中所占比例小。

榆林市第一产业结构偏离分量如下（见表 10-1）。

表 10-1 2008~2015 年榆林市第一产业的偏离份额分析

具体部门	份额偏离分量	竞争力偏离分量	结构偏离分量	总偏离量	总增长量
农业	7.48	100.53	-6.01	94.52	102.00

具体部门	份额偏离分量	竞争力偏离分量	结构偏离分量	总偏离量	总增长量
林业	0.79	6.57	8.25	14.82	15.61
牧业	8.63	72.07	- 12.78	59.28	67.91
渔业	0.18	1.09	2.87	3.96	4.14
服务业	0.41	7.13	4.43	11.56	11.97

可以看出，各细分产业的份额偏离分量值都大于0，说明榆林市第一产业内部产业部门的增长高于陕西省平均水平，产业发展的总体态势较好，但林业、渔业、服务业三个部门所占市场份额较小，不具有规模效应；总竞争力偏离分量的增长主要是农牧业，占总增长的90%以上；结构偏离分量中除牧业（-12.78）、农业（-6.01），其他都为正值且都接近0，说明第一产业结构对经济增长的贡献不大，而农牧业为负值是由退耕还林政策下全面禁牧活动造成的。

2. 第二产业的偏离份额分析

根据计算得出，2008～2015 年榆林市第二产业总增长量（6868.64）为正，且大于份额分量（717.79），这说明榆林市第二产业是全省快速增长型部门，增长率高于第一、第三产业。2008～2015 年榆林市第二产业的总偏离量为6150.82，即第二产业总的来说具有增长优势，说明榆林市第二产业部门的比例高于陕西省平均水平，部门结构对经济增长的贡献大；其中结构偏离分量为-983.31，主要是受国际宏观经济形势和国内能源市场下滑的影响，特别是经济新常态下产能过剩和经济增速放缓的影响，第二产业发展速度随之放缓。

榆林市第二产业结构偏离份额如下（见表 10 - 2）。

表 10 - 2　2008～2015 年榆林市第二产业的偏离份额分析

具体部门	份额偏离分量	竞争力偏离分量	结构偏离分量	总偏离量	总增长量
煤炭开采和洗选业	524.17	2861.84	-2154.06	707.78	1231.95

具体部门	份额偏离分量	竞争力偏离分量	结构偏离分量	总偏离量	总增长量
石油和天然气开采业	39.75	1061.81	-942.82	118.99	158.75
非金属矿采选业	0.79	11.83	-1.84	9.99	10.78
农副产品加工业	0.38	61.93	119.17	181.09	181.48
食品制造业	0.39	39.53	57.66	97.19	97.58
酒、饮料和精制茶制造业	0.13	26.25	29.34	55.59	55.73
纺织业	0.00	0.46	-0.52	-0.07	-0.07
纺织服装、服饰业	0.27	9.22	6.82	16.04	16.32
皮革、毛皮、羽毛及其制品和制鞋业	0.00	6.53	-3.58	2.95	2.95
木材加工及竹藤棕草制品业	0.00	6.48	-3.56	2.93	2.93
家具制造业	-0.13	0.72	-0.89	-0.16	-0.29
造纸及纸制品业	0.00	1.55	4.93	6.48	6.48
文教、工美、体育和娱乐用品制造业	0.00	1.26	-0.69	0.57	0.57
石油加工及炼焦业	30.99	817.34	-21.37	795.97	826.96
化学原料及化学制品制造业	62.37	712.64	279.20	991.84	1054.21
医药制造业	0.00	4.09	-2.13	1.96	1.96
橡胶制品业及塑料制品业	0.00	2.04	-1.12	0.92	0.92
非金属矿物制品业	0.36	39.13	-11.39	27.73	28.09
黑色金属冶炼及压延加工业	0.42	53.92	0.61	54.53	54.95
有色金属冶炼及压延加工业	10.21	334.65	106.61	441.26	451.47
金属制品业	0.00	0.91	-0.50	0.41	0.41
通用设备制造业	0.00	0.95	-0.52	0.43	0.43
专用设备制造业	0.00	0.20	-0.11	0.09	0.09
汽车制造业	0.01	14.81	45.38	60.19	60.20
其他制造业	0.00	1.06	-0.58	0.48	0.48
电力、热力的生产和供应业	43.64	658.04	-273.97	384.07	427.71
燃气生产和供应业	0.51	61.80	1880.05	1941.85	1942.36

具体部门	份额偏离分量	竞争力偏离分量	结构偏离分量	总偏离量	总增长量
自来水生产和供应业	0.21	13.12	62.25	75.37	75.58
建筑业	3.32	330.03	-155.68	174.35	177.66

可以看出：除家具制造业外，其余产业部门的份额偏离分量都大于或等于0，其中份额分量值为0的有纺织业，皮革、毛皮、羽毛及其制品和制鞋业，木材加工及竹藤棕草制品业，造纸及纸制品业，金属制品业等11个产业部门，说明榆林市第二产业的多数部门增长速度高于全省平均水平，产业具有较好的发展态势，但家具制造业的增长率相对较低，皮革、毛皮、羽毛及其制品和制鞋业，木材加工及竹藤棕草制品业，造纸及纸制品业，金属制品业等产业部门占市场份额较低，体现不出规模效应。第二产业的总偏离量中除纺织业、家具制造业为负值，其余27个部门都为正值，这表示榆林市第二产业中的27个部门比例高于陕西省平均水平，部门结构对经济增长的贡献较大。其中竞争力偏离分量值都为正，且大部分值较大，这说明榆林市第二产业内部各部门的竞争优势有所增加；结构偏离分量中大于0的有11个产业部门，其余产业部门值小于0，且小于0的产业部门大多是资源型产业部门，表明榆林市第二产业的结构优势有所下降，主要是由于一煤独大的产业格局，资源依赖型的经济造成榆林市产业结构过于单一，抗市场风险能力十分薄弱，在经济下行、能源市场不景气的影响下，能源产业发展速度放缓。

3. 第三产业的偏离份额分析

依据公式（10-1）计算可知，榆林市第三产业内部各部门的偏离份额如下（见表10-3）。

可看出，榆林市第三产业的总增长量（1401.86）为正值，且大于份额偏离分量（31.84），这表明榆林市第三产业的增长率高于陕西省第三产业的增长率，且增长优势比较明显；竞争力偏离分量（709.27）大于0，这说明榆林市第三产业内部各部门具有较强的竞争优势，增长

表 10 – 3　2008～2015 年榆林市第三产业的偏离份额分析

具体部门	份额偏离分量	竞争力偏离分量	结构偏离分量	总偏离量	总增长量
交通运输、仓储和邮政业	4.14	138.43	-1126.25	-987.82	-983.68
批发和零售业	11.80	123.67	3640.64	3764.31	3776.12
住宿和餐饮业	1.10	24.60	452.61	477.21	478.30
金融业	2.93	57.71	432.01	489.72	492.65
房地产业	0.70	31.62	-302.99	-271.37	-270.66
其他服务业	11.17	333.24	-2435.28	-2102.04	-2090.87

的主要来源是交通运输、仓储和邮政业，批发和零售业及其他服务业中的旅游业比例的竞争优势；结构偏离分量（660.74）为正，说明榆林市第三产业结构优势得以提升，主要是受全球宏观经济不景气、产能过剩、能源市场疲软的影响，第二产业发展步伐放缓，国家加大对第三产业的扶持，使得榆林市第三产业迅速发展起来，产值比例有所回升。

份额偏离分量值都在 0～12，说明榆林市第三产业各部门属于全省性增长部门，产业总体发展优势不足。竞争力偏离分量都为正，说明榆林市第三产业部门竞争力优势进一步提高，其中其他服务业最高，说明较其他部门而言，其他服务业竞争优势最强。结构偏离分量为正的有批发和零售业、住宿和餐饮业、金融业，这表明这 3 个部门对第三产业结构的贡献率大；交通运输、仓储和邮政业，房地产业及其他服务业的结构偏离值为负，说明这 3 个部门增长缓慢，对第三产业的贡献有待提高，原因在于能源市场的萎靡，导致因能源工业发展带动的以交通运输为主的传统服务业发展缓慢，同时政府加大对现代服务业的支持力度，进而促进旅游业、现代物流业、金融业的大力发展。

10.2.2　主导产业的选择

1. 主导产业的初步确定

为了便于对三大产业内部各细分产业进行横向的比较分析，确定榆林市各产业中的相对优势产业，对各产业偏离份额中各分量进行标准化处理，根据所得结果做出产业部门优势分析图和产业部门偏离分量图（Shift-Share）。

（1）第一产业的 Shift-Share 分析。从产业部门优势分析图（见图 10－1）中可看出：农业、牧业位于第一象限，说明这两个产业部门既具有部门优势又是全省的增长性部门，二者对第一产业发展的贡献大，其产值占第一产业产值的比例超过了 77%，产业的部门优势明显，同时榆林市处于农牧交错带上，农牧业发展所需的自然条件较好，在陕西省的发展潜力大，增长速度快；服务业、林业、渔业位于第三象限，属于较差的产业部门，既无部门优势，又无增长优势。总的来说，榆林市第一产业内部 5 个产业部门没有位于第二、第四象限的，说明第一产业内部结构不太协调，两极分化比较严重，没有作为优势产业补充的一般性产业，出现了产业断层和极化现象。

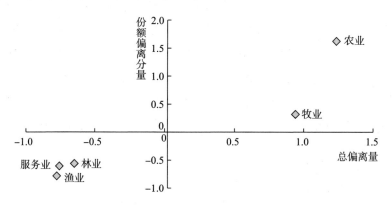

图 10－1　第一产业部门优势分析

从产业部门偏离分量分析图中（见图 10－2）可以看出：农业位于第一象限，说明农业具有较强的结构优势和竞争力优势，原先的产业基础较好，与第一产业的其他部门相比行业竞争能力较好，是较好的产业部门；林业、渔业、服务业处于第二象限，说明这三个产业部门仅有结构优势而无竞争力优势，在行业中的地位有所下降，为一般产业；牧业分布于第四象限，表明其竞争力优势明显但结构优势相对缺乏，也是一般产业部门。

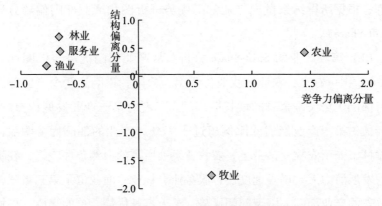

图 10 - 2 第一产业部门偏离分量分析

（2）第二产业的 Shift-Share 分析。从产业部门优势分析图（见图 10 - 3）中可知：煤炭开采和洗选业，石油和天然气开采业，石油加工及炼焦业，化学原料及化学制品制造业，电力、热力的生产和供应业，有色金属冶炼业及压延加工业，农副产品加工业位于第一象限，表明这 7 个产业是相对较好的产业部门，产值比例占第二产业总产值的 73% 以上，对第二产业发展的贡献率大，产业部门优势突出；份额偏离分量值为正且数值较大，说明位于第一象限的产业部门在全省的增长优势明显。酒、饮料和精制茶制造业，燃气生产和供应业在第四象限，说明这

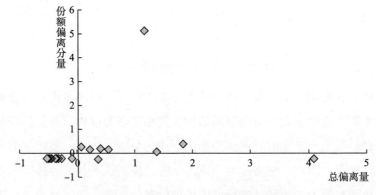

图 10 - 3 第二产业产业部门优势分析

2 个产业属于一般产业部门，具有一定的增长优势但缺乏部门优势。造纸及纸制品业、非金属矿物制品业等剩余 20 个产业部门位于第三象限，属于较差的产业部门，既无部门优势又无增长优势。从整体上看，榆林市第二产业中仅有 2 个产业部门在第四象限，第二产业内部结构不协调，产业断层和极化现象较明显，缺少位于中游的一般性产业。

从产业部门偏离分量分析图中（见图 10 - 4）可以看出：位于第一象限的有煤炭开采和洗选业，石油和天然气开采业，石油加工及炼焦业，化学原料及化学制品制造业，电力、热力的生产和供应业，有色金属冶炼业，食品加工业 7 个产业部门，表明这 7 个部门具有较强的结构优势和竞争力优势，拥有较好的产业基础，与第二产业中其他部门相比行业竞争能力强，属于较好产业部门；位于第二象限的有非金属矿采选业、食品制造业，酒、饮料和精制茶制造业等 20 个产业部门，说明这 20 个产业部门的结构优势突出但竞争力优势相对减弱，在行业中的地位有所下降，为一般产业；位于第三象限的是自来水生产和供应业，属于较差产业部门；位于第四象限的是建筑业，表明其具有明显的竞争力优势而不具备结构优势，缺乏较好的产业基础，也是一般产业部门。

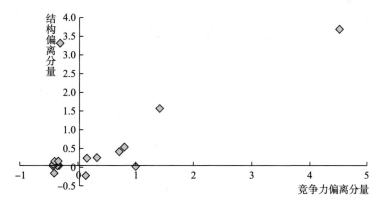

图 10 - 4　第二产业部门偏离分量分析

（3）第三产业的 Shift-Share 分析。由产业部门优势分析图（见图 10 - 5）得出：批发和零售业位于第一象限，表明该产业部门属于发展潜力较好的部门，具有增长优势和部门优势；交通运输、仓储和邮政业，房地产业位于第三象限，属于较差的产业部门，既无部门优势，又无增长优势；其他服务业、金融业、住宿和餐饮业处于第二、第四象限，说明这3个产业属于一般产业部门，其中，其他服务业具有一定的产业部门优势，金融业、住宿和餐饮业则有一定的增长优势。总体来说，第三产业内部结构相对协调，没有出现严重的极端情况和产业断层现象。产业内部较协调主要是因为能源市场不景气，使得依靠能源产业发展起来的以交通运输为主的传统服务业有所下降，同时政府加大对现代物流业、旅游业及金融业的支持力度，促进了住宿和餐饮业、金融业和其他服务业的发展。

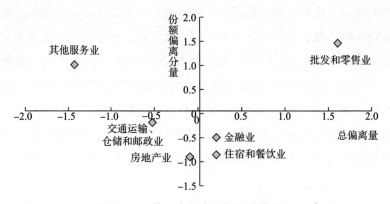

图 10 - 5　第三产业产业部门优势分析

从产业部门偏离分量分析图中（见图 10 - 6）可以看出：批发和零售业处于第一象限，说明该产业部门存在较大的结构优势和竞争力优势，产业发展的基础较好，与第三产业的其他部门相比行业竞争力较大，属于较好产业部门；住宿和餐饮业、金融业处于第二象限，说明这2个产业部门存在结构优势而缺乏竞争力优势，在行业中的地位有所下降，为一般产业；房地产业在第三象限，为较差的产业部门，不具有结构和竞争力优势；交通运输、仓储和邮政业，其他服务业分布于第四象限，表明其竞争力优势明显但不具有结构优势，产业缺乏良好的发展基础，也是一般产业部门。

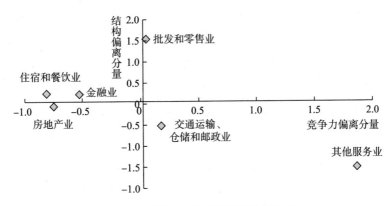

图 10 - 6　第三产业部门偏离分量分析

2. 主导产业的初步确定

根据主导产业的选择方法——偏离 - 份额分析法得出：主导产业应该是具有高份额偏离分量、高结构偏离分量和高竞争力偏离分量的产业部门，即选择在部门优势图和部门偏离图中都位于第一象限的产业部门作为主导产业。榆林市第一产业中符合主导产业标准的是农业，因为农业为陕西省增长性的产业部门，发展潜力大、产业发展基础好，在第一产业中占重要地位，对第一产业的增长具有较大贡献率；第二产业中符合主导产业标准的有煤炭开采和洗选业，石油和天然气开采业，石油加工及炼焦业，化学原料及化学制品制造业，电力、热力的生产和供应业，有色金属冶炼业，食品加工业，因为这 7 个部门均为陕西省增长性的产业部门，潜力大且发展基础好，在第二产业中占重要地位，对第二产业的增长具有较大贡献率；第三产业中符合主导产业标准的为批发和零售业，因为该产业属于陕西省增长性的产业部门，产业的发展潜力大、发展基础良好，在第三产业中占重要地位，对第三产业的增长具有较大贡献率。

3. 主导产业的最终确立

榆林市"十三五"规划中指出要建立"一轴一带一核三区多点"的产业新格局，重点发展煤炭、煤化工、油气、煤电、有色、新能源及装备制造业，特色农业及其农产品加工业，现代服务业等产业。从主导产业初选的结果看出：农副产品加工业，煤炭开采和洗选业，石油和天然气开采业，石油加工及炼焦业，化学原料及化学制品制造业，电力、热力的生产和供应业，有色金属冶炼业，批发和零售业符合主导产业的标准。但要科学地选择主导产业，还需充分考虑榆林市产业发展的优势、资源本土条件等方面对主导产业的要求。

榆林市第一产业中农业发展的水土资源优势明显，2015 年末全市耕地面积达 653680 公顷，占全市总土地面积的 68.27%，且拥有黄土和丘陵土的特性，适于发展品质优良的农作物品种；水资源可利用量为 32.01 亿立方米，是西北地区水资源相对丰富的地区，为农业发展提供了充足的灌溉水源。榆林市年均气温为 9.1 摄氏度，年均降水量为 436.3 毫米，地貌复杂多样，适宜小麦、稻谷、玉米、大豆、薯类、花生、麻类、蔬菜、瓜果等多种作物生长。此外，榆林市光热资源丰富，雨热同期，气候温和，生态类型复杂，生物品种多样，地域特色鲜明，是玉米、谷子、糜子、高粱、马铃薯等适合生长的地区，特色农业发展潜力大。

榆林市第二产业的发展依靠丰富的煤、气、油等矿产资源，逐渐形成了以资源型产业为主导的经济发展模式，同时由于国家能源战略西移、陕北能源重化工基地的建设，国家进一步加大了对榆林市财力、物力的投入力度，这一措施巩固了资源型产业的主导地位。因而资源型产业在今后很长一段时间内仍将是榆林市重点发展的产业，但为了避免陷入"资源诅咒"，榆林市在今后的发展中，应该积极调整产业结构，逐渐减小资源型产业在地区生产总值中的比例，加强产业链的延伸，发展前后及侧向关联的相关产业，实现资源型产业由初级生产向高技术含量、高品质要求的精细化工产品转变，由高能耗、高污染向清洁生产、高效利用转变。

第三产业中批发和零售业的发展具有地理区位优势。榆林市处于中国能源金三角的中心区域，周围半径 500 千米范围内拥有中国最丰富的能源化工资源，是目前中国最发达的能化工业基地之一，同时也是联系陕甘宁蒙晋五大区域"三纵两横"综合交通运输通道和多元立体交通体系的枢纽区域，为做大做强现代物流运输业提供了地理区位和交通优势。以榆林市区为中心，以神木、靖边、绥德、米脂和六大工业集中区为主要节点，向周边乡镇以及省外辐射的现代物流配送体系的大力发展，加快了专业类物流交易中心和综合型物流园区、物流信息平台的建设步伐，进而促进了批发和零售业的发展。

此外，随着经济的发展，旅游业已经成为经济发展的新增长点，榆林市"十三五"规划中提出将文化旅游业打造成为全市新兴支柱产业，但并未将其纳入统计年鉴中，因而没有将其放到选择主导产业的产业部门中参与分析。但从产业发展来看，榆林市旅游资源丰富，文化底蕴深厚，具有良好的发展基础，且文化旅游业属于绿色产业，符合产业持续发展的要求，加之其属于政府提倡发展的产业，因此将其补选为主导产业。

综上所述，通过对榆林市主导产业的定量和定性分析，最终确立榆林市的主导产业为化学原料及化学制品制造业，电力、热力的生产和供应业，石油加工及炼焦业，煤炭、石油、天然气的开采与洗选业，有色金属冶炼和压延加工业，农副产品加工业、批发和零售业、文化旅游业。

10.3　榆林市各区县主导产业的选择

10.3.1　主导产业评价的结果分析

由各区县三次产业的总偏离份额分析（见表10-4）可得，2008～2015年榆林市12个区县三次产业总增长量为正，且都高于份额偏离分量，这说明榆林市各区县三次产业均为全国性增长部门，但各区县的增长存在较大差距，北部资源富集区六县（区）的增长明显大于南部六县（区）。竞争力偏离分量为正，且值较大，说明榆林市各区县三次产业的整体竞争力水平得到了提高，这主要是因为新一轮西部大开发的推进、国家能源战略的西移、陆上丝绸之路经济带的建设及国家对农业农村的关注，使得国家加大对榆林市的投资力度，进而促进了榆林市各产业竞争力的提升。结构偏离分量除榆阳区、绥德县外，其他 10 县（区）均小于 0，说明受全国经济低迷的影响，榆林市各区县经济发展随之下降，产业整体结构有所收缩。

表 10 - 4　2008～2015 年各区县三次产业的总偏离份额分析

区县	份额偏离分量	竞争力偏离分量	结构偏离分量	总偏离量	总增长量
榆阳区	27.59	1456.86	27.20	1484.07	1511.66
神木县	45.93	761.32	-24.21	737.12	783.05
府谷县	13.89	866.14	-74.17	791.97	805.86
横山区	0.73	109.05	-5.44	103.61	104.35
靖边县	-1.25	268.78	-96.18	172.59	171.35
定边县	4.28	349.40	-64.23	285.17	289.45
绥德县	0.54	106.31	12.56	118.87	119.41
米脂县	0.12	35.26	-0.54	34.71	34.83
佳县	0.11	69.89	-17.53	52.36	52.46
吴堡县	0.02	35.40	-3.90	31.51	31.53
清涧县	0.19	97.62	-18.31	79.31	79.51
子洲县	0.17	86.92	-9.90	77.02	77.19

从各区县三次产业的偏离分量分析（表 10 - 5）得出：各区县三次产业份额偏离分量中，除靖边县第二产业为负值外，其余各县都大于 0，但份额偏离分量值较小。相比之下，榆阳区、神木县、府谷县、横山区、定边县五县（区）第二产业份额分量较大，靖边县、绥德县、米脂县、佳县四县（区）第三产业份额偏离分量较大，榆阳区、靖边县、定边县三县第一产业份额偏离分量较大，吴堡县第二、第三产业份额偏离分量最小。竞争力偏离分量都大于 0，但各产业在不同区县的竞争力偏离分量存在差异，其中榆阳区、神木县、府谷县、横山区、靖边

县、定边县、米脂县、吴堡县、子洲县九区县竞争力偏离分量的增长主
要来源于第二、第三产业，占总增长的比例均超过 88%；绥德县、佳县、
清涧县三县竞争力偏离分量的增长主要来源于第一、第三产业。结构偏
离分量值大部分为负值，说明各区县产业结构对经济的贡献率整体处于
下降趋势，经济发展速度缓慢，其中榆阳区、神木县、米脂县、佳县、
吴堡县、清涧县、子洲县七个区县的第二产业的结构偏离分量为正，说
明这七个区县第二产业对经济的贡献率呈现增长趋势；府谷县、横山区、
绥德县三区县的第三产业结构偏离分量为正，说明这三个区县第三产业
对经济的贡献率有所增加；靖边县、定边县二县的第一、第三产结构偏
离分量为正，说明这两个县第一、第三产业对经济的贡献率有所增长。

表 10 - 5　2008～2015 年各区县三次产业的偏离份额分析

区县	具体部门	份额偏离分量	竞争力偏离分量	结构偏离分量	总偏离量	总增长量
榆阳区	第一产业	0.45	69.70	- 39.40	30.30	30.75
	第二产业	17.36	821.46	258.09	1079.54	1096.90
	第三产业	9.79	565.71	- 191.48	374.22	384.01
神木县	第一产业	0.09	11.86	- 1.34	10.52	10.61
	第二产业	35.26	509.01	0.53	509.55	544.81
	第三产业	10.58	240.45	- 23.40	217.04	227.62
府谷县	第一产业	0.03	13.83	- 3.22	10.61	10.64
	第二产业	10.84	609.85	- 180.25	429.60	440.45
	第三产业	3.01	242.47	109.29	351.76	354.77
横山区	第一产业	0.12	13.53	- 0.44	13.10	13.22
	第二产业	0.30	59.79	- 32.19	27.60	27.90
	第三产业	0.31	35.73	27.19	62.91	63.22
靖边县	第一产业	0.29	20.93	4.49	25.42	25.71
	第二产业	- 2.74	177.79	- 220.92	- 43.12	- 45.87
	第三产业	1.20	70.06	120.24	190.30	191.50

续表

区县	具体部门	份额偏离分量	竞争力偏离分量	结构偏离分量	总偏离量	总增长量
定边县	第一产业	0.25	25.55	0.05	25.60	25.85
	第二产业	3.16	241.80	−119.91	121.90	125.05
	第三产业	0.87	82.05	55.63	137.68	138.54
绥德县	第一产业	0.08	18.43	−5.75	12.69	12.76
	第二产业	0.01	12.54	−1.63	10.92	10.92
	第三产业	0.46	75.33	19.93	95.27	95.72
米脂县	第一产业	0.02	5.06	−0.04	5.03	5.05
	第二产业	0.02	11.58	0.31	11.89	11.91
	第三产业	0.07	18.61	−0.82	17.79	17.87
佳县	第一产业	0.04	19.33	−13.57	5.77	5.81
	第二产业	0.01	18.76	7.09	25.84	25.86
	第三产业	0.05	31.80	−11.05	20.75	20.79
吴堡县	第一产业	0.00	5.33	−2.98	2.36	2.36
	第二产业	0.01	14.31	5.83	20.14	20.15
	第三产业	0.01	15.76	−6.74	9.01	9.02
清涧县	第一产业	0.10	29.16	−14.92	14.24	14.34
	第二产业	0.02	25.31	6.53	31.83	31.85
	第三产业	0.07	43.16	−9.91	33.25	33.32
子洲县	第一产业	0.07	19.63	−7.73	11.90	11.97
	第二产业	0.05	33.90	13.94	47.84	47.89
	第三产业	0.05	33.39	−16.11	17.27	17.32

10.3.2 主导产业的选择

结合各区县三次产业的偏离份额分析结果、12 区县产业发展的实际情况、资源优势、区位优势等社会、经济、自然条件，最终确定 12 区县的主导产业（见表 10 - 6）。

表 10 - 6　2008～2015 各区县主导产业分布情况

区县	主导产业
榆阳区	煤炭、岩盐、铝制品、装备制造业、光伏产业、物流业、文化旅游业、特色农产品加工业
神木县	新型煤炭、精细化工等能源工业、生活性服务业、有色金属冶炼业
府谷县	电力、煤化工、高载能产业、高端建材及先进装备制造业
横山区	特色农产品加工业、生产性服务业、能源化工产业、新兴产业、生物制造业
靖边县	商贸服务业、能源化工产业、物流业
定边县	农副产品加工业、机械制造业、物流业、油气盐化工、新能源、新材料产业
绥德县	商贸服务业、物流业、农副产品加工业、盐化工业
米脂县	文化旅游业、农副产品加工业、盐化工业
佳县	盐化工业、光伏产业、制造业、红枣产业、文化旅游业
吴堡县	商贸服务业、能源化工产业、绿色农产品加工业、新型建材业
清涧县	特色农产品加工业、文化旅游业
子洲县	商贸流通业、农副产品精深加工业、能源化工业、特色农业

从表 10 - 6 中看出，北六县（区）位于资源富集区，能源资源丰富，同时处于国家能源战略西移的重要节点上，能源化工产业发展优势明显；能源化工产业的发展促进装备制造业、新材料产业的发展，进而推动物流业的发展，因而北六县（区）的主导产业以能源化工产业、装备制造业、新兴产业、物流业为主。南部地区位于农牧交错带，优越的自然条件使得雨热资源丰富，气候温和，生态类型复杂，地域特色鲜明，有助于特色农业的发展，同时推动农副产品加工业的发展；农耕文明的发展促进了南六县（区）文化底蕴的积累，加之复杂的地貌类型，促进了文化旅游业的发展，进而加快了商贸服务业的发展；扶南政策的提出，促进了南部地区盐化工产业的发展，因而南六县（区）的主导产业以特色农产品加工业、文化旅游业、物流业、盐化工业为主。

10.4 本章小结

（1）通过对榆林市主导产业的定量和定性分析，最终确立榆林市的主导产业为化学原料及化学制品制造业，电力、热力的生产与供应行业，石油加工及炼焦业，煤炭、石油、天然气的开采与洗选业，有色金属冶炼及压延加工业，农副产品加工业，批发和零售业，文化旅游业。

（2）榆林市北六县（区）位于资源富集区，能源资源丰富，同时处于国家能源战略西移的重要节点上，能源化工产业发展优势明显；能源化工产业的发展促进装备制造业、新材料产业的发展，进而推动物流业的发展，因而北六县（区）的主导产业以能源化工产业、装备制造业、新兴产业、物流业为主。

（3）榆林市南六县（区）位于农牧交错带，优越的自然条件使得雨热资源丰富，气候温和，生态类型复杂，地域特色鲜明，有助于特色农业的发展，同时推动特色农产品加工业的发展；农耕文明的发展促进了南六县（区）文化底蕴的积累，加之复杂的地貌类型，促进了文化旅游业的发展，进而加快了商贸服务业的发展；扶南政策的提出，促进了南部地区盐化工业的发展，因而南六县（区）的主导产业以特色农产品加工业、文化旅游业、物流业、盐化工业为主。

第 11 章
成长型资源城市产业转型路径探索

成长型资源城市产业转型的路径研究涉及转型主体、转型困境、转型成本、转型时机、转型路径的选择、具体路径的实施等方面的内容。本书关于产业转型路径的研究主要是通过选择正确的转型路径，并结合榆林市主导产业的发展方向，提出具体的实施路径。

11.1　产业转型的路径选择

通过分析国内外资源型城市产业转型的实践，结合主导产业的选择方向，可将产业转型路径归纳为以下三种路径。

一是产业延伸路径，是指通过充分利用资源禀赋和发挥技术优势，扩展原有资源型产业链条，实现资源的深加工、精细加工，进而发挥资源产业的联动效应，实现产业的上下游联合和集约化发展。主要适用于成长—成熟期间的资源型城市，如美国的休斯敦、中国的克拉玛依等。该路径的优点是通过发挥自然资源优势，实现专业化生产和规模经济，达到资源的循环利用，从而形成产业集群，进一步推动当地经济的发展；缺点是严重依赖资源型产业，产业的抗风险能力较弱，受资源市场和产业政策的影响较大。

二是产业替代路径，是指通过选择和培育新兴主导产业来代替原有的资源型产业，从而摆脱对资源型产业的依赖，实现转型的目标。主要适用于资源衰退或枯竭型城市，如法国的洛林、日本的九州等。其优点是通过发展新型主导产业，逐渐摆脱对资源产业的依赖，进而形成新的经济增长点，促进产业结构的优化升级，推动城市的持续发展，同时有利于缓解就业压力，保持社会的稳定；其缺点是受资源型产业挤出效应的影响，缺乏产业政策、资金、技术、人才等方面的支持，因而发展具有优势的替代产业群面临的挑战大。

三是产业复合路径，是指将延伸路径和替代路径相结合的路径。在转型开始时，城市主导产业不断向深加工产业方向发展，随着转型的进一步深入，新兴产业逐渐成为主导产业，城市逐渐向综合性城市演化。适用于资源型城市发展的任何阶段，如德国的鲁尔区。该路径的优点是具有更强的灵活性，能够摆脱路径依赖，降低市场风险，形成一个或多个支撑城市发展的产业群，解决遗留问题。

11.1.1 产业路径转型的选择依据

不同的资源型城市产业所处的开发阶段、开发规模、产业政策、区位因素有所差异，因此要实现产业的转型发展，就应该综合考虑资源型城市发展的内外部因素，选择合适的转型路径，从而促进资源间的重置，实现各产业的协调发展。榆林市产业转型路径选择的依据如下。

1. 榆林市能源资源处于增产期

榆林市能源资源丰富，根据榆林统计局数据和统计年鉴，已探明煤炭储量 1460 亿吨、天然气储量 1.18 万亿立方米、石油储量 3.6 亿吨、岩盐储量 8857 亿吨。1998~2015 年，榆林市原煤、原油、天然气、原盐产量基本处于增长态势（见图 11 - 1、图 11 - 2）。2015 年，原煤、原油、天然气、原盐产量分别为 36103.5 万吨、1186.94 万吨、151.13 亿立方米、134.58 万吨，实现工业总产值 3215.73 亿元，其中煤炭开采和洗选业总产值达到 1291.49 亿元，占榆林市工业总产值的 40.16%，成为工业产值最大的行业。因此以煤炭资源为例，按 2015 年的年采煤产量36103.5万吨计算，榆林市的煤炭资源至少还可以开采400年。从资源产业经历的四个阶段来看，当前榆林市能源资源发展正处于增产期，即采掘业大发展时期。在该阶段，能源的开采总量不断增长，开采成本相对较低，发展资源深加工业具有优势。

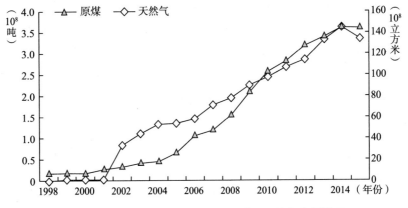

图 11 - 1　1998～2015 年榆林市原煤、天然气产量情况

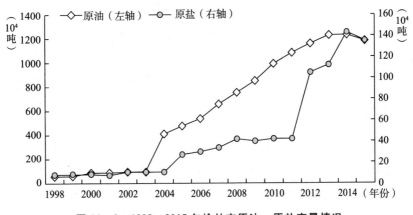

图 11 - 2　1998～2015 年榆林市原油、原盐产量情况

2. 榆林市能源资源的开发规模较大

2015 年榆林市规模以上采煤企业有 278 个，煤矿年采煤量超过 130 万吨/年；规模以上化工企业 132 户，原油加工的生产能力为 1000 万吨/年、液化天然气年生产能力为 23 亿立方米。根据国土资源部 2004

年发布的第 208 号文件中关于矿山生产建设规模类型可以看出，榆林市现有的能源资源开发规模较大。

榆林市"十三五"规划提出了能源产业的发展方向：建成郭家湾、青龙寺、西湾等 27 个煤矿，建设红石桥、乌苏海则、王家峁等 19 个煤矿；重点开发靖安油田和靖边、子洲、横山、榆阳、米脂气田；推进神华煤化工产业的各项重大项目。到 2020 年，建设一批产能超过 1000 万吨的矿井群，原油产量稳定在 1500 万吨，天然气产量达 200 亿立方米，煤制油产能稳定在 1300 万吨，煤制气达 180 亿立方米，兰炭实现 5000 万吨的产量。基于榆林地区能源资源储量丰富，这个目标的实现意味着今后榆林市能源开发规模将保持在较大规模。

3. 榆林市产业政策

国务院颁布的《促进产业结构调整暂行规定》指出：今后产业结构调整以"推进产业结构优化升级，促进一、二、三次产业健康协调发展"为目标，调整重点包括先进制造业、高技术产业、循环经济等八项内容，为榆林市产业结构转型提供了政策支持；2015 年全国两会政府工作报告进一步提出加快产业结构的调整步伐，大力发展服务业，支持新兴产业发展；2015 年中央经济工作会议中也提到了产业结构的优化调整。陕西省《2008 年产业政策工作要点》指出：要加快推进产业结构调整，一方面整顿能源产业，淘汰一批高耗能、高污染、生产能力落后的能源行业；另一方面提高技术水平，发展能源产业的深加工，还要大力发展金融、信息、物流等现代服务业。陕西省相关资料显示，以将汽车、电子信息、新材料、文化等产业打造成新的支柱产业为重点，不断优化产业结构。榆林市人民政府《关于推进产业结构调整促进产业转型升级的实施意见》提出，面对经济不断下行的挑战，应该加快产业结构的优化调整，构建现代产业体系，促进产业结构向多元化发展转变。由此可见，各级层面产业政策的出台都有利于榆林市产业结构的转型，即实现资源产业链的延伸及多元产业体系的发展。

4. 榆林市区位因素

榆林市位于中国能源金三角的中心区位，是目前中国最发达的能源化工基地之一。此外，榆林市处于新亚欧大陆桥的中间地带（青岛—太原—中卫—河西走廊—乌鲁木齐），包西（包头—青岛）、青银（青岛—银川）两大铁路的交汇处，位于呼包银西北经济区的中心区域，是国家"两横三纵"城市群在西北地区的节点城市，也是关中天水经济区的辐射区域，支撑环渤海经济圈发展的资源供给区，承接东西、连接南北，区位条件较好，为接续产业的发展提供较强的生产流动能力，较好的公共条件，有利于城市化的进一步发展和多元产业体系的形成。

5. 各区县产业发展的差异

榆林市 12 个区县拥有的资源禀赋、经济发展基础、区位条件等因素存在明显的地域差距。北六县（区）煤炭、石油、天然气等能源资源丰富，依托国家能源化工基地的建设和能源战略西移的发展机遇，能源化工产业迅速发展，并逐渐成为推动经济发展的主要动力；伴随能源重工业的发展，新材料产业、装备制造业等相关配套产业和医院、学校、商店等服务性行业逐渐发展起来，因此北六县（区）以发展能源化工产业、装备制造业、新兴产业和物流业为主。南六县（区）优越的自然条件、丰富的自热资源、多样的生态类型，以及鲜明的地域特色，促进了榆林市特色农业的发展，进而推动农副产品加工业的发展；同时农耕文明赋予南六县（区）丰厚的文化底蕴，加上其复杂的地貌，有利于自然景观的开发，进而促进文化旅游业的发展；南部矿产资源的开采促进盐化工业的发展，所以南六县（区）产业以特色农业农产品加工业、文化旅游业、物流业、盐化工业为主。南北地区产业发展的重点不同，使得榆林市产业发展不能以单一产业为主，而是要建立多元化的产业结构，充分发挥各区县的相对优势，从而推进产业的转型升级。

11.1.2 优化路径的选择

在对榆林市产业结构现状、能源资源状况分析的基础上，通过分析产业转型路径的影响因素，得出：榆林市三次产业发展的均衡度不高，资源型产业在榆林市经济发展过程中仍处于主导地位，但为了避免陷入

"资源诅咒"的恶性循环，榆林市不能简单地选择以资源型产业为基础的纵向延伸式路径，这种路径不能彻底摆脱对资源产业的依赖；榆林市能源资源产业处于增产期，总体开发规模偏大，城市产业政策、较好的区位条件促进榆林市能源产业的发展，因此单一替代的转型路径也不适合榆林市的实际情况；榆林南北地区产业发展的不同方向，推动了榆林市产业的多元化发展。因此，当前榆林市产业转型的最佳路径是多种产业协调发展的复合路径，即在转型过程中榆林市既要充分发挥资源的比较优势，纵向延伸产业链，提升资源产业竞争力，为转型的深入推进积累资本和技术，同时也要加快培育和发展替代产业，形成新的竞争优势，如图 11 –3 所示。

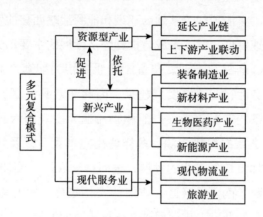

图 11 –3　榆林市多元复合的转型路径

11.2　产业转型路径

11.2.1　改造升级资源型产业

为了扩大资源型产业的发展优势，榆林市通过加大勘探力度、加强管理、引进先进技术等方法确保资源产业的合理开发，同时通过开发资源产业的下游产品，不断扩展产业链，提升产品的竞争力和附加值（见

图 11 - 4）。

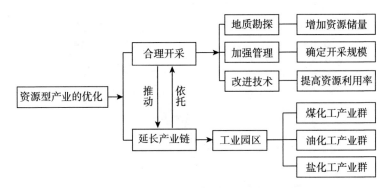

图 11 - 4　改造资源型产业的具体路径

1. 促进资源产业的持续发展

一方面榆林市应积极推进勘探投资体制改革，建立政府引导、企业主导、民众参与的多元投资体系；引进装备和技术水平先进的地质勘查单位和企业，加大对南六县（区）地质勘探力度，挖掘吴堡、绥德、米脂、子洲四县地下煤、盐、油气资源的潜力，从而增加资源的储备量，延长资源的开采期。另一方面北部资源富集区应强化资源开发、生产、经营过程的管理，遵循可持续发展原则，限制煤炭、石油等资源的超规模开采；企业通过采用保水采煤、就地气化、全面实施燃煤机组超低排放和节能改造、推广 CO_2 驱油等新技术和方法，提高资源的综合利用效率。

2. 大力发展资源深加工产业，延伸产业链

在合理开采资源的基础上，依托工业园区建设，大力发展下游精加工、深加工产业和配套产业，不断延伸资源产业链条，提高产品的附加值和竞争力，打造以精细煤化工、油气化工、盐化工等为主的资源深加工的产业群（见图 11 - 5）。

依托横榆、神榆产业园区，榆阳区、神木县、横山区、府谷县四区县通过建设煤油综合利用、煤制清洁产品等大型项目，推动煤化工向合成纤维、树脂、橡胶等下游高附加值的产品延伸，逐渐形成以特色煤化

图例

- 榆林市
- 县城
- 各县工业园区
- 北部煤电化工发展区
- 西部油气综合利用区
- 南部特色生态产业区
- 两大工业区
- 长城沿线能源化工发展轴
- 无定河生态工业发展轴

图 11 – 5 榆林工业发展的空间布局情况

工产业为主,以烯烃、芳烃产业链为核心的精细煤化工产业群。此外,神木、府谷两县依托神木陈家湾、燕家塔、府谷清水川等兰炭产业园区,打造"榆林兰炭"洁净煤品牌,逐渐形成电石、铁合金、清洁燃料油等兰炭下游产业集群,同时采用煤低温干馏—气化—加氢—发电一体化综合利用技术生产兰炭,提高兰炭产业的竞争力。

依托定靖油气化工产业集中区,定边和靖边两县通过发展天然气、甲醇制工程塑料,如聚乙烯、聚丙烯、聚苯乙烯等,甲醇制化工产品,如醋酸、聚醚多元醇、丁辛醇等,提高煤气、油气、天然气的综合利用能力,打造以榆炼基地为主的油气化工产业群。通过加大天然气的勘探开发、供气管网设施建设,提高天然气的利用比例,推动天然气向民用、工业燃料、发电和化工等领域的应用。加快子洲、米脂气田的建设,推动南部地区油气产业的综合发展。

依托神府经济开发区锦界工业园、榆阳区鱼河盐化工业园、米脂及绥德盐化工生态工业园、定边工业园,榆阳、神木、定边、绥德、米脂、佳县六区县逐渐形成以大型氯碱项目为核心,以聚氯乙烯、有机氯产品、纯碱深加工、氯盐酸、金属钠为主导产业，以有机氯化物、无机氯化物及精细化工产品为主体的现代盐化工产业群。此外，还应充分发挥兰炭产业优势，以兰炭、原盐为原料，生产电石、烧碱及醋酸乙烯、聚氯乙烯（PVC）、甲醇、氯化物等下游化工产品，从而实现煤盐化工结合。

11.2.2　培育壮大新兴产业

为了促进产业多元化发展、培育新的经济增长点，榆林市在发展资源深加工产业的同时，必须积极发展装备制造、新材料、新能源、生物医药等行业，培育新的优势产业（见图 11 –6）。

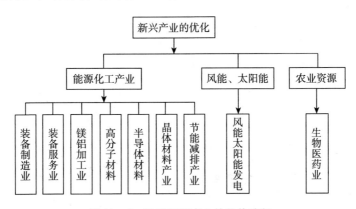

图 11 –6　培育新兴产业的具体路径

1. 装备制造业

为承接东中部装备制造业的转移，榆林市依托能源化工产业，大力发展以能源产业开采、勘探、加工为核心，以农业、交通及节能环保产业为支撑的装备制造业和以为生产和生活提供维修、租借、开发、培训及展览为主的装备服务业，依托榆横工业区、榆神工业区装备制造园区、定靖装备服务区，打造煤化工设备、煤机制造产业集群，并逐渐形成以榆阳区为核心，以神木、府谷、定边、佳县等区县为节点的布局体系。

2. 新材料产业

从榆林市新材料产业现状看，应加强新材料产业与能源、化工、装备等行业之间的融合，实现产业上下游的联合发展。充分利用已有化工产业基础，在府谷、神木、榆阳、佳县发展铝镁冶炼、深加工产业；在横榆、神榆工业园区发展乙烯、丙烯、合成氨尿素等高附加值产业链，培育以高性能纤维为主的高分子材料；在佳县发展以光伏级多晶硅、碳化硅为主的半导体材料；在榆阳区发展以激光晶体为主的晶体材料产业。

3. 战略性新兴产业

榆林市风能、太阳能等资源丰富，应大力发展以风电、光伏发电、生物质能发电为主的新能源产业，其中定边县、靖边县、榆阳区以风电、太阳能发电为主，横榆、榆神、榆佳工业区以光伏发电为主。榆林市能源重工业的发展，推动了节能减排产业发展，一方面符合绿色能源的发展要求，另一方面可以降低传统发电方式对环境的污染，改善环境质量。生物医药产业发展与农业息息相关，南六县（区）位于农牧交错带，有利于发展以中药材深加工、农副产品生物技术综合利用、农业生物质提取为主的生物医药产业；一方面政府为生物医药行业提供政策、资金方面的帮助，另一方面要集"产、学、研"为一体，不断提高企业自主研发能力，提升产品的知名度和影响力。

11.2.3 发展现代服务业

作为典型的资源型城市，榆林市产业结构表现出第二产业比例过大，而第一、第三产业比例过轻的特点，因此发展第三产业成为产业转型的一个重要内容，通过拓展现代服务行业，积极培育新的经济增长点。就榆林市而言应重点发展具有地域优势和区位优势的文化旅游业、现代物流业（见图 11 - 7）。

1. 文化旅游业

第一，突出地域优势，发展特色旅游。以毛泽东转战陕北为主题，发展以旅游、教育、体验为主旨的红色文化旅游，如杨家沟革命纪念馆、毛泽东和周恩来旧居等；以黄河、无定河、长城寨堡等自然景观为基础，开发乡俗民情、休闲生态的旅游项目，如榆林古城、镇北台、红

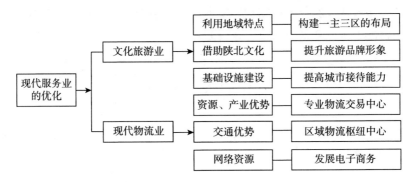

图 11 - 7　发展现代服务业的具体路径

碱淖等；最终形成以榆林古城为中心，以神木市、府谷县组成的边塞风情旅游区，靖边县、定边县、横山区组成的大漠风光旅游区及南六县（区）构成的以黄土风情旅游区为主的布局。第二，提升旅游品牌形象。以陕北文化为引领，以陕北民歌为载体，通过《兰花花》《东方红》等民歌的实景演出、制作《平凡的世界》《毛泽东转战陕北》等影视剧，筹办文化旅游周、民歌艺术节等文化节目，打造具有榆林特色的旅游品牌形象。第三，提高榆林市旅游发展的接待能力。加强与银川、延安、太原等周边城市的通达性，构建交通、酒店、餐饮、购物等旅游支撑体系，扩大景区环境承载能力。

2. 现代物流业

发挥能源金三角的资源、产业及交通优势，大力发展大宗商品、建材、快递等专业物流交易中心和综合型物流园区，做大做强榆林市具有特色的煤炭交易中心，建设区域物流枢纽中心。通过发展电子商务新业态，即"互联网 + 物流"新模式，组建农村电商体系，发展本地电商。通过培育龙头企业、推进物流信息中心、建设物流园区，加快发展第三方物流，提高物流服务业的占比。物流园区主要集中在神木、绥德、靖边、府谷等区县。

3. 现代农业

农业作为国民经济发展的基础，不仅是人们的衣食之源，也是工业发展的必要条件。因此，多元化产业体系的建立，离不开农业的发展。

榆林市通过调整农业内部结构、发展地域特色农业、完善农业布局、加强基础设施建设等发展壮大农业（见图11-8）。

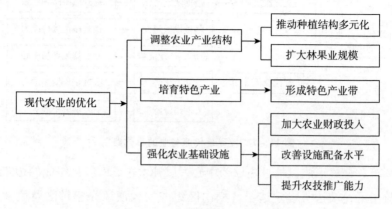

图11-8 发展现代农业的具体路径

（1）调整农业产业结构。首先，推进种植二元结构向三元化转变，即在保证粮食作物种植面积的基础上，逐步增加经济、饲料及药用作物的种植比例，不断优化种植业内部结构；其次，通过扩大林果业的规模，发展畜牧业加工业，培育龙头产业，拉动林、草业发展，进而促进农、林、牧产业的协调发展。

（2）发展特色农业。结合当地地域特色，大力发展马铃薯产业、玉米产业、小杂粮产业、红枣产业、山地苹果产业、特色林果产业、特色油料产业、大漠瓜果产业、羊子产业、草产业十大特色优势产业，打造独具"榆林特色"的农业产品，不断发展现代农业。

（3）完善农业布局。根据自然条件、地形特点，形成以马铃薯、玉米、小杂粮、油料为主作物的旱作农业优化型发展区；以苹果、红枣、小杂粮等地域果品为主的特色林果提升发展区；以牧草、畜牧为主的特色草畜扩张型发展区的空间格局（见图11-9）。同时大力推进农业专业化生产和综合发展的有机结合，实现农业内部各产业间、各地区间的协调、可持续发展。此外，还应借助榆林市特色农业发展的机遇，建设一批体现地域特色、具有强带动能力的农业科技示范园区。

（4）强化农业基础设施建设。加大政府对农业基础设施的财政投入，通过对农村道路、水利设施、供电系统、通信设施等基础设施建设，降低农业生产成本；通过强化农业设施的现代化配备水平，提高农业的生产效率；通过提升以试验示范、技术推广为主的基层农技体系设备设施的装备能力，全面提高农业综合生产能力和应对自然灾害的水平。

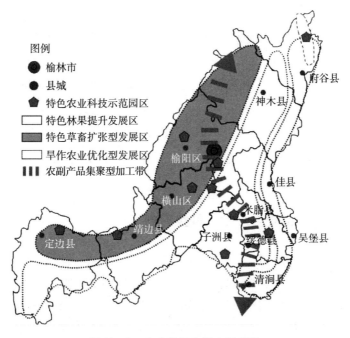

图 11 - 9　农业发展空间布局情况

11.3　产业结构转型保障措施

11.3.1　加大政策和资金支持，提供动力保障

政策方面：榆林市紧抓国家"三大战略"实施、陕西建设丝绸之路经济带新起点及设立自贸试验区的大好机会，积极争取国家在资金、技术、人才等方面的投入。通过建设国家能源化工基地、建立循环经济

的试点城市，加强国家对榆林市的政策倾斜力度，使其成为我国资源型城市转型发展的先行区。还应该加大陕西省榆林市在社会保障、环境保护和治理、农业发展、科教事业、基础设施方面的政策支持力度。

资金投入方面：建立多元投融资体系政府，通过制定产业政策和其他优惠政策，吸引企业对接续产业发展、衰退产业转移、新兴产业培育方面的投资，同时引入民间资本，逐步建立"财政支持、银行信贷资金、社会资本"三位一体的投融资体系。不断完善财税制度，通过争取国家和省级财政资金转移支付的力度、增加地方在矿产资源补偿费中的留成比例、建立资源产业转型基金及生态恢复保证金制度，增加榆林市资源产业转型的资金。深化金融体制改革，加强金融业与商业银行、国家银行的合作，建立新型银企合作机制，设立产业转型方面的专项贷款。通过加强城市基础设施、服务体系建设，营造良好的投资氛围，进而促进其他企业进驻。

11.3.2　加强对人才、科技的投入

人才方面：健全人才引进配套机制，通过创新型人才开发和有限投入政策的实施，加强对高层次、高技能人才的引进工作，通过提供高标准的工资待遇和多样化的物质、精神帮助，努力营造良好的用人环境。建立科学的人才培养机制，通过加强企业、高等院校、科研所的合作，根据市场需求，加大对专业人才的培养，建设专门的教育培训园区，培养一批属于榆林市的专业化科技队伍，为产业转型提供坚实的人才支撑。规范和完善榆林市人才市场的建设，通过提高人才市场相关工作人员的素质，加强区域间合作，加大信息网络建设，增强有形和无形人才市场的结合。

科技方面：通过建立以企业为主、科研院校为辅，科技产业园做支撑的技术创新体系，不断改造提升传统产业、发展壮大服务业与新兴产业，构建产业的多元化发展体系。榆林市通过引进知名院校、研究机构，强化与市内高校、科研院所协作，构建产学研一体化的合作体系，

形成产业转型的创新优势。通过加大科技的财政投入比例，建立技术创新基金，不断鼓励企业、院校进行技术创新，提高其创新能力。

11.3.3　夯实产业结构转型的环境基础

1. 加大生态环境的整治力度

生态保护和修复方面：全面实施河流综合整治工程，重点建设以"四河四川"为主的地表水源保护区。注重红碱淖自然保护区的管理，开展污染源治理、生态保护等项目，提高流域内生态环境的承载能力。加大对废弃矿山的修复力度，以绿色矿山、采空区治理等工程推动矿山的综合治理。环境治理方面：通过强化以兰炭、电石、小火电为主的重点行业和以化工区为主的重点区域污染物的综合治理，严格控制工业污染源排放量，降低对环境的污染。通过对生活垃圾的分类收集、饮用水源地的保护及畜禽养殖污染的全面治理，改善农村生态环境。高度重视水环境治理和改善，以水源涵养区项目为基石，有效保障饮用水源及水质。

2. 建立生态环境补偿机制

根据生态补偿原则（"谁污染、谁治理、谁开发、谁保护"），建立榆林市生态环境补偿机制。首先，榆林市资源型企业应该严格执行对污染物的治理，不断发挥企业能动性，在管理上进行调整，同时通过引进先进的生产工艺和环保设备，减少对环境的污染。建立政府和企业联动的环境保护责任机制，通过出台生态环境补偿政策，建立绿色 GDP 考核制度，将生态保护、环境污染治理等纳入经济社会发展评价指标体系中，从而激发政府和企业保护环境的内在动力。

3. 加快发展绿色循环经济

通过大力发展循环农业、进行产业园区的循环化改造，实现企业的清洁生产，进而打造以煤电、煤化工、盐化工为主的工业循环链；以秸秆、沼气综合利用为主的农业循环链及以城市污水的再生利用、生活垃圾堆肥等为主体的生态环保链，实现循环低碳发展的目标。组织开展循环经济示范活动，积极推广循环经济典型模式，促进生产和生活环节的循环链接，构建覆盖全榆林市的资源循环利用体系。

此外，还应该紧抓节能减排工程，特别是工业、建筑业、交通运输等领域，完成节能降耗的控制目标。采用新型的环保生产线和生产设备，推广高效节能的低碳产品。加大对污染企业的查处和惩罚力度，保证防治污染的举措得以顺利实行。

11.4　本章小结

（1）榆林市能源化工产品、农副产品、现代商贸旅游产品的市场竞争力强、产业发展基础好，是未来应该重点发展的产业。采用偏离－份额分析法对榆林市三次产业进行评价，发现份额偏离分量、结构偏离分量和竞争力偏离分量较高的产业有化学原料及化学制品制造业，电力、热力的生产与供应业，石油加工及炼焦业，有色金属冶炼业，煤炭、石油、天然气的开采与洗选业，农副产品加工业，批发和零售业，文化旅游业，且符合榆林市实际情况，可以确立为主导产业；从榆林市各区县看，产业发展的重点存在明显的区域差距，北六县（区）今后发展的产业重点为能源化工产业、装备制造业、新兴产业、物流业，南六县（区）的主导产业以特色农产品加工业、文化旅游业、物流业、盐化工业为主。

（2）榆林市应该走产业延伸和产业替代相结合的路径，并通过建立多元化的产业体系和不断完善保障措施，确保产业转型的顺利实施。从产业转型路径的影响因素看出，榆林市正处于能源资源的增产期，资源开发的规模大，产业政策的资源倾向明显，区位条件较好，能源产业仍是今后应重点发展的产业，同时为了降低对资源产业的依赖，规避"资源诅咒"，还应发展相应的替代产业；从各区县产业看，不同区县主导产业的差异促使榆林市发展多元产业；从转型的优化策略看，通过改造升级传统产业、培育壮大新兴产业、积极发展现代农业和服务业建立多元产业体系，通过加大政策、资金的支持力度，加强人才、科技的投入力度，整治生态环境等方面完善产业转型的保障体系。

（3）资源型城市产业转型是一个复杂多变的系统工程，涉及产业的演变规律、机理分析、产业布局、转型能力评估、主导产业选择、优化路径的确立等方面内容。而资源型城市产业演变规律的机理及产业转型调控系统的建立，尚待进一步研究。资源型城市产业转型是在体制机制过渡期进行的，是受各种经济社会因素、城市发展基础和区位条件的影响而不断演进的结果，然而在科学选择主导产业指标体系方面尚缺乏全面系统的综合分析，需要进一步深化研究。主导产业选择时应综合考虑榆林市产业发展的优势、资源本土条件等方面的实际情况、各产业部门结构的优劣和竞争力大小情况以及我国产业转移、新型电子商务、新型交通等外部大背景对其选择的影响，然而在具体选择过程中缺少产业转移、新型电子商务等国家背景的影响，导致选择的主导产业精确度存在误差，影响产业转型的结果，因而有待进一步的研究。

第 12 章
成长型资源城市产业转型战略

农业、农村、农民问题是新时期政府和学术界关注的焦点，关系到整个社会经济的全面发展。榆林市作为国家能源重化工基地，近年来能源资源开发拉动了区域 GDP 快速增长，然而，经济增长背后却出现了人为生态干扰与破坏、城乡差距进一步拉大等问题。能源资源开发使当地生态环境恶化，林地、草地、耕地退化直接影响到农村经济收入；高素质人才、青壮年劳动力不断流入城市或矿区，降低了农村生产力；能源重化工企业"三废"排放对环境的污染，增加了农民医疗保健费用。21 世纪以来，国家倡导以科学发展观为指导，通过以工促农、以城带乡的发展模式，实现现代农业转型，构建城乡经济社会一体化的发展战略。榆林市整体经济发展水平已达到工业反哺农业、城市支持农村阶段。因此，通过分析当地农村发展的优势，提炼能够带动农村发展的主导模式，提出相应的优化战略导向，促进当地农村快速发展，从而实现工农联动、城乡协调联动发展的景象。

12.1 战略理念

确定合理的战略理念，对于区域发展具有重要的指导性意义，为区域可持续发展的前提。通过分析榆林市当前经济、社会、生态以及城乡发展态势，以人地和谐发展、城乡统筹发展、面向国家安全需求以及科学发展等理念为导向，以协调经济效益、社会效益、生态效益为目标，探索城市与乡村协调发展机制。

12.1.1 树立人地和谐发展理念

人地和谐发展理念以建立人地地域系统协调的生存、发展空间为目的，追求区域经济、社会、生态的全面发展，倡导从客观实体入手，旨在维持经济发展与自然、生物和文化的协调、可持续发展，促进社会和谐共生，城乡互动发展。榆林市在地貌上为毛乌素风沙区向陕北黄土高原区的过渡，在气候上是干旱、半干旱向半湿润气候的过渡，在地带性植被类型上呈现典型草原向森林草原的过渡。在经济活动方面，又是农、牧、矿业与城市化过程等综合作用下形成的农牧工矿交错区。在自然灾害与人类活动双重作用下，生态破坏异常显著。大规模的资源开发与园区建设剥夺了植被自然恢复的机会，对岌岌可危的生态与环境产生巨大冲击，而且人为干扰还导致区域生态系统结构和功能的错位，造成生态环境进一步恶化。伴随人口的快速增长和消费需求增加，不合理的土地开垦和无序的水资源开采对生态环境的影响也在不断增强。风沙区由于灌溉与工业用水同步增长而超量开采地下水，造成周围区域地表植被缺水枯死。从国家能源安全与可持续发展战略高度，不仅要正视区域土地退化日益发展的现实问题，而且要认识到在农牧交错生态脆弱区搞大开发、大建设必须强调"生态为先""人地和谐"。一旦人为的破坏超出生态脆弱地区本身的生态容量，必将引发区域生态危机，进而影响到农村生产生活。

协调能源开发、生态环境、农村发展是榆林市未来面临的主要难题，需要在合理评价当地资源、生态承载能力的基础上，科学规划经济社会发展速度，有效配置生态、经济与社会发展资源。通过发展当地农村优势、特色经济，来提高农民收入，遏制"生态破坏—农村贫困—生态恶化"的怪圈，这也是人地和谐发展的必要和前提；构建能源资源开发与农村经济发展相关联的产业发展模式，拉动农村经济发展，成为人地和谐发展的主要途径；同时，从人地和谐发展的基础出发，提高农民文化素质，以生态道德调节人与自然的行为准则。

12.1.2　贯彻城乡统筹发展理念

榆林市作为能源重化工基地，以能源资源开发带动当地经济快速发展，但能源工业企业对当地劳动力的吸纳程度有限，致使农村大量剩余劳动力无法转移，使城乡发展差距越来越大，二元经济格局非常显著。经济发展过程中的产业结构不合理，导致三次产业就业结构偏离程度增加，城乡居民收入差距日益扩大。追求经济导向下的公共资源配置不均衡，进城农民工在户籍制度限制下难以享受城镇福利保障等，这些矛盾随着社会经济的进一步发展，将会逐步被激化。未来榆林市发展应该统筹城乡发展，从根本上打破城乡分割的二元结构，推进城乡一体化，构建以城带乡、以工促农、城乡互动、协调发展的体制和机制，有利于吸引各类市场主体进入农业领域，加入农业产业化经营行列，逐步实现规模经营；彻底打通各类资源流入农村的渠道，改变目前农村资金、技术、人才匮乏的状态，有利于各种要素向农业产业化聚集，提升农业科技含量和装备水平，带动产业化经营质的飞跃；统筹城乡发展，工业反哺农业、城市支持农村，通过增加能源税、生态补偿措施等调整国民收入分配结构，有利于拓展国家支持农业的渠道和途径，增强产业化发展能力。因此，贯彻城乡统筹发展理念，将榆林市城乡产业结构、就业措施、社会保障等纳入统一管理范畴，成为城乡协调发展的必然选择，也是解决能源开发带动区域 GDP 快速增长与当地农村依旧贫困双重矛盾的有效途径。

12.1.3　面向国家安全需求理念

榆林市作为国家能源重化工基地，在国家能源安全、生态安全、粮食安全等方面具有重要的战略地位。从能源资源安全角度来看，榆林市集煤、油、气、盐四大资源于一地,是西部大开发"呼包银榆"重点经济发展带的核心地区。以神府为中心的榆林煤炭富集区已探明储量1460亿吨,占全国的25%,是我国最大的煤田和世界八大煤田之一,已成为我国"西煤东运"的重要基地;天然气预测储量5万亿立方米,已探明储量1.18万亿立方米,是迄今为止我国陆上探明的最大整装气田,以靖边为中心已建成我国"西气东输"的主要供气基地。从生态安全角度来讲,榆林市位于毛乌素沙地与黄土高原的过渡地带,是遏制土地沙漠化东移和南下的最后一道生态屏障,属于生态脆弱敏感区域,其生态环境的优劣直接影响到当地农村经济社会的发展,波及西北地区乃至华北地区的生态安全。维持榆林市生态系统的稳定性,对于当地经济发展和全国生态安全具有重要的战略意义。在粮食安全层面,榆林市地处黄土高原、毛乌素沙漠边缘,自然灾害频繁,农业生产条件脆弱,粮食产量很不稳定,且品种矛盾十分突出,玉米、大豆、杂粮盈余,占总产量的95%,小麦、稻谷严重不足,既是陕西省最大的小杂粮主产区,也是全省最大的缺粮地区,所以粮食安全将是榆林市未来长期面临的一个突出问题。因此,榆林市区域发展战略应从能源安全、生态安全和粮食安全等几个方面凸显其在区域分工中的独特优势与战略地位。

12.1.4　坚持科学发展理念

农村发展是一个渐进的过程,包括农村产业发展、基础设施建设、生活条件改善、农村文化建设等一系列问题。21世纪以来,国家明确提出要以科学发展观为统领,推动农村各项事业发展,为农村发展带来了良好的政策机遇。落实科学发展观,必须突破"速度"与"质量"非此即彼的误区,真正认识到科学发展就是速度与质量的统一。榆林市作为典型的农牧交错区以及能源重化工基地,在区域发展格局中具有重要的战略地位。要坚持以人为本的理念,注重农民在农村建设中的主体作用,延长农业产业链,促进农民增收。运用科学发展的理念,推进农村经济结构与产业结构快速调整;坚持用现代工业理念谋划农村发展,注重能源工业发展对于农业的反哺作用，加大改造传统农业的力度，迅速发展现代农业；运用商业化理念，搞活农产品流通，打造以大枣、苹果、糜子等为特色的农业精品品牌；坚持科技进步理念，注重发挥科学技术在农业生产中的作用；坚持可持续发展理念，注重发挥产业化在发展资源节约型、环境友好型农业中的示范作用。另外，在农村发展过程中，要坚持以科学发展观统领农村的各项规划工作，为农村居民生产生活创造良好的环境氛围和生态基础。

12.2　战略模式

构建农村发展的主导模式，是加快农村发展和新农村建设的主要战略之一。通过对榆林市农村发展总体格局进行评价，结合各区县农村发展状态，以及对当地农村发展的理论解析与模式梳理，提炼出榆林市农村发展的主导模式，为区域农村社会经济的可持续发展提供思路。

12.2.1　能源经济带动模式

近年来，榆林市能源资源开发迅猛，带动当地经济快速增长，依据循环经济与农村可持续发展理念，通过延长能源资源产业链，以带动关联产业发展、吸纳农村剩余劳动力、改善农村基础设施等为策略，推进农村经济社会全面发展，是构建能源经济带动模式的目标导向。这里以煤炭工业产业链的延长带动区域农村社会经济发展为例，探讨能源经济带动模式对农村经济社会的作用机理（见图 12 - 1）。

21 世纪以来，国际能源紧缺、我国经济快速增长对能源需求加大，造成榆林市能源资源开发规模迅速扩大，为区域经济发展注入了新的活力。但能源经济发展的生态环境效应，以及如何与当地经济发展相关联成为学界和政府面临的主要难题。根据榆林市能源资源优势，结合循环经济理论，通过加强企业间物质、能量和信息的集成利用，形成产业间

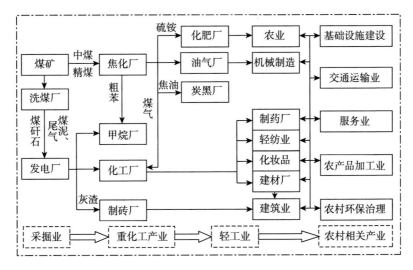

图 12 - 1 能源经济带动模式

资料来源：根据文献（葛文静，2008）绘制，有修改。

的代谢和共生耦合关系，建立工业生态园区，使工厂之间的废气、废水、废渣、废热或副产品能够相互利用，互为资源，在工业发展的同时，以生产资料、资金、技术等多方面实施工业反哺农业措施。以煤炭工业生产为例，通过培育能源生产循环产业链，设计为"采掘业—能源重化工产业—轻工业—农村经济相关产业"。以"采掘业、煤电一体化"为基础，逐步延伸到以焦化厂为基础的"能源重化工产业"，将能源重化工生产过程中的硫铵、灰渣等生产成农村需用的化肥、砖等，同时，发电厂排除的化工原料经过处理加工成制药、建材、纺织、化妆品等产品生产需求的原料。在整个产业链延长后，对农村剩余劳动力的需求量也将呈现放大趋势，对交通运输业、服务业的关联程度提高。同时，能源产业的发展增强了区域财政实力，通过政府转移支付，改善农村基础设施，发展农产品加工业等。最终，实现了废物综合循环利用，促进农村经济社会全面发展，农村收入持续增收。

根据陕北能源重化工基地煤炭、石油、天然气、湖盐和岩盐等优势矿产资源的开发利用，以及国家能源发展的战略要求，按照现代化产业经济发展的目标要求，运用产业集群这一企业空间集聚发展的现代化发展理念，以市场为导向，以资源的转换、深化、系列开发利用为目的，将资源优势转化为产业经济优势作为基本路径，实施区域产业结构关联重组，将采掘煤电产业、煤化工、石油天然气与石化发展、盐化发展、服务业、环境保护治理产业等关联发展，构建新型能源带动发展模式。

12.2.2　生态经济主导模式

榆林地区属于半湿润半干旱气候，雨季迟且雨量年际变化大；地处典型的风沙草滩区和丘陵沟壑区的交错过渡地带，水蚀和风蚀都十分严重；本市煤炭、天然气、石油、盐等资源丰富。正是多种因素的叠加与过渡，使得榆林市生态环境呈现较大的波动性、多样性和脆弱性。因此，发展生态经济型产业是榆林市区域发展的现实选择，借助退耕还林还草和禁牧的政策，以市场需求为导向，发挥区域资源优势，着力调整农业产业结构，按照产业化经营的模式，优化壮大生态农业，重点培育杂粮、红枣、小米、油料等特色农业，形成了以草、羊、果、薯为主的四大主导产业。形成以草产业为主的柠条种植—饲料加工—纸、纤维板等副产品加工产业链，以羊为主的牧草种植—养殖—肉类加工—销售产业链，生态经济林—果品加工—外销配送，绿色蔬菜—加工—保鲜冷藏—外销配送产业链等四大高效生态农业产业链。力争把榆林市建设成为干旱风沙与黄土丘陵过渡区的生态经济协调发展示范基地（见图12-2）。

另外，榆林市是黄土文化与草原游牧文化汇聚交融的地区，荟萃了众多风姿独特、雄奇壮美的自然人文景观。同时，榆林市又为我国革命老区之一，有着悠久的历史文化底蕴。结合新农村建设，把乡村生态旅游培育成能带动榆林市第三产业发展的先导产业。把乡村旅游和生态建设结合起来，倡导旅游者参与生态建设项目，如在旅游点开展生态建设模范人物宣传，义务植树种草并以旅游者的名义为树草命名，进行生态建设资金募捐活动，开发旅游生态体验项目，等等，将3月命名为"旅游生态体验月"，引导公众积极参与生态建设。

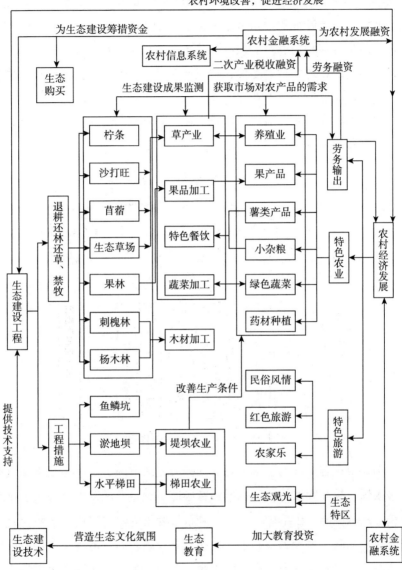

图 12 – 2　生态经济主导模式

12.2.3　特色经济引领模式

特色经济是一种以市场需求为导向，以区域独特的资源为基础，借助特色工艺或高新技术，以特色产品为载体，以高市场容量、高附加值及产业化运作为特征的经济发展模式，是具备特有竞争力的优势经济。特色资源是发展特色经济的基础，特色产品是发展特色经济的核心，特色技术是发展特色经济的支撑，特色产业是发展特色经济的依托。特色经济的发展必然要通过专业化整合，形成产业规模经济和效益经济，进而形成经济优势，确保成为可持续发展的具有鲜明区域特点的经济发展模式（见图12-3）。

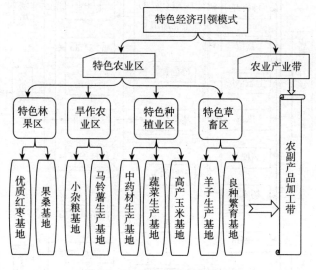

图12-3 特色经济引领模式

榆林市拥有广阔的土地资源、独特的光热资源、雄厚的经济基础等优势条件，具有发展特色经济的独特条件。通过发展以大漠蔬菜、山地苹果、白绒山羊、生猪产业、名优杂粮等为主的陕北特色产业带，提倡由一村一品向多村一品、一乡一业和一县一业转型，逐步实现农业现代化转型。首先，榆林市具有农业生产的气候优势。榆林属温带干旱半干旱大陆性季风气候，光热资源属全国高值区，昼夜温差大，有利于营养积累。该市的玉米单产突破1100公斤，创百亩连片全国单产最高纪录；马铃薯亩产突破万斤大关，创全国单产最高纪录，充分证明了榆林农业生产的巨大优势和发展潜力。其次，榆林市是传统杂粮、杂豆、杂果优生区，红枣、羊肉、羊绒、大明绿豆、小米、荞麦等特色农产品，品质优良，受到消费者青睐。2007 年榆林市举办的"中国—榆林国际荞麦节"，认定榆林大明绿豆、荞麦、谷子、糜子等 12 类作物 48 个品种为名优小杂粮品种，且确定榆林市为这些小杂粮作物的生产优势区，确立了榆林小杂粮在国内外的重要地位。再次，榆林市在圈养羊、马铃薯、红枣、小杂粮、杂交玉米制种等农业生产方面已形成了规模优势。2006 年，榆林市饲养肉羊 775 万只、种植马铃薯 300 万亩、生产红枣 160 万亩、小杂粮 320 万亩、杂交玉米制种 12 万亩，是陕西省重要的畜牧业基地和小杂粮生产基地，是国家级杂交玉米制种基地。最后，榆林市已形成特色农业产品的市场优势。以"巨鹰""东方红"为品牌的红枣系列产品，占国内市场份额的 20%，羊绒产量占陕西省总量的 80%，羊肉占全省市场份额的 40%，"大明绿豆"占日本绿豆市场份额的 27%。

特色经济引领模式重点抓"四区一带"特色农业生产，建设九大产业基地，发挥区域特色优势。"四区一带"：①特色林果区，以沿黄土石山区和南部丘陵 15 度以上陡坡区为主，重点发展红枣、蚕桑、小杂果产业；②旱作农业区，以南部丘陵沟壑 15 度以下缓坡为主，重点发展以小杂粮、杂果和黄芪为主的中药材产业；③特色种植业区，以定边县、靖边县西部白于山区和各大河、川沿岸为主，重点发展优质马铃薯、油料、荞麦和外向型无公害蔬菜产业；④特色草畜区，以长城沿线北部风沙滩地为主，重点发展舍饲养畜和优质农作物良种繁育等产业；⑤农副产品加工带，以 210 国道为主，重点发展农副产品加工业和产品运输业。

九大特色产业基地：①羊子生产基地，以长城沿线靖边县、定边县、榆阳区为重点，发展舍饲养羊，建设绒山羊和肉羊生产基地县；②优质红枣基地，以黄河沿岸佳县、吴堡县、清涧县为重点，积极发展有机红枣，建成红枣基地；③马铃薯生产基地，以白于山区定边县、靖边县、横山区为重点，推广高淀粉、菜用、加工、早熟不同用途的脱毒马铃薯良种；④小杂粮基地，以南部丘陵沟壑旱地为主，建成以绿豆、杂豆、荞麦为主的名优小杂粮生产基地；⑤高产玉米基地，以长城沿线靖边、定边、榆阳为重点，实施创高产竞赛活动，推广高产品种和丰产技术；⑥蔬菜生产基地，以靖边县、定边县、绥德县、清涧县、米脂县为主，大力推广温室栽培等高效农业技术，引进精、细、特优良品种，建立蔬菜生产基地；⑦良种繁育基地，以长城沿线风沙草滩地为重点，引进马铃薯、小杂粮、瓜菜、玉米新示范品种，建成以杂交玉米为主，包括蔬菜、马铃薯、杂交荞麦、小杂粮种子在内的制种基地；⑧果桑基地，发展百万亩优质蚕桑基地，建设小杂果基地；⑨以黄芪为主的中药材生产基地，以南部子洲县、绥德县、清涧县、米脂县为主，在黄土丘陵沟壑区坡洼地上种植黄芪。

通过打造陕北羊养殖产业、榆林薯业、榆林红枣、大明绿豆、大漠蔬菜、三边荞麦、榆林杂粮、榆林种业、陕北杂果等九大品牌，充分发挥榆林市特色经济对区域发展的引领作用。

12.2.4　劳务经济拉动模式

劳务输出是解决农村富余劳动力转移和农民增收难题最快捷、最直接和最有效的途径。劳务经济已经成为增加农民收入的重要渠道，榆林市通过加大培训力度，加强劳务输出管理，打造劳务经济品牌，使劳务经济迅速成长为县域经济发展的重要支撑力量和农民增收的重要来源。更有许多外出务工人员满载着创业有成的喜悦，带回资金、技术和市场经济观念，直接推动了榆林市的经济社会发展。输出劳务组织程度的提高，使榆林市各地出现了一批劳务特色镇、特色村，形成劳务输出的品牌，而且逐步形成明显的区域性特点：神木市、府谷县、定边县、靖边县等市县依托煤、气、油等资源优势，剩余劳动力基本实现就地转移；米脂县充分发挥"米脂婆姨"的知名度，向全国各地输出许多以家政服务为主的米脂妇女；绥德县能工巧匠多，绥德青年遍布全国许多省市，从事建筑、加工和饮食服务业；子洲县多数务工人员从事煤炭营销及酒店管理；吴堡县外出务工人员主要从事羊绒、毛加工运销；清涧县外出务工人员主要从事运输业。

充分发挥劳务经济的拉动效应，通过对外出务工人员开展职业技术培训和思想品德、安全知识及法制教育，从而保证了劳务输出人员的质量，发挥了劳务经济的"品牌效应"。采取劳动力"输前培训、输中引导、输后服务"的规范化、规模化、有序化的程序，提升榆林市劳务输出品牌的综合效应，实现品牌产业化、集团化的目标。在输出劳动力的同时，加大引回人才的力度，使学有所成的劳务人员回乡创业，只有这样，劳务经济才能有效地带动当地经济快速发展。通过农村劳务人员的流动，劳务经济不仅成为提高农民收入的主要方式，而且成为改变农民传统思维模式的主要手段，进而为农村发展与新农村建设提供多种路径。

12.2.5　政策优惠扶持模式

政策扶持战略，就是指政府通过立法和制定优惠政策扶持某个行业和产业发展的战略。资源型城市在中国城市总量中占有较大比例，是国家能源和原材料来源的主体，其兴衰对于国家经济社会的发展与稳定具有极其重要的意义。虽然资源型城市的兴衰受资源的丰富度和采掘度制约，但与国家宏观指导和政策支持密切相关。所以，为了资源型城市的可持续发展，除了资源型城市本身努力外，政府应对资源型城市实行特殊的扶持政策。

随着西部大开发战略的实施向纵深发展，国家投资重点由沿海向内地，由东部向西部，由经济发达地区向资源富集地区转移，使榆林市成为国家能源生产基地，这也将为榆林市赢得更多的国家投资与政策优惠。近年来，能源资源开发有效地带动了当地经济发展，但局部地区由于矿产开发而带来的地面塌陷、地下水位下降、土地沙化等生态问题突出，仅依靠当地产业结构转型、劳务输出、特色产业发展等不能从根本上解决问题，因此，必须依靠国家政府扶持，如通过能源税实现城乡、工农收入转移，使农村逐步走出贫困，再谋求发展方式的转变。在生态建设方面，国家应该加大生态补偿机制。生态建设是一项公益性事业，且投入与产出不成正比，因此，应该以国家扶持为主。另外，将能源开发对当地生产生活影响较大的区域，逐步纳入国家低保范畴，并通过提升当地劳动力素质，逐步转变农村发展方式。

12.3　战略途径

榆林市作为国家能源重化工基地，城乡二元结构突出，且有进一步拉大城乡差距的趋势，通过合理的战略措施推进当地农村改革，逐步实现城乡一体化，公共服务设施均等化，农村收入持续增加等成为农村改革的主要目的。通过以城带乡、以工促农、科技兴农、农业产业化、能源经济与农村协调发展等一系列战略途径，快速推进农村经济、社会、生态等全面发展成了当前的主要任务。

12.3.1　实施以城带乡战略，促进城乡协调发展

随着能源资源开发规模的扩大，榆林市经济总量迅速增长，城镇社会经济得到了显著的发展，与农村的差距进一步扩大。因此，统筹城乡发展是未来榆林市发展的主要任务，应充分发挥城镇对农村发展的带动作用。坚持把城镇化作为解决"三农"问题的战略途径，形成城镇化与新农村建设互促共进机制。按照统筹城乡、布局合理、节约土地、功能完善的原则，促进城市和小城镇协调发展，不断增强城镇辐射带动能力。力争通过城镇化的快速发展，使更多的农村融入城市发展辐射圈，形成农业产业与城镇产业特别是能源产业相关联的产业结构，促进农村产业融入城市产业体系，为农村劳动力融入城市提供良好的平台。通过扩大县域经济增强城镇实力，强化 12 个县城的带动作用、拓展 222 个乡镇，发挥神木市、靖边县、绥德县等一批经济状况较好城市的示范带动作用，以此来推动城乡联动模式发展。同时，加快中心村的建设，撤

并"空心村",推进乡村城镇化步伐。重点从统筹城乡发展规划、统筹城乡基础设施建设、统筹城乡公共服务、统筹城乡劳动就业等几个方面采取措施。

(1)统筹城乡发展规划。科学制定并严格执行城乡规划。建立由总体规划、市域城镇体系规划、各类专业规划和专项规划组成完善的城镇规划体系,通过实施"133599"(1 个中心大城市、3 个副中心城市、3 个规划区、5 个县城、99 个建制镇)城镇体系规划,开展村落布局整合规划工作,实现区域中心城市榆林和副中心城市神木市、靖边县、绥德县规划全面覆盖,加快米脂县、佳县撤县设区和神木市、横山区城乡一体化发展试点工作。完成中心城市总体景观设计、村庄建设、城乡接合部新农村建设等专题规划和控制性详细规划的有效结合,从规划上解决城乡协调发展问题。目前,榆林市已开始神木市、横山区两市区的城乡统筹发展规划。同时,加大扶持南部区县的力度。通过市场化方式多渠道融资,重点支持南部区县煤、盐化工、油气、石材、红枣、畜牧、生态、旅游文化、劳务和物流等产业发展。

(2)统筹城乡基础设施建设。农村基础设施建设是发展农村经济和改善农民生活的必备条件,成为城乡协调发展的关键纽带,亦是推进社会主义新农村建设的前提。榆林市地处毛乌素沙地与黄土高原过渡地带,是北方暖干化较为显著的地区,农业生产受气候资源影响显著。因此,加大农村基本农田水利建设工程,提高农业综合开发能力。通过流域调水、淤地坝工程等改善农业生产环境。此外,强化农村基础设施建设,实施农村安全饮水、环境卫生、沼气池等项目建设;实施以工代赈、易地扶贫搬迁工程;加速乡村道路拓展延伸,实现村村通柏油路;实施节水灌溉工程;注重乡村绿化建设。再者,通过农村文化建设改变农民思想观念,拓展发展思路。最后,加强城乡社区服务体系建设,实施村级社会事业公共设施建设项目,启动社区办公场所建设等基础工作。

(3)统筹城乡公共服务。榆林市城镇居民依靠能源经济收入增长迅速，20世纪80年代后期，国家将发展的重心转向了城市，榆林市亦是如此，因此，城镇公共服务设施得到了较快发展，收入分配结构中也有"重城轻乡"的倾向。要实现城乡统筹发展，必须按照城乡公共服务均等化的要求，不断加大财政对农业、农村的投入力度，尤其对生态农业、特色农业更要加大投资额度；改善农民的生活条件，为统筹城乡发展、推进社会主义新农村建设提供物质保障。另外，通过制定阶段性目标，逐渐缩小城乡居民享受公共服务的差距，以改革城乡分割的公共服务体制，为农村居民提供最基本的均等化公共服务。

（4）统筹城乡劳动就业。建立有利于促进农村劳动力流动和转移的体制机制，从体制上改变城乡二元户籍管理和城镇社会福利制度，建立以户籍登记为主的城乡一体化的户籍管理制度，根据进城务工农民滞留时间，逐步从其就业、子女教育、医疗卫生、养老、最低生活保障以及住房等方面进行改革，纳入城市居民相关管理范畴，使他们能享受到与城市居民平等的权利，从制度上为农村劳动力流动创造条件。加快人力资源市场建设步伐，启动建设榆林市创业服务中心，重视农民工转移就业和返乡创业工作，加强政策引导，鼓励高校毕业生面向基层就业。2007年，榆林市通过推进"人人技能工程"，全年技能培训12万人次，其中创业培训2000人次，新增城镇就业2.2万人。加大劳动保障监察力度，督促企业严格遵守劳动合同制度，切实维护劳动者和用工单位的合法权益。

12.3.2 发挥以工促农战略，加速现代农业转型

（1）用工业理念谋划和管理农业。发展现代农业是建设社会主义新农村的首要任务，旨在促进农民增收、改善农民生活质量，重在提高农业综合生产能力、促进农业增效。坚持以工业理念谋划农业发展，不断提高农业集约化、机械化、标准化水平，促进劳动力结构、生产方式和增长方式转变，实现"两减少一提高"，即农业用工减少、农业用时减少、农产品质量提高。一是推进集约化经营。加快工业化和城镇化进

程,大力发展农村第二、第三产业,促进农村劳动力转移。加速农业科技成果转化和应用,结合榆林市地处干旱风沙过渡区的特征,加大旱作农业与节水农业栽培,大力推广测土配方施肥、间作套种、沙地农业种植等高新种植技术,农业规模化、集约化水平不断提升,综合效益显著提高。二是推进机械化生产。提高农机装备水平,推动农业机械化发展,加快农业生产由手工作业向机械作业转变。三是推进标准化建设。强化绿色农业建设,积极发展无公害农产品和绿色食品。加强无公害农产品、绿色食品基地建设。

(2)用现代工业手段改造传统农业。要大力发展农用工业,为农业提供技术先进、质量优良、符合农艺要求的各类农业机械,实现农业生产手段的现代化。榆林市能源重化工企业发展较快,但对农业带动甚微,未来发展的能源工业应注重将信息技术、生物工程技术与现代农业技术结合起来,努力拓宽农业的内涵和外延,增强和发挥农业的多种功能。积极采用工程、生物、农艺等技术措施,进一步提高农业生产水平。扶持壮大农民专业合作经济组织和农产品行业协会,培育农民运销队伍、经纪人,组织开展信息、技术、培训、营销等服务;加快农产品批发市场和农贸市场建设,完善功能,提高水平;发展超市连锁配送、直销专卖、网上交易。

12.3.3 依托科技兴农战略,提高农业生产水平

科技进步是现代农业建设的决定性力量,建设现代特色农业必须大力提高农业科技创新和应用水平,要不断建立和完善富有活力的农业科研和推广体系,加强关键技术攻关研发,拓宽科技成果转化和先进技术推广渠道,提高科技贡献。首先,加快农业科技成果的转化、推广和应用。安排专项资金重点用于榆林沙漠玉米制种、黄土高原小杂粮精细加工、圈养羊养殖技术等方面的科技项目和成果转化,扶持农业科技示范园区建设。其次,扶持民营农业科技机构发展,对民营农业机构进行补助。再次,提高农业科技人员待遇,对在良种培育和推广应用中取得

突出成绩的人员实施奖励，鼓励当地科研单位与农业互助结对。最后，深化基层农业科技推广体系改革。鼓励建立与农业产业布局相适应的跨区域、专业性新型农业科技推广服务组织，发挥市农科院和大专院校在科技兴农中的作用，强化人才队伍建设。

12.3.4　加速农业产业化战略，推进农村转型发展

改变传统农业发展理念，用工业化带动农业产业化，用企业化的管理经营农业，将市场、企业、基地、农户作为不可分割的整体，统筹谋划，整体推进，不断延长产业链，构建产＋销一体化的产业集群。注重对龙头企业的培植和扶持，壮大实力，打造品牌，增强辐射和带动能力，引领产业又好又快发展。保持优势产业的长久发展，最终要靠工业化带动、产业化经营，靠发展延伸产业改变原料农业、初级产品的局面，实现产品增值、产业增效。因此，必须充分认识发展农副产品加工龙头企业在推进"三农"工作中的重要意义，在扶持龙头企业做大做强上形成共识，在政策服务、项目报批、招商引资、发展环境等方面给予全力支持，切实加快龙头企业建设步伐。对于榆林市来讲，按照"一村一品，一个产业由一个龙头企业带动"的发展模式，构建以榆林市大漠蔬菜、山地苹果、白绒山羊、生猪产业、名优杂粮等为主的特色产业带，与此同时，大力推行"公司＋农户""公司＋经纪人＋农户""公司＋协会＋农户""公司＋推广部门或科研单位＋农户"等多种模式的利益联结机制，使农民与龙头企业结成利益共享、风险共担的共同体，在提高农业产业化经营水平上求得新突破。

12.3.5　坚持可持续发展战略，协调能源开发与农村发展

榆林市属生态环境脆弱地区，大规模能源开发带来巨大经济效益的同时，也造成了当地生态环境破坏。因此，从可持续发展战略出发，科学协调当地能源发展与农村发展成为榆林市面临的重大难题。坚持科学规划、有效保护、加快建设和永续利用的原则。科学规划，就是对能源

开发速度以及生态环境建设与保护进行总体规划，提出短期或长期发展的指导思想、基本原则、总体目标以及阶段性目标和任务。有效保护，就是通过退耕还林、封山禁牧、工业反哺等策略措施，逐步改善农村生态环境状况，提升农村发展的生态承载能力。加快建设，主要针对农村发展中存在的突出问题，提出以持续增加农民收入为导向，提升农村发展效率，加快农村发展速度。永续利用，指能源开发与农村发展均应通过科学合理的开发与发展方式，取得持续利用与发展。总之，以建设生态友好型城市与农村的持续发展为目标，科学协调能源资源开发与农村发展问题，始终把保护和改善生态、加速农村发展贯穿榆林市经济社会发展的全过程，大力发展生态经济、循环经济，促进可持续发展。

12.4　战略机制

12.4.1　创新政策管理机制

科学制定榆林市城乡发展规划，同时保证规划实施的连续性和权威性；建立土地使用权流转机制，稳步推进现代特色农业适度规模经营；建立农业风险防范机制，提高特色农业的抗风险能力；建立农业检测检验机制，确保农产品生产安全；建立健全农产品市场体系，推动现代特色农产品的顺畅流通。

深化改革，建立改革创新机制。深化农村改革必须搞好土地、户籍、林权改革。积极探索农村宅基地的整合或置换，让农户分散的宅基地集中起来建房，节约土地，改善人居环境，提高农村城镇化。大力建设各种专业合作组织，让分散的农民适应市场经济发展的需要，提高农民组织化。加快发展农村第二、第三产业，发展壮大农村经济，让农民投身到农村第二、第三产业中发展，并到乡镇、县城或省城购房，提高农民市民化。通过改革将进城农户的宅基地集中置换出来，为农村土地集中使用发展现代农业和城镇建设创造条件。

12.4.2　构建多元融资机制

加大对三农投入力度，建立多元化融资支农保障机制。第一，建立完善财政支农资金稳定增长机制。在原有支农项目不减的基础上，按照"存量适度调整，增量重点倾斜"的原则，不断增加对农业和农村的投入，重点增加对农业基础设施建设、公共设施建设、农村社会化服务体系建设、农村社会事业发展的投资。第二，建立和完善公共财政制度，调整财政支农资金的使用方向，转变补贴方式，逐步减少对流通环节的补贴，建立对农民的直接补贴制度。第三，发挥财政资金的杠杆作用，引导金融资金投向农业经济。明确产权，确立农民在农业开发中的主体地位，引导农民和社会配套资金形成股本投入。把财政经常性投入变为补偿金和担保基金，完善政策金融机制，引导信贷资金投向农业。第四，按照有利于增加农产品产量和企业贷款、有利于改善农村金融服务的要求，以培育竞争性的农村金融市场、形成合理的农村金融机构体系为目标，推进农村金融体制改革，扩大对农民的贷款面。第五，建立资金回流农村的机制，解决农民资金"取之于民，用之于民"的问题，如在农村信用社中专门设置小额信贷窗口，解决农民生产中急需的小额信贷问题，同时对民间借贷的政策进行调整，允许存在，严格管理。

12.4.3　完善社会保障机制

健全农村社会保障制度是提高农民抗风险能力、增加农民福利和收入、缩小城乡差距的有效途径。近几年，榆林市通过加强社会保障体系建设，完善养老保险制度，启动了神木、府谷和定边三市县新型农村养老保险试点工作。同时，逐步提高了失业保险金标准和工伤保险待遇。从全面推进城镇居民基本医疗保险试点，积极开展新农合门诊统筹试点方面入手，完善城乡社会保证机制。2007年，榆林市新农合医疗参与率达到92%。完善社会救助制度，建立与经济增长和物价水平相适应的救助标准调整机制，适当提高城乡低保对象及农村五保户保障水平。建立被征地农民即征即保制度，推行特大灾病救助制度。加强老龄工作，发展农村老龄服务。继续扩大各级慈善机构的基金规模和救助能力。

12.4.4　健全农村市场机制

市场机制是指在市场上直接发生作用的价格、竞争、风险和供求等机制构成的调节体系。建立市场经济体制为农村实现根本性转变提供保障，而建立农村市场经济体制的关键在于健全农村市场机制。

榆林市农村地区的市场化程度仍然较低，严重阻碍城乡统筹发展和新农村建设，难以构建城乡协调发展的模式。因此，深化以市场为导向的各项改革，加快农村市场化进程，建立起城乡统一的市场体系是榆林市目前的主要任务，通过市场机制的作用，实现城乡资源的优化配置，发挥资源最佳效益，解决城乡发展中存在的突出问题。加快农村市场化进程，关键是建立覆盖农村的市场经济体制框架，即按照建立和完善市场经济体制的要求，深化各项改革措施，把农村发展纳入市场经济体系总体框架。在城乡统筹发展的过程中，需要以市场化改革为依托，推动经济体制、行政体制、文化教育体制、社会保障体制等的改革，充分发挥市场配置资源的作用，尊重市场规律。只有这样，才能改变农村地区传统、落后、封闭的农耕状态，推动农村城市化进程，使农村走向富裕、文明、开放，实现城乡经济社会发展的有机融合。

12.4.5　协同生态建设与农村发展机制

能源矿产资源的开发带动了整个榆林市经济快速发展，改变了榆林市 20 世纪 80 年代的贫穷落后局面，但过于追求经济增长速度，忽略了良好环境的生态效益，致使能源开发造成当地生态、气候、土壤等不同程度的污染，而这直接或间接地降低了当地农民的收入。如果不转变发展思路，改变现有发展方式，很可能会使原本就比较脆弱的生态环境出现恶化，进而影响到当地社会经济的全面发展。榆林市除能源开发造成的新生环境问题外，还有历史遗留下来的风沙滩区防沙治沙问题和黄土高原区水土流失问题。因此，榆林市生态环境建设是一项复杂的系统工程，需要遵循有关生态学、经济学和法学原理，从法律生态学、法律经济学和法律社会学的交叉角度出发，建立和完善生态补偿规定，提高环境资源税率，构建环保产业制度，以确保陕北能源开发与生态环境保护走协调统一的可持续发展道路。

（1）坚持生态效益与经济效益统一原则。榆林市发展在获得经济效益的同时，必须取得生态效益。良好的经济效益是群众经营活动的根本所在，倘若没有经济效益，生态效益即使再高，由于环境治理得不到群众的支持，也难以持久。反过来，如果当地生态效益逐年下降，将会影响到农村生产生活，农村收入下降，加之环境污染而导致的医疗保健费用提升，间接地降低了农民收入。因此，生态建设必须在关注长远利益的同时重视短期效益，达到生态与经济双赢的目的。

（2）完善生态补偿机制。国家环保总局调查表明，西部每年因生态环境破坏造成的直接经济损失达到 1500 亿元，占当地同期国内生产总值的 13%。榆林市 2007 年 GDP 为 674 亿元，由此可估算榆林市因生态环境破坏造成的直接经济损失达 87.62 亿元。发达国家的经验表明，将 GDP 的 3% 投入生态建设，才能有效遏制当地生态环境恶化趋势，据推算，榆林市每年应投入生态环境保护和建设的资金为 20.22 亿元。按照"谁开发，谁保护""谁利用，谁补偿"的原则，应当通过生态环境补偿税（费）来建设当地生态环境，建议国家从制度层面制定资源开发生态补偿税（费）相关政策，建立一整套行之有效的生态补偿机制，以促进榆林市能源开发中的生态保护工作。一是企业对矿区所在地的补偿。榆林市能源企业在资源所在地从事采掘活动，造成地表沉陷、水土流失、地下水破坏等环境问题，应负责所影响区域的生态重建工作。二是资源输入地对输出地的补偿。我国矿产资源在空间分布上与经济重心不匹配的特征，使得矿产资源最为富集的榆林市等地必然成为辐射全国的能源生产基地，并由此导致了其他相关高耗能重工业的集聚，加剧了资源富集区的生态破坏和环境污染，东部地区在获取西部提供的能源并逐步转移其淘汰落后产能的同时，把生态破坏和环境污染的代价留在了西部。矿产资源的流动，实际上隐藏着环境资源的流动。按照"谁受益，谁补偿"的原则，大量输入能源的东部地区，应对西部资源富集区进行补偿。三是国家对地方的补偿。针对过去陕北欠账巨大、诸多灾害引发责任界定不明确的现状，国家应从所提取的各种费用中拿出一部分，或安排专项资金，形成陕北生态资金，这部分资金应主要用于偿还陕北大规模开发的生态欠账，将来可以根据陕北矿产资源管理体制改革情况，调整其使用方向。

12.5　本章小结

立足于农业与农村功能特性，结合榆林市农村发展的现状，提出以人地和谐、城乡统筹、国家需求安全、科学发展的战略理念为导向；根据各地农村优势，构建能源经济带动模式、生态经济主导模式、特色经济引领模式、劳务经济拉动模式、政策优惠扶持模式等五种促进农村经济快速发展的模式；提出以城带乡、以工促农、科技兴农、加速农业产业化、协调能源开发与生态建设及农村发展等战略途径，实现城市支持乡村发展，工农业联动格局，现代农业加速转型发展，农村生产力水平逐步提升，能源开发与农村协调发展的新局面；同时，辅以创新政策管理机制、构建多元融资机制、完善社会保障机制、健全农村市场机制、协调生态建设与农村发展机制等保障农村战略顺利实施的措施。

参考文献

鲍华俊、徐青等，2004，《长江三角洲地区制造业同构与经济效益的关系》，《经济论坛》第 23 期，第 20~21 页。

曹卫东、朱胜清等，2013，《基于比例性偏离份额模型的区域经济增长分析——以安徽省为例》，《经济地理》第 2 期，第 2~3 页。

曹贤忠、曾刚，2014，《基于熵权 TOPSIS 法的经济技术开发区产业转型升级模式选择研究——以芜湖市为例》，《经济地理》第 34 期，第 13~18 页。

车晓翠、张平宇，2012，《东北振兴以来产业可持续发展能力评价》，《经济地理》第 5 期，第 99~102 页。

陈建军，2004，《长江三角洲地区的产业同构及产业定位》，《中国工业经济》第 2 期，第 19~26 页。

陈培阳、朱喜钢，2012，《基于不同尺度的中国区域经济差异》，《地理学报》第 67 期，第 1085~1097 页。

陈文娣、黄震方等，2013，《长江中游经济带区域经济差异及其时空演变特征》，《热带地理》第 33 期，第 324~332 页。

陈孝劲、崔彬等，2011，《资源型城市产业转型模式探讨——以盘锦市为例》，《中国矿业》第 3 期，第 19~22 页。

陈阳、李伟芳等，2014，《浙江省乡村性空间分异及其影响因素分析》，《经济地理》第 34 期，第 133~139 页。

陈耀，1998，《产业结构趋同的度量及合意与非合意性》，《中国工业经济》第 4 期，第 37~43 页。

程绍铂、杨桂山等，2011，《长三角典型农业区农业现代化水平分区研究——以江苏省兴化市为例》，《地域研究与开发》第 30 期，第 149 ~ 152 页。

崔功豪，1989，《近十年来中国城市化研究的进展》，《地域研究与开发》第 1 期，第 1 ~ 6 页。

邓晓兰、鄢哲明等，2013，《中国煤炭城市的发展绩效评价和转型影响因素分析》，《资源科学》第 35 期，第 1782 ~ 1789 页。

董晶丽，2008，《老工业城市产业转型与就业变化研究》，博士学位论文，东北师范大学。

董雯、邓锋等，2011，《乌鲁木齐资源型产业的演变特征及其空间效应》，《地理研究》第 4 期，第 723 ~ 734 页。

董雯、杜宏茹等，2010，《乌昌地区资源型产业的集聚特征及其城市化效应研究》，《自然资源学报》第 4 期，第 657 ~ 667 页。

杜国明、周圆等，2013，《黑龙江省农业现代化评价》，《国农业资源与区划》第 34 期，第 55 ~ 61 页。

杜吉明，2013，《煤炭资源型城市产业转型能力构建与主导产业选择研究》，博士学位论文，哈尔滨工业大学。

段彩芹、李宁等，2011，《矿产资源型城市经济转型中接替主导产业研究——以河北省迁西县为例》，《河北经贸大学学报》第 4 期，第 67 ~ 70 页。

樊杰，1997，《能源资源开发与区域经济发展协调研究——以我国西北地区为例》，《自然资源学报》第 12 期，第 349 ~ 356 页。

方叶林、鄢哲明等，2013，《2001 ~ 2010 年安徽省县域经济空间演化》，《地理科学进展》第 32 期，第 831 ~ 839 页。

费孝通，1984，《小城镇，大问题》，江苏人民出版社。

封志明、刘晓娜，2013，《中国人口分布与经济发展空间一致性研究》，《人口与经济》第 2 期，第 3 ~ 11 页。

冯长春、曾赞荣等，2015，《2000 年以来中国区域经济差异的时空演变》,《地理研究》第 34 期,第 234~246 页。

冯丽媛、段汉明,2012,《银川平原人口空间分布研究》,《西北人口》第 33 期,第 90~94 页。

葛文静,2008,《再造煤炭循环经济产业链发展模式》,《经济导刊》第 5 期,第 50~51 页。

葛文静、李建中,2008,《国外循环经济模式对陕北能源基地可持续发展的启示》,《中国石油大学学报》(社会科学版) 第 1 期,第 9~12 页。

辜胜阻,1991,《中国城镇化的发展特点及其战略思路》,《经济地理》第 3 期,第 22~28 页。

关爱萍,2007,《产业同构测度的方法》,《统计与决策》第 19 期,第 32~34 页。

关兴良、方创琳等,2012,《基于空间场能的中国区域经济发展差异评价》,《地理科学》第 32 期,第 1055~1065 页。

郭文炯、安祥生等,2004,《山西省人口分布与区域经济协调发展研究》,《经济地理》第 24 期,第 454~458 页。

郝顺利,2010,《资源型城市产业转型路径研究——以华蓥市为例》,重庆工商大学。

何伟、杨春红,2013,《基于 TOPSIS 的江苏省中心城市可持续发展状况评价》,《南京师范大学学报》(社会科学版) 第 6 期,第 68~72 页。

胡宝清,2005,《区域生态经济学理论、方法与实践》,中国环境科学出版社。

胡春生、蒋永穆,2011,《资源富集区产业转型困境基于发展序的比较》,《资源科学》第 4 期,第 743~750 页。

胡礼梅,2011,《国内资源型城市转型研究综述》,《资源与产业》第 6 期,第 6~10 页。

黄少安,2005,《制度经济学》,经济科学出版社。

黄悦、刘继生等,2013,《资源丰裕程度与经济发展关系的探讨——资源诅咒效应国内研究综述》,《地理科学》第 33 期,第 873 ~ 877 页。

贾彤,2016,《大同市城市转型过程中的主导产业选择研究》,硕士学位论文,首都经贸大学。

减旭恒,2002,《产业经济评论》,经济科学出版社。

江海燕,2014,《资源型城市产业转型的时机及模式选择研究——以福建龙岩为例》,硕士学位论文,福建师范大学。

姜玉砚、焦斌龙,2014,《资源型区域产业结构演进与经济增长和波动的关系研究——以山西省为例》,《城市发展研究》第 2 期,第 1 ~ 5 页。

蒋和平、张成龙等,2015,《北京都市型现代农业发展水平的评价研究》,《农业现代化研究》第 36 期,第 327 ~ 332 页。

蒋金荷,2005,《我国高技术产业同构性与集聚的实证分析》,《数量经济技术经济研究》第 12 期,第 91 ~ 97 页。

焦源,2013,《山东省农业生产效率评价研究》,《中国人口·资源与环境》第 23 期,第 105 ~ 110 页。

金碚,2015,《中国经济发展新常态研究》,《中国工业经济》第 1 期,第 5 ~ 18 页。

靳诚、陆玉麒,2011,《基于空间变差函数的长江三角洲经济发展差异演变研究》,《地理科学》第 31 期,第 1329 ~ 1334 页。

靳诚、陆玉麒,2012,《1978 年来长江三角洲经济格局空间演变研究》,《人文地理》第 27 期,第 113 ~ 118 页。

靖学青,2004,《长三角地区制造业结构趋同分析》,《改革》第 2 期,第 48 ~ 51 页。

康芸、李晓鸣,2000,《试论农业现代化的内涵和政策选择》,《中国农村经济》第 9 期,第 9 ~ 14 页。

孔瑜、杨大光,2014,《中国资源型城市产业转型的模式选择》,《资源开发与市场》第 1 期,第 85 ~ 88 页。

李炳意、师学义等,2016,《基于生态足迹的资源型城市可持续发展能力分析——以山西省晋城市为例》,《水土保持研究》第 2 期,第 255 ~

261 页。

李朝阳，2013，《矿产资源富集型欠发达地区资源开发与区域经济协调发展研究——以甘肃庆阳为例》，《农业现代化研究》第 1 期，第 54～58 页。

李红锦、李胜会，2012，《基于 DEA 模型的城市化效率实证研究：我国三大城市群的比较》，《大连理工大学学报》（社会科学版）第 33 期，第 51～56 页。

李郇、徐现祥，2005，《20 世纪 90 年代中国城市效率的时空变化》，《地理学报》第 60 期，第 615～625 页。

李惠娟、龙如银，2012，《城市转型能力与产业动态优势耦合研究——以资源型城市徐州为例》，《科技进步与对策》第 21 期，第 40～44 页。

李惠娟、龙如银，2013，《资源型城市环境库兹涅茨曲线研究——基于面板数据的实证分析》，《自然资源学报》第 1 期，第 19～27 页。

李俊杰、米文宝等，2016，《宁夏农业现代化水平格局演变及空间分异》，《水土保持研究》第 23 期，第 306～312 页。

李荣华、惠树鹏，2014，《资源型城市产业转型效果评价－以国家首批资源枯竭型城市为例》，《生产力研究》第 11 期，第 61～63 页。

李汝资、宋玉祥等，2016，《吉林省资源型城市转型阶段识别及其特征成因分析》，《地理科学》第 1 期，第 90～98 页。

李小建、乔家君，2015，《20 世纪 90 年代中国县际经济差异的空间分析》，《地理学报》第 6 期，第 136～145 页。

李小建、乔家君，2001，《20 世纪 90 年代中国县际经济差异的空间分析》，《地理学报》第 2 期，第 136～145 页。

李晓越、李同昇等，2014，《西北地区农民收入差异的时空演变及影响因素——以陕甘宁县域为例》，《干旱区地理》第 37 期，第 620～629 页。

李学鑫，2012，《区域中心城市转型能力的形成机制与构成研究》，《特区经济》第 3 期，第 248～250 页。

李雪梅、张小雷等，2011，《干旱区城镇主导产业选择模型及评价体系分析与实证——以新疆鄯善县为例》，《干旱区地理》第 4 期，第 693～699 页。

李烨、曹梅，2015，《欠发达地区中心城市产业低碳化转型发展的路径选择——以贵阳市为例》，《资源与产业》第 4 期，第 88～94 页。

李玉凤，2010，《龙江省产业结构优化及仿真》，中国农业出版社，第 117～120 页。

李裕瑞、刘彦随等，2011，《黄淮海地区乡村发展格局与类型》，《地理研究》第 30 期，第 1637～1647 页。

李裕瑞、刘彦随等，2012，《黄淮海典型地区村域转型发展的特征与机理》，《地理学报》第 67 期，第 771～782 页。

李哲、李熔臣，2015，《资源型城市产业转型的困境分析与路径选择》，《经济研究导刊》第 27 期，第 19～21 页。

林凡元、董俊丽，2010，《山东省人口与经济协调发展区域评估及对策研究》，《西北人口》第 31 期，第 75～79 页。

林正雨、李晓等，2014，《四川省农业现代化发展水平综合评价》，《中国人口·资源与环境》第 24 期，第 319～322 页。

刘爱文、郑登攀，2010，《基于 BP 逻辑模糊神经网络的资源型城市主导产业选择研究——以陕西省榆林市为例》，《科技管理研究》第 6 期，第 153～156 页。

刘春燕、谢萍等，2014，《资源衰退型城市接续产业选择研究——以江西萍乡市为例》，《地理科学》第 2 期，第 192～197 页。

刘丹、姚平，2011，《资源型城市产业转型中的创新协同驱动路径分析》，《管理现代化》第 6 期，第 10～12 页。

刘刚、沈镭，2007，《1951～2004 年西藏产业结构的演进特征与机理》，《地理学报》第 62 期，第 362～376 页。

刘鹤、刘毅等，2010，《黄河中上游能源化工区产业结构的演进特征及机理》，《经济地理》第 10 期，第 1657 ~ 1663 页。

刘杰，2013，《山东省西部产业结构趋同研究》，《经济地理》第 9 期，第 101 ~ 106 页。

刘杰，2012，《沿海欠发达地区产业结构演进和经济增长关系实证——以山东省菏泽市为例》，《经济地理》第 6 期，第 103 ~ 109 页。

刘静、罗佐县，2004，《产业化与生态化：西部农业产业结构演进的路径选择》，《农村经济》第 7 期，第 67 ~ 69 页。

刘静、吴普特等，2014，《基于数据包络分析的河套灌区农业生产效率评价》，《农业工程学报》第 30 期，第 110 ~ 118 页。

刘霖、秦宛顺，2009，《县域经济发展效率的地区比较——基于 DEA 方法的研究》，《社会科学研究》第 6 期，第 23 ~ 27 页。

刘玲玲，2014，《我国资源型城市产业转型模式研究——以内蒙古鄂尔多斯市为例》，北京交通大学。

刘世薇、张平宇，2012，《1989 - 2010 年新疆经济发展差异的区域分析》，《经济地理》第 32 期，第 26 ~ 31 页。

刘卫东、金凤君等，2011，《2011 中国区域发展报告》，商务印书馆。

刘文玲、王灿，2010，《低碳城市发展实践与发展模式》，《中国人口·资源与环境》第 4 期，第 17 ~ 22 页。

刘文新、张平宇等，2007，《资源型城市产业结构演变的环境效应研究》，《干旱区资源与环境》第 2 期，第 17 ~ 21 页。

刘晓琼、刘彦随等，2010，《基气候暖干化下农牧交错区能源开发与县域经济发展研究——以陕西省榆林市为例》，《地域研究与开发》第 33 期，第 20 ~ 25 页。

刘晓婷、陈闻君，2016，《基于 ESDA-GIS 的新疆能源碳排放空间差异动态演化分析》，《干旱区地理》第 39 期，第 678 ~ 685 页。

刘彦随，2007，《中国东部沿海地区乡村转型发展与新农村建设》，《地理学报》第 62 期，第 563 ~ 570 页。

刘彦随、冯德显，2001，《陕北绥德县可持续农业与农村经济发展评价》，

《陕西师范大学学报》（自然科学版）第 1 期，第 85～89、100 页。

刘彦随、陆大道，2003，《中国农业结构调整基本态势与区域效应》，《地理学报》第 58 期，第 381～389 页。

刘彦随、杨忍，2012，《中国县域城镇化的空间特征与形成机理》，《地理学报》第 67 期，第 1011～1020 页。

刘艳华、徐勇等，2011，《基于 ESDA 方法的黄土高原地区经济发展格局及其演化特征分析》，《地理科学进展》第 30 期，第 627～634 页。

刘养卉、龚大鑫等，2013，《甘肃省各地区现代农业发展水平聚类分析》，《中国农业资源与区划》第 31 期，第 39～42 页。

刘子飞、王昌海，2015，《有机农业生产效率的三阶段 DEA 分析——以陕西洋县为例》，《中国人口·资源与环境》，第 25 期，第 105～112 页。

龙冬平、李同昇等，2014，《中国农业现代化发展水平空间分异及类型》，《地理学报》第 69 期，第 213～226 页。

陆大道，2003，《中国区域发展的理论与实践》，科学出版社。

罗吉，2004，《西部地区产业结构转换能力比较的实证研究》，《重庆大学学报》第 10 期，第 11～14 页。

罗健、曹卫东等，2013，《比例性偏离份额空间模型推演及应用》，《地理研究》第 4 期，第 575～579 页。

罗若愚、赵洁，2013，《成渝地区产业结构趋同探析与政策选择》，《地域研究与开发》第 5 期，第 41～45 页。

马晓熠、裴韬等，2010，《基于探索性空间数据分析方法的北京市区域经济差异》，《地理科学进展》第 29 期，第 1555～1561 页。

马彦琳，2000，《干旱区绿洲区可持续农业与农村经济发展机制与模式研究——以新疆吐鲁番地区为例》，《地理科学》第 6 期，第 540～544 页。

孟德友、李小建等，2014，《长江三角洲地区城市经济发展水平空间格局演变》，《经济地理》第 34 期，第 50～57 页。

孟德友、陆玉麒：《河南外向型经济区域差异及极化态势分析》，《地域研究与开发》2009 年第 4 期，第 52 ~ 56 页。

孟德友、陆玉麒等，2011，《基于基尼系数的河南县域经济差异产业分解》，《经济地理》第 31 期，第 799 ~ 804 页。

孟宪磊，2015，《黑龙江省煤炭资源型城市接续替代产业选择研究》，硕士学位论文，哈尔滨工业大学。

孟晓晨，1992，《变"离土不离乡"为"先离土后离乡"》，《人文地理》第 1 期，第 51 ~ 55 页。

孟晓晨，1990，《中国城市化的"双轨归一"道路》，《城市问题》第 1 期，第 12 ~ 15 页。

潘竟虎、胡艳兴等，2016，《丝绸之路经济带经济差异时空格局演变特征》，《经济地理》第 36 期，第 10 ~ 17 页。

潘伟、杨德刚等，2012，《1952 ~ 2008 年新疆产业结构演进特征分析》，《干旱区地理》第 1 期，第 177 ~ 185 页。

彭斌、刘俊昌，2014，《基于 DEA 模型的广西林下经济发展效率研究》，《广西民族大学学报》（哲学社会科学版）第 36 期，第 168 ~ 172 页。

仇方道、朱传耿等，2009，《淮海经济区县域经济差异变动的空间分析》，《地理科学》第 29 期，第 56 ~ 63 页。

齐邦锋、江冲等，2010，《山东省旅游经济差异及旅游空间结构构建》，《地理与地理信息科学》第 26 期，第 98 ~ 102 页。

齐元静、杨宇等，2013，《中国经济发展阶段及其时空格局演变特征》，《地理学报》第 68 期，第 517 ~ 531 页。

钱勇，2012，《资源型城市产业转型研究——基于企业组织与城市互动演化的分析》，科学出版社。

乔家君、杨家伟，2013，《中国专业村研究的新近进展》，《人文地理》第 5 期，第 76 ~ 80 页。

秦钟、章家恩等，2011，《基于 DEA 时间窗分析的广东省农业生产效率评价》，《中国生态农业学报》第 19 期，第 1448 ~ 1454 页。

曲福田，2001，《资源经济学》，中国农业出版社。

曲建升、高峰等，2007，《不同资源类型的资源型城市经济转型基础与模式比较——以典型资源型城市为例》，《干旱区资源与环境》第2期，第12~16页。

任勇，2008，《矿业城市产业转型模式研究——以铜川市为例》，西北大学。

邵帅、齐中英等，2008，《西部地区的能源开发与经济增长——基于"资源诅咒"假说的实证分析》，《经济研究》4期，第147~160页。

佘之祥，2001，《长江三角洲的农村经济特点与发展对策》，《长江流域资源与环境》第2期，第152~158页。

佘之祥：《长江三角洲的农村经济特点与发展对策》，《长江流域资源与环境》2001年第2期，第15~158页。

沈镭，2011，《欠发达资源富集山区的生态文明发展模式与对策建议——以黔东南为例》，《长江流域资源与环境》第4期，第501~507页。

沈小波，2010，《资源环境约束下的经济增长与政策选择——基于新古典增长模型的理论分析》，《中国经济问题》第5期，第10~17页。

师谦友，1993，《发达国家的农业现代化对中国农业发展的启示》，《人文地理》第8期，第64~69页。

师谦友、王伟平，2010，《基于能值分析的榆林市循环经济发展研究》，《地域研究与开发》第29期，第59~64页。

史丹，2006，《中国能源效率的地区差异与节能潜力分析》，《中国工业经济》第10期，第49~58页。

宋栋，1993，《我国农村城镇化的现状及其未来发展的构想》，《人口学刊》第1期，第35~41页。

宋晓珍、张艳荣等，2016，《河西地区县域经济发展差异分析》，《生态经济》第5期，第132~135、179页。

苏东水，2000，《产业经济学》，高等教育出版社。

孙东琪、朱传耿等，2010，《苏、鲁产业结构比较分析》，《经济地理》

第 11 期，第 1847~1853 页。

孙浩进，2014，《我国资源型城市产业转型的效果、瓶颈与路径创新》，《经济管理》第 10 期，第 34~43 页。

谭国雄，2005，《借鉴发达国家农业现代化经验我国农业现代化应处理好六大关系》，《农业现代化研究》第 26 期，第 62~65 页。

汤建影、周德群，2003，《基于 DEA 模型的矿业城市经济发展效率评价》，《煤炭学报》第 28 期，第 342~347 页。

唐成伟、陈亮等，2012，《资源开发、产业结构演进与地区经济增长——基于中介传导模型的实证分析》，《经济问题探索》第 3 期，第 13~19 页。

陶晓燕，2013，《基于主成分分析的资源型城市产业转型能力评价》，《资源与产业》第 2 期，第 1~5 页。

陶卓明、薛鲜伟等，2010，《基于数据包络分析的中国旅游业发展效率特征》，《地理学报》第 8 期，第 1004~1012 页。

田象生，2005，《"循序渐转"是资源型城市产业转型的最优方式》，《学术研究》第 12 期，第 86~87 页。

佟宝全、阿荣等，2012，《内蒙古牧区矿产开发模式选择的思路探讨》，《地理科学进展》第 12 期，第 1693~1699 页。

佟光霁、张晶辉，2014，《基于灰色多层次模型的多功能农业发展水平评价——以哈尔滨市为例》，《辽宁大学学报》（哲学社会科学版）第 42 期，第 70~76 页。

涂蕾，2016，《新常态下资源型城市产业转型研究——以湖南省娄底市为例》，硕士学位论文，湖北师范大学。

王灿灿，2015，《新型工业化背景下邹城市工业主导产业选择研究》，硕士学位论文，西南大学。

王承武，2010，《新疆能源矿产资源开发利用补偿问题研究》，博士学位论文，新疆农业大学。

王菲、董锁成等，2014，《中国工业结构演变及其环境效应时空分异》，

《地理研究》第 10 期，第 1793~1806 页。

王桂新：《中国区域经济发展水平及差异与人口迁移关系之研究》，《人口与经济》1997 年第 1 期，第 50~56 页。

王晋臣，2014，《毕节市现代农业发展评价研究》，《中国农业资源与区划》第 35 期，第 88~94 页。

王开盛、杜跃平等，2013，《资源型城市发展接续产业的影响因素分析》，《企业研究》第 3 期，第 74~77 页。

王磊、段学军等，2009，《长江三角洲人口与经济的空间分布关系研究》，《经济地理》第 29 期，第 1619~1623 页。

王亮、宋周莺等，2012，《资源型城市产业转型战略研究》，《经济地理》第 8 期，第 1277~1282 页。

王闰平、陈凯，2006，《资源富集地区经济贫困的成因与对策研究——以山西省为例》，《资源科学》第 28 期，第 158~165 页。

王少剑、方创琳等，2013，《广东省区域经济差异的方向及影响机制》，《地理研究》第 32 期，第 2244~2256 页。

王书芳，1997，《地区产业结构趋同的两种价值判断及其界定标准》，《中南财经大学学报》第 3 期，第 40~45 页。

王素军、熬天平等，2011，《资源型城市转型模式比较研究——以甘肃省金昌市、白银市、玉门市为例》，《中国流通经济》第 1 期，第 58~62 页。

王婷、吕昭河，2012，《中国区域间人口红利差异分解及解释——基于数据包络分析模型》，《中国人口科学》第 4 期，第 2~12 页。

王秀平、焦华富等，2013，《煤炭资源型城市产业结构演进与土地利用结构变化关联分析——以淮南市为例》，《国土与自然资源研究》第 5 期，第 11~13 页。

王亚男、冯奎等，2012，《中国城镇化未来发展趋势：2012 年中国城镇化高层国际论坛会议综述》，《城市发展研究》第 19 期，第 1~3 页。

王雁、刘红亮等，2007，《能源经济发展中的利益分配问题探析——以陕北地区为例》,《资源与产业》第 5 期,第 102～105 页。

王云才、郭焕成,2001,《鲁西北平原农村经济可持续发展模式与对策——以东昌府区为例》,《经济地理》第 4 期,第 399～403 页。

王志华、陈圻等,2007,《长三角省际贸易强度与制造业同构的关系分析》,《产业经济研究》第 1 期,第 45～50 页。

韦素琼、陈艳华,2013,《基于相似系数和 R/S 分析方法的闽台产业同构性》,《地理研究》第 3 期,第 491～499 页。

魏楚、沈满洪,2007,《能源效率及其影响因素:基于 DEA 的实证分析》,《管理世界》第 8 期,第 66～76 页。

魏权龄,2000,《数据包络分析(DEA)》,《科学通报》第 45 期,第 1793～1808 页。

魏权龄,2004,《数据包络分析》,科学出版社,第 75～151 页。

文琦,2009,《中国农村转型发展研究的进展与趋势》,《中国人口·资源与环境》第 19 期,第 20～24 页。

文琦、焦旭娇等,2014,《能源富集区内部经济发展时空演进格局特征——以陕西省榆林市为例》,《资源科学》第 36 期,第 1392～1401 页。

文琦、刘彦随,2014,《陕北能源开发区农村转型发展轨迹及效应解析》,《地理科学》第 34 期,第 1077～1084 页。

乌日恒,2013,《鄂尔多斯资源型城市产业转型研究》,硕士学位论文,北京林业大学。

吴雅云、高世奎,2015,《内蒙古资源型城市产业转型能力评价》,《资源与产业》第 1 期,第 1～5 页。

伍世代、王强等,2008,《中国东南沿海区域经济差异及经济增长因素分析》,《地理学报》第 63 期,第 123～134 页。

〔美〕西奥多·W. 舒尔茨:《改造传统农业》,梁小民译,商务印书馆,1999。

席广亮、甄峰等,2009,《基于情景分析的城市主导产业选择研究——以山西省临汾市为例》,《现代城市研究》第 12 期,第 75～80 页。

夏四友、文琦等，2016，《基于 DEA 的能源富集区经济发展效率实证研究——以陕西省榆林市为例》，《地域研究与开发》第 5 期，第 47 ~ 52 页。

谢和平，1999，《分形应用中的数学基础与方法》，科学出版社。

辛岭、蒋和平，2013，《我国农业现代化发展水平评价指标体系的构建和测算》，《农业现代化研究》第 31 期，第 646 ~ 650 页。

熊剑平、刘承良等，2009，《资源枯竭型城市产业发展评价与接续选择——以湖北省大冶市为例》，《经济地理》第 8 期，第 1282 ~ 1288 页。

熊友云、张明军等，2010，《1978 – 2006 年甘肃产业结构演进分析》，《干旱区地理》第 2 期，第 285 ~ 292 页。

徐建华、鲁凤等，2005，《中国区域经济差异的时空尺度分析》，《地理研究》第 24 期，第 57 ~ 68 页。

徐康宁、王剑等，2006，《自然资源丰裕程度与经济发展水平关系的研究》，《经济研究》第 1 期，第 78 ~ 89 页。

徐艳艳，2007，《近 10 年来甘肃省人口分布与区域经济发展的相关分析》，硕士学位论文，西北师范大学。

徐勇，ROY CS 等，2002，《黄土丘陵区生态环境建设与农村经济发展问题探讨》，《地理科学进展》第 2 期，第 130 ~ 138 页。

薛德升，1997，《珠江三角洲乡镇工业发展与城乡一体化研究——以北窖、人和、民乐三镇为例》，博士学位论文，中山大学。

薛声家、韩小花，2008，《中国区域经济发展有效性的实证分析》，《科技管理研究》第 28 期，第 96 ~ 98 页。

薛莹莹、沈茂英，2009，《成都市人口分布与区域经济协调发展研究》，《西北人口》第 30 期，第 83 ~ 86 页。

杨家伟、乔家君，2013，《河南省产业结构演进与机理探究》，《经济地理》第 9 期，第 93 ~ 100 页。

杨建国、赵海东等，2013，《资源型城市经济转型模式及优化研究》，《财经理论研究》第 1 期，第 39 ~ 44 页。

杨江峰，2012，《启东市产业结构转型与布局重构研究》，硕士学位论文，南京师范大学。

杨显明、焦华富等，2015，《煤炭资源型城市产业结构锁定的形成、演化及机理研究——以淮北市为例》，《地理科学》第 10 期，第 1258 ~ 1262 页。

杨向阳、陈超，2006，《江苏省服务业结构效益与竞争力分析——兼评偏离份额法的应用》，《长江流域资源与环境》第 4 期，第 415 ~ 416 页。

杨燕红，2006，《城市化进程与产业结构的演进关系分析》，《科技情报开发与经济》第 16 期，第 117 ~ 118 页。

姚平、姜曰木等，2013，《资源型城市产业转型与实现路径分析——基于技术创新和制度创新协同驱动理》，《经济体制改革》第 1 期，第 56 ~ 59 页。

叶蔓，2011，《基于因子分析的资源型城市主导产业选择研究》，《中国人口·资源与环境》第 12 期，第 343 ~ 346 页。

尹良伟、杨力，2014，《基于 DEA 模型的中国省际经济发展效率研究》，《工业技术经济》第 33 期，第 67 ~ 75 页。

于光、周进生等，2007，《矿业城市经济转型成本分析与始点选择》，《中国矿业》第 10 期，第 22 ~ 24 页。

于良、张悠等，2013，《基于区位熵法和偏离 - 份额法的资源枯竭型产业转型发展分析》，《统计与决策》第 6 期，第 140 ~ 142 页。

于正松、李同昇等，2014，《陕、甘、宁三省（区）农业现代化水平格局演变及其动因分析》，《地理科学》第 34 期，第 411 ~ 419 页。

于重阳、金田林等，2014，《资源潜在枯竭型地区经济转型模式研究——以陕西省榆林市为例》，《未来与发展》第 38 期，第 98 ~ 104 页。

余建辉、张文忠等，2011，《中国资源枯竭城市的转型效果评价》，《自然资源学报》第 1 期，第 11 ~ 21 页。

余建辉、张文忠等，2013，《资源枯竭城市转型成效测度研究》，《资源科学》第 9 期，第 1812～1820 页。

岳晓鹏、王萍莉，2013，《基于灰色聚类分析的中原经济区城市农业发展水平评价》，《湖北农业科学》第 52 期，第 6197～6199 页。

詹慧龙，2013，《中国特色现代农业发展战略研究》，《江西农业大学学报》第 32 期，第 1067～1074 页。

张晨、刘纯彬等，2009，《资源型城市绿色转型的成本分析与时机选择》，《生态经济》第 6 期，第 33～36 页。

张复明、景普秋等，2007，《资源型区域中心城市的产业演进与城市化发展——以太原市为例》，《中国人口·资源与环境》第 2 期，第 122 页。

张雷、黄园淅，2009，《中国西部地区一次能源供应时空格局变化及其影响》，《地理科学进展》第 28 期，第 321～328 页。

张群、张雯等，2013，《基于信息熵和数据包络分析的区域土地利用结构评价——以常州市武进区为例》，《长江流域资源与环境》第 9 期，第 1149～1155 页。

张西华、杨万江等，2013，《农业现代化进程中县域农业发展水平分析——基于东部沿海 5 省 327 县（市、区）的调查数据》，《科技通报》第 29 期，第 190～196 页。

张新华、谷树忠等，2011，《新疆矿产资源开发效应及其对利益相关者的影响》，《资源科学》第 3 期，第 441～450 页。

张馨、牛叔文等，2010，《中国省域能源资源与经济增长关系的实证分析——基于"资源诅咒"假说》，《自然资源学报》第 25 期，第 2040～2051 页。

张兴、王凌云等，2016，《矿业城市发展的经济地位与提升路径》，《中国矿业》第 2 期，第 58～62 页。

张卓颖、石敏俊等，2011，《中国省区间产业内贸易与产业结构同构分析》，《地理学报》第 6 期，第 732～740 页。

赵晨、王远等，2013，《基于数据包络分析的江苏省水资源利用效率》，《生态学报》第 5 期，第 1636～1641 页。

赵慧姝、车晓翠等，2012，《基于多维视角的资源型城市经济转型时机理论分析与判断——以大庆市为例》，《资源开发与市场》第 10 期，第 871～875 页。

赵文、赵国浩等，2011，《山西省煤炭资源开发与经济发展关系的实证研究》，《资源科学》第 9 期，第 1775～1780 页。

赵小芳、耿建忠等，2011，《近 60 年来新疆产业结构演进过程与机理分析》，《干旱区资源与环境》第 3 期，第 1～7 页。

赵欣，2015，《煤炭资源型城市发展低碳经济的路径研究——以鄂尔多斯市的低碳发展为例》，《生态经济》第 4 期，第 68～72 页。

赵媛、郝丽莎等，2010，《江苏省能源效率空间分异特征与成因分析》，《地理学报》第 65 期，第 919～928 页。

甄江红，2012，《鄂尔多斯市工业化进程中产业结构的演进分析》，《干旱区资源与环境》第 10 期，第 121～127 页。

郑猛、罗淳等，2013，《论能源开发对云南经济增长的影响——基于"资源诅咒"系数的考量》，《资源科学》第 5 期，第 991～1000 页。

郑伟，2013，《资源枯竭型城市经济转型效果评价》，《统计与决策》24 期，第 50～52 页。

钟赛香、谷树忠等，2009，《欠发达资源富集区产业结构演进及其目标取向与主体效应》，《资源科学》第 12 期，第 2176～2180 页。

钟水映、李强谊等，2016，《中国农业现代化发展水平的空间非均衡及动态演进》，《中国人口·资源与环境》第 26 期，第 145～152 页。

钟业喜、陆玉麒，2011，《鄱阳湖生态经济区人口与经济空间耦合研究》，《经济地理》第 31 期，第 195～200 页。

周丽娜、焦华富等，2013，《煤炭资源枯竭型城市接续替代产业选择研究》，《中国煤炭》第 5 期，第 15～20 页。

周亮、徐建刚等，2013，《粮食增产背景下淮河流域农业生产效率时空变化分析》，《地理科学》第 33 期，第 1476～1483 页。

周艳、涂建军等，2011，《重庆市人口与经济空间分布关系及其变化研究》，《经济地理》第 31 期，第 1781~1785 页。

周扬、李宁等，2014，《1982 - 2010 年中国县域经济发展时空格局演变》，《地理科学进展》，第 33 期，第 102~113 页。

朱纪广、李二玲等，2013，《黄淮海平原农业综合效率及其分解的时空格局》，《地理科学》第 33 期，第 1458~1466 页。

朱同丹，2003，《长三角产业同构之我见》，《长三角发展论坛》第 12 期，第 11~12 页。

Adolf W. 1973. "Agricultural Modernization in Market and Planned Economies: the German Experience." Studies on Comparative Communism 6 (3): 280 - 300.

Altman, M. 2003. "Staple Theory and Export-led Growth: Constructing Differential Growth", Australian Economic History Review 43 (3): 230 - 255.

Auty, R. M. 1993. Sustaining Development in Mineral Economies: the Resource Curse Thesis. London: Routledge.

Banke, R. D., Chranes, A., et al. 1984. "Some Models for Estimating Technical and Scale Inefficiencies in Data Envelopment Analysis." Management Science (30): 1078 - 1092.

Bannister, G. J., Stolp, C. 1995. "Regional Concentration and Efficiency in Mexican Manufacturing." European Journal of Operational Research 80 (3): 672 - 690.

Bradbury, J. H., Isabelle St-Martin. 2010. "Winding Down in a Quebec Mining Town: A Case Study of Schefferville." Canadian Geographer 27 (2): 128 - 144.

Bradbury, J. H. 1979. "Towards an Alternative Theory of Resource-based Town Development in Canada." Economic Geography 55 (2): 147 - 166.

Britton, J. N. H. 1996. Canada and the Global Economy: The Geography of Structural and Technological Change. Montreal: McGill-Queens University, pp. 97 - 100.

Brown, C. , Waldron, S. 2013. "Agrarian Change, Agricultural Modernization of the Mode, Ling of Agricultural Households in Tibet. " *Agricultural System*115 (2): 83 – 94.

Carley, S. , Lawrence, S. , et al. 2011. "Energy-based Economic Development. " *Renewable And Sustainable Energy Reviews*15 (1): 282 – 295.

Castells-Quintana, D. , Royuela, V. 2014. "Agglomeration, Inequality and Economic Growth. " *The Annals of Regional Science* 2 (2): 343 – 366.

Davidson, D. J. , Andrews, J. , Pauly, D. 2014. " The Effort Factor: Evaluating the Increasing Marginal Impact of Resource Extraction over Time. " *Global Environmental Change* 25: 63 – 68.

Davies, V. A. 2006. Diamonds , *Poverty and War in Sierra Leone. Hilson G M. Small-scale Mining, Rural Subsistence and Poverty in West Africa*. London: Intermediate Technology Publications.

Hajkowicz, S. A. , et al. 2011. "The Relationship between Mining and Socioeconomic Well Being in Australia's Regions. " Resources Policy 36 (1): 30 – 38.

He, S. Y. , Lee, J. , Zhou, T. , Wu, D. 2017. "Shrinking Cities and Resource-based Economy: The Economic Restructuring in China's Mining Cities. " *Cities* 60: 75 – 83.

Hiebert, D. 1996. *Canada and the Global Economy: The Geography of Structural and Technological Change*. Montreal: McGill-Queens University, pp. 97 – 100.

Hotelling, H. 1931. "The Economics of Exhaustible Resources. " *Journal of Political Economy* 39 (2): 137 – 175.

Houghton, D. S. 1993. "Long-distance Commuting: A New Approach to Mining in Australia. " *Geographical Journal* 159 (3): 281 – 290.

Hurst, H. E. 1951. "The Long-term Storage Capacity of Reservoirs. " *Transactions of The American Society of Civil Engineer* 116 (1): 770 – 799.

Hwang, C. L. , Yoon, K. 1981. *Multiple Attribute Decision Making*. Berlin: Spring-verlig.

Innis, H. A. 1930. *The Fur Trade in Canada: An Introduction to Canadian Economic History*. Toronto: University of Toronto Press.

Jiang, L. , Deng, X. Z. , et al. 2012. "Multi-Level Modeling of Urban Expansion and Cultivated Land Conversion for Urban Hotspot Counties in China. " *Landscape And Urban Planning* 108 (2 – 4): 131 – 139.

Jones, P. M. 1973. "Agricultural Modernization and the French Revolution. " *Journal of Historical Geography* 16 (1): 38 – 50.

Komarek, A. M. , Waldron, S. A. , et al. 2012. "An Exploration of Livestock-development Policies in Western China. " *Food Policy* 37 (1): 12 – 20:

Kuznets, S. 1985. *Economic Growth of Countries*. Beijing: Commercial Press.

Lewis, A. 1954. "Economic Development with Unli Mited Supply of Labor. " *The Manchester School of Economics and Social Studies* 22: 139 – 191.

Liang, A. , Jin, Z. H. 2011. "Development Models of Resource-dependent Cities' Transformations and Its Experience and Lessons-Take Baishan City's Development of Transformations as an Example. " *Energy Procedia* 5 (none): 1626 – 1630.

Liu, Y. , Li, N. W. 2010. "Research on the Selection and Optimizational Development of Leading Industries in Liaoning Province. " *Science Technology and Industry* 10 (1): 8 – 10.

Liu, Y. B. , Zhuang X. W. 2011. "Economic Evaluation and Compensation Mechanism of Coal-resource-based Cities in China. " *Energy Procedia* (5): 2142 – 2146.

Liu, Y. S. , Zhang, Y. Y. , Guo, L. Y. 2010. "Towards Realistic Assessment of Cultivated Land Quality in an Ecologically Fragile Environment: A Satellite Imagery-based Approach. " *Applied Geography* 30 (2): 271 – 281.

Lockie, S., Franettovich, M., et al. 2009. "Coal Mining and the Resource Community Cycle: A Longitudinal Assessment of the Social Impacts of the Coppabella Coal Mine. " *Environmental Impact Assessment Review* 29 (5): 330 - 339.

Lomakina, A. I. 2015. "Production and Export Potential of the Rresource-based Industries of Canada in Intercontinental Conditions. " *Geography and Natural Resources* 36 (4): 171 - 177.

Lucas, R. A. 1971. *Mine Town, Mill Town, Ray Town, Life in Canadian Communities of Single Industry.* Toronto: University of Toronto Press, pp. 223 - 247.

Ma, B. B., Lu, C. X., et al. 2010. "The Temporal and Spatial Patterns and Potential Evaluation of China's Energy Resources Development. " *Journal of Geographical Sciences* 20 (3): 347 - 356.

Malenbaum, W. 1975. "Laws of Demand for Minerals: Proceedings of the Council of Economics. " *Annual Meeting of the AIME* 105.

Malerba, F. 2007. "Innovation and the Dynamics and Evolution of Industries: Progress and Challenges. " *International Journal of Industrial Organization* 25 (4): 675 - 699.

Mandelbrot, B. 1963. "New Methods in Statistical Economics. " *Journal of Policitcal Economy* 71 (5): 421 - 440.

Markey, S., Halseth, G., et al. 2006. "The Struggle to Compete: From Comparative to Competitive Advantage in Northern British Columbia. " *International Planning Studies* 11 (1): 19 - 39.

Marsh, B. 1987. "Continuity and Decline in the Anthracite Towns of Pennsylvania. " *Annals of the Association of American Geographers* 77 (3): 337 - 352.

Martinez-Fernandez, C., Wu, C. T., et al. 2012. "The Shrinking Mining City: Urban Dynamics and Contested Territory. " *International Journal of Urban and Regional Research* 36 (2): 245 - 60.

Matthew, T. , Paul, P. , Misty, L. 2012. "Socio-economic Wellbeing in Australian Mining Towns: A Comparative Analysis. " *Journal of Rural Studies* 28 (3): 288 – 301.

Mayes, R. , Pini, B. 2010. "The "Feminine Revolution in Mining: A Critique. " *Australian Geographer* 41 (2): 233 – 245.

Naughton, B. 2003, *How Much Can Regional Integration Do to Unify China's Markets?* Stanford: Stanford University Press, pp. 204 – 232.

Newton, P. 1987. Robinson, *Settlement Options: Avoiding Local Government with Fly-in Fly-out.* Canberra: AGPS Press, pp. 72 – 81.

Pegg, S. 2006. "Mining and Poverty Reduction: Transforming Rhetoric into Reality. " *Journal of Cleaner Production* 14 (3): 376 – 387.

Randall, J. E. , Ironside, R. G. 1996. "Communities on the Edge: An Economic Geography of Resource-dependent Communities in Canada. " *The Canadian Geographer* 40 (1): 17 – 35.

Reeson, A. F. , Measham, T. G. , et al. 2012. "Mining Activity, Income Inequality and Gender in Regional Australia. " *Australian Journal of Agricultural and Resource Economics* 56 (2): 302 – 313.

Rex, L. 1971. *Minetown, Milltown, Railtown: Life in Canadian Communities of Single Industry.* Toronto: University of Toronto Press, pp. 410 – 423.

Robinson, J. L. 1964. "Geographical Reviews. " *American Geographical Review* 54 (2): 289 – 291.

Rolfe, J. , Miles, B. , Lockie, S. , et al. 2007. "Lessons from the Social and Economic Impacts of the Mining Boom in the Bowen Basin 2004 – 2006. " *Australasian Journal of Regional Studies* 13 (2): 134 – 153.

Ross, D. , Usher, P. 1986. *From the Roots Up: Economic Development as if Community Mattered.* Toronto: James Lorimer&Company, pp. 55 – 68.

Sharma, S. , Rees, S. 2007. "Consideration of the Determinants of Women's Mental Health in Remote Australian Mining Towns. " *Australian Journal of Rural Health* 15 (1): 1 - 7.

Sorensen, T. , Epps, R. 2003. "The Role of Tourism in the Economic Trans-formation of the Central West Queensland Economy. " *Australian Geographer* 34 (1): 73 - 89.

Stewart, T. J. 1992. "A Critical Survey on the Status of Multiple Criteria Decision Making Theory and Practice. " Omega (20): 569 - 586.

Stijns, J. P. C. 2005. "Natural Resource Abundance and Economic Growth Revisited. " *Resources Policy* 30 (2): 107 - 130.

Su, S. , Yu, J. , et al. 2010. "Measurements Study on Sustainability of China's Mining Cities. " *Expert Systems With Applications* (37): 6028 - 6035.

Sugihara, G. , May, R. M. 1990. "Application of Fractals in Ecology. " *Trend Ecology Evolution* 5 (3): 79 - 80.

Taylor, A. , Larson, S. , et al. 2011. "The Haves and Have Nots in Australia's Tropical North-new Perspectives on a Persisting Problem. " *Geographical Research* 49 (1): 13 - 22.

Tong, D. , Li, J. , et al. 2015. "The Impact of the Industrial Restructuring on the Environment in the Resource-Based City: A Case Study of Daqing. " *Industrial Economics and Industrial Security* 12 (3): 431 - 436.

Tonts, M. , Plummer, P. , et al. 2012. "Socio-economic Wellbeing in Australian Mining Towns: A Comparative Analysis. " *Journal of Rural Studies* 28 (3): 288 - 301.

Udo, H. M. J. , Aklilu, H. A. , et al. 2011. "Impact of Intensification of Different types of Livestock Production in Smallholder Crop-livestock System. " *Livestock Science* 139 (1): 22 - 29.

Wang, B. J. , Zhou, M. , et al. 2009. "Analyxing on the Selecting Behavior of Mining Cities, Industrial Transition based on the Viewpoint of Sustainable Development: A Perspective of Evolutionary Game. " *Procedia*

Earth and Plan-etary Science (1): 1647 – 1653.

Weber, A. 1973. "Agricultural Modernization in Market and Planned Econo-mies: The German Experience. " *Studies on Comparative Communism* 6 (3): 280 – 300.

Wu, M. , Jia, F. R. , Wang, L. , et al. 2012. "Evaluation of Ecological Pres-sure for the Resource-based and Heavy Industrial City-a Case Study of Fush-un, China. " *Procedia Environmental Sciences* (13): 1165 – 1169.

Yang, D. N. , Li, M. Y. 2003. *How Far Across the River? Chinese Reform at the Millennium.* Stanford: Stanford University Press, pp. 204 – 232.

Yang, Y. 2011. "An Industrial Engineering Method for Industry Selection Based on Fuzzy Preference Relations. " *Systems Engineering Procedia* 2 (none): 338 – 343.

Yoon, K. 1989. "The Propagation of Errors in Multiple-attribute Decision A-nalysis: a Practical Approach. " *Journal of the Operational Research So-ciety* 40 (7): 681 – 686.

图书在版编目（CIP）数据

成长型资源城市产业转型发展 / 文琦著. -- 北京：
社会科学文献出版社，2019.11
ISBN 978 - 7 - 5201 - 5558 - 8

Ⅰ.①成… Ⅱ.①文… Ⅲ.①城市经济 - 转型经济 -
产业结构升级 - 研究 - 中国 Ⅳ.①F299.2

中国版本图书馆 CIP 数据核字（2019）第 198084 号

成长型资源城市产业转型发展

著　　者 / 文　琦

出　版　人 / 谢寿光
责任编辑 / 高　雁
文稿编辑 / 李吉环

出　　　版 / 社会科学文献出版社·经济与管理分社（010）59367226
　　　　　　地址：北京市北三环中路甲 29 号院华龙大厦　邮编：100029
　　　　　　网址：www. ssap. com. cn
发　　　行 / 市场营销中心（010）59367081　59367083
印　　　装 / 三河市龙林印务有限公司

规　　　格 / 开　本：787mm × 1092mm　1/16
　　　　　　印　张：17.5　字　数：252 千字
版　　　次 / 2019 年 11 月第 1 版　2019 年 11 月第 1 次印刷
书　　　号 / ISBN 978 - 7 - 5201 - 5558 - 8
定　　　价 / 138.00 元